人民文选

靳辉明精选集

靳辉明 ◎ 著

人民日报出版社

北京

图书在版编目（CIP）数据

靳辉明精选集 / 靳辉明著 . ── 北京：人民日报出
版社，2023. 10

ISBN 978-7-5115-8057-3

I . ①靳…　II . ①靳…　III . ①靳辉明─文集　IV .
①C53

中国国家版本馆 CIP 数据核字（2023）第 204322 号

书　　　名：	**靳辉明精选集**
	JIN HUIMING JINGXUAN JI
作　　　者：	靳辉明

出 版 人：刘华新
策 划 人：欧阳辉
责任编辑：曹　腾　高　亮　杨　校
版式设计：九章文化

出版发行：人民日报 出 版 社
社　　址：北京金台西路2号
邮政编码：100733
发行热线：(010) 65369509　65369527　65369846　65363512
邮购热线：(010) 65369530　65363527
编辑热线：(010) 65369523
网　　址：www.peopledailypress.com
经　　销：新华书店
印　　刷：北京盛通印刷股份有限公司
法律顾问：北京科宇律师事务所　010-83622312

开　　本：710mm×1000mm　1/16
字　　数：212千字
印　　张：19.75
版次印次：2025年4月第1版　　2025年4月第1次印刷

书　　号：ISBN 978-7-5115-8057-3
定　　价：78.00元

如有印装质量问题，请与本社调换，电话：(010) 65369463

前　言

马克思诞生已经200多年了，他的学说问世也有170多年了。在这一个半多的世纪里，马克思主义走过了一段艰难曲折的道路。它有过辉煌的胜利，也有过受挫的记录；它在敌人的诅咒声中出世和成长，又在反对者的质疑和诘难声中迈向了又一个新的世纪；它得到广大工人阶级和劳动人民的拥护，同时受到资产阶级及其御用学者的诽谤和攻击。

马克思主义同历史上任何新生的革命学说一样，在前进途中总是阻力重重，但它所遇到的攻击和诽谤又是同以往那些学说无可比拟的。这不仅因为它更深刻地反映着人类社会的真理，而且因为它更鲜明地代表着一种社会阶级的利益，还因为它在理论上的创新，在社会生活中变成现实，都不可能是轻而易举、一帆风顺的，都需要经历一个艰难曲折的探索过程，其间甚至会出现暂时的失败。20世纪世界社会主义的实践，已经清楚地表明了这一点。因此，期望马克思主义发展道路笔直而平坦，那是幼稚的，不切实际的。

马克思主义就是这样一种理论，比历史上任何学说所包含的科学真理都更加丰富，更加深刻，因而受到进步人士的崇敬，但它受到的怀疑和诘难又比历史上的任何学说都要严重得多。所以，马克思主义的历史命运决定其只能在斗争中，在同各种错误思潮辩论中，在回答时代提出的课题中，向前发展。马克思主义之所以能够逐渐为广大人民群众所接受，能够对社会生活发生如此深刻的影响，就因为它正确，它是科学真理。

　　真理是知识之光，探讨真理是学者的天职。真理有时会被迷雾所遮蔽，但真理的力量就在于它能为自己开辟继续前进的道路。马克思逝世后，国内外理论界开始对他的学说和思想的研究，关于马克思的理论著作和生平传记不胜枚举、见解不一、各具特色，其中有许多上乘之作，读后颇受教益。由于2008年爆发的国际金融危机，以及出现的一些社会问题和生态问题，在世界范围出现了研读马克思主义的热潮。毫无疑问，还会有更多精品力作问世。

　　马克思一生都在思考，"可谓是生命不息，思想不止！"青年时期被称为"思想牛首""思想库""思想加工厂"，他逝世后，恩格斯说"当代最伟大的思想家停止思想了"。他的学说是时代的产物，而他的理论创造源于他的思想。马克思的思想魅力是永恒的。

　　本文集着重阐明马克思主义基本原理，阐释唯物主义历史观的形成、发展，以及在当代的意义，批判各种错误的社会思潮，彰显马克思主义在批判中继承和发展。

　　当今，世界百年未有之大变局加速演进，世界社会主义运动取得长足进展，尤其是新时代中国特色社会主义在理论和实践上取得辉煌的成绩，这一切都进一步表明，马克思及其思想的巨大的生命力和影响力。特赋诗一首："'千年马克思'有感：千年逝去话沧桑，济世英才万古铭。世事变故任评说，马恩真理留丹青。大江滚滚东流去，百川滔滔一脉承。世界大同凯旋日，尔辈勿忘祭马翁。"让我们在新时代继续把马克思主义推向前进！

目 录

马克思主义在批判中发展与继承

　　马克思主义是社会实践的产物，是无产阶级革命经验的科学总结。然而作为一个完整的无与伦比的理论体系，它又是综合人类历史上一切优秀的思想成果并加以发展而建立起来的。"马克思主义就是共产主义从全部人类知识中产生出来的典范。"①

　　列宁在研究马克思思想形成时，科学地阐明了批判和继承的辩证关系。在十月革命后，他针对在苏联出现的"无产阶级文化派"臆造所谓"特殊文化"的反动观点，尤其强调了继承历史遗产对发展无产阶级文化的重大作用。他认为，马克思主义之所以坚强无比和赢得了世界历史性意义，"是因为它并没有抛弃资产阶级时代最宝贵的成就，相反地却吸收和改造了两千多年来人类思想和文化发展中一切有价值的东西"②。"无产阶级文化派"的错误，就在于用虚无主义态度对待人类优秀的思想遗产，妄图离开

---

① 《列宁选集》第4卷，人民出版社1972年版，第347页。
② 《列宁选集》第4卷，人民出版社1972年版，第362页。

人类文明大道建立无产阶级文化。

在辩证论者看来，继承是事物发展中的肯定环节和继续发展的先决条件。没有继承便不能前进，否定继承就是割断历史。然而继承并不是兼收并蓄，而是批判地继承。没有批判，也就没有真正的继承。所谓批判，就是分析的态度，分清哪些属于历史的沉渣，哪些属于合理的内核，以剔除其糟粕，吸取其精华。所以这种批判，就不是一概否定，而如列宁所说，"是作为联系环节、作为发展环节的否定"，是保持肯定的否定和包含继承的批判。总之，继承是批判的目的，批判是继承的前提和手段，批判和继承是辩证的统一。

列宁认为，马克思主义哲学是德国古典哲学的"直接继续"；它的产生是批判地继承历史上优秀思想遗产的光辉范例，马克思坚决摒弃了黑格尔唯心主义体系，救出了它神秘外壳中的"合理内核"，把辩证法的诸基本规律和范畴奠定在唯物主义基础上，使之真正成为最完整最深刻的关于发展的学说。同时，他又彻底地批判了费尔巴哈哲学的唯心主义的宗教伦理杂质以及它的形而上学观点，吸取了他唯物主义的"基本内核"，并以辩证法对之加以改造和丰富，使它发展成为完备的唯物主义哲学，从而把人类哲学思想推进到一个完全崭新的阶段。

马克思主义创始人在创立自己的哲学时，是否批判地继承了先前历史观中的合理因素，这个问题在一段时间内被视为"禁区"。其实，恩格斯早就指出过：黑格尔"划时代的历史观是新的唯物主义观点的直接的理论前提"①。马克思创立唯物史观时，

---

① 《马克思恩格斯选集》第2卷，人民出版社1972年版，第121页。

不仅吸取了英国古典经济学和法国复辟时代历史学家的优秀思想遗产，而且还批判地继承了黑格尔历史哲学的某些合理因素，尤其是他的历史辩证法思想。

黑格尔的巨大功绩，首先在于他第一次有意识地表述了"辩证法的一般运动形态"，同时还在于对科学历史观的产生较之他的先辈作出了无与伦比的贡献，在于他还提出了探求历史的最终动力问题。虽然黑格尔在探讨这一问题时乞援于绝对精神，找不到历史的现实基础，因而不能解决这个课题，但他的可贵之处，正在于提出了历史动力问题。不仅如此，黑格尔还试图揭示历史的内在联系，历史发展中自由和必然、可能和现实、人的目的和客观世界的关系，以及人的劳动在历史进程中的作用，等等。无怪乎，列宁谈到黑格尔历史哲学的这类见解时，认为"在黑格尔那里有历史唯物主义的胚芽"[①]。因此，尽管黑格尔的历史哲学较之他的逻辑学所提供的东西少得多，但也不能简单抛弃。

马克思对德国古典哲学的批判地继承，体现了科学性和革命性的高度统一。其革命性就在于对历史"糟粕"的否定"没有任何动摇、没有任何折衷"，而不是一概否定。其科学性在于吸取那些经过批判和革命实践的检验确属合理的有价值的东西，而不是一概肯定。即便对那些有价值的东西，也不是原封照搬，而是经过革命改造，在实践基础上得出新的结论，所以批判地继承意味着对历史遗产的改造和发展。它既显示了人类认识过程的内在的逻辑的联系，又显示了认识发展中的质的飞跃。坚持批判和继

---

① 《列宁全集》第55卷，人民出版社1990年版，第274页。

承的辩证统一原则，必须既反对只要批判不要继承、貌似革命实则糟蹋革命的恶劣的形而上学，又反对只讲继承不讲批判的反科学的庸俗进化论。

马克思同其思想先驱的关系问题，从来就是资产阶级学者和修正主义者所歪曲的重要方面。其主要倾向就在于极力取消列宁关于批判地继承原则的革命意义。如"综合论"，把马克思对德国古典哲学的批判地继承歪曲为机械地综合，认为辩证唯物主义无非是黑格尔的辩证法加上费尔巴哈的唯物论，否认辩证法和唯物论在实践基础上的有机统一，把两者视为机械地凑合。所以，这种"综合论"，不过是庸俗进化论的变种。现在西方的所谓"马克思学"也是如此。它把不成熟的马克思说成"成熟"的马克思，又进而把马克思的思想归之为黑格尔和费尔巴哈的思想。他们为了达到这个目的，势必歪曲列宁批判地继承的原则。他们胡说，列宁认为"只要用'唯物主义的方法'读黑格尔的著作"，就可以把黑格尔辩证法"接受过来"。这种歪曲，完全抹杀了马克思与其思想先驱者的原则界限。

马克思主义史的研究表明，凡是违背列宁关于批判和继承辩证关系原则的，无不在理论上陷入荒谬。十月革命后，在苏联的研究工作中，曾因割裂批判和继承关系的形而上学方法交替出现，而走过不少弯路。在20年代初，当列宁批判了"无产阶级文化派"的虚无主义态度后，无批判地继承的倾向有所滋长。研究者在强调马克思对德国古典哲学的继承关系时，往往忽视了他对其先驱者的观点所作的原则性批判。例如，阿·德波林认为，马克思对费尔巴哈唯物主义只是"作了某些修改"，"马克思主义是费尔巴哈主义的继续"①。还有的人认为，"关于世界的共产主义学说是完全地建立在黑格尔理论的基础之上的"②。他们都否认马克思对德国古典哲学的批判改造和在新的基础上的发展，从而在根本上否定了马克思主义哲学。

实际上，这种观点并非20年代的独创，而是普列汉诺夫思想的复活。普列汉诺夫是最早研究马克思思想形成的学者之一，他最先认识到研究马克思主义创始人观点的产生对掌握马克思主义完整理论体系的意义，并且贡献卓著。然而，作为一个拓荒者，他也犯有许多错误，主要表现在抹杀马克思的哲学与德国古典哲学，特别是费尔巴哈哲学的原则界限。他不仅主张"马克思的认识论实际就是费尔巴哈的认识论"③，而且还认为马克思关于人的本质是"一切社会关系的总和"的科学论断，同费尔巴哈人本学观点的联系"比别的地方暴露得更加明显"④。从而把马克思的唯物主义完全降低到费尔巴哈的唯物主义。众所周知，马克思关于以实践为基础的认识论同费尔巴哈直观的认识论有着质的不同，特别是在历史观方面，马克思关于人的本质的科学论断不仅与费尔巴哈人本主义不同，而且恰恰相反。列宁指出，普列汉诺夫之所以把这两者混为一谈，是因为他没有站在辩证唯物主义立场，而是站在庸俗进化论立场。

---

① 阿·德波林：《路德维希·费尔巴哈/个性和世界观》，莫斯科版1923年，第360页。
② 《共产主义哲学》，转引自捷·伊·奥伊则尔曼：《马克思主义哲学的形成》，三联书店1964年版，第12页。
③ 《普列汉诺夫哲学著作选集》第3卷，三联书店1962年版，第147页。
④ 《普列汉诺夫哲学著作选集》第3卷，三联书店1962年版，第156—157页。

　　苏联研究者在20世纪30年代纠正上述错误倾向时，由于没有正确坚持列宁的批判地继承的原则，从肯定一切又转向否定一切。在他们看来，黑格尔和费尔巴哈对马克思的影响是微乎其微的，青年马克思在学生时代就已经以革命家而出现了，并从开始就同其先驱者划清了界限。这种简单化的态度，导致对德国古典哲学的一概否定。这种倾向的出现，主要是由研究者的思想方法片面性和非历史主义态度造成的，但同时又是和斯大林同志对黑格尔哲学的错误观点分不开的。他"把德国古典唯心主义哲学说成是德国贵族对于法国革命的一种反动。作这样一个结论，就把德国古典唯心主义哲学全盘否定了"。

列宁研究马克思早期思想发展的方法论原则

　　研究马克思早期思想的形成，对于阐明马克思主义创始人在人类认识史上完成的伟大革命，对于完整地理解马克思主义理论体系，具有重要意义。列宁的理论研究活动开辟了研究马克思主义史的新阶段。他的研究成果，为进一步研究这个领域奠定了方法论基础。

　　马克思早期思想的形成，在整个马克思主义史中占有特殊地位。它所涉及的问题本来就比较复杂，加之资产阶级和修正主义者蓄意曲解，使有些问题愈加混乱。值得注意的是，近几十年来，所谓"青年马克思问题"，成了西方资产阶级和修正主义者伪造马克思主义的中心议题。他们歪曲青年马克思和老年马克思的关系，把青年马克思的思想说成是"真正的马克思主义"，打着"恢复"马克思的本来面目的幌子，实际上竭力否定成熟的马克思主义。针对这些问题，坚持和运用列宁的方法论原则，揭示马克思思想形成的真实过程，无疑是十分重要的。本文试图就列宁的几个重要原则的论述，谈一些粗浅的意见，旨在抛砖引玉。

一

马克思主义形成时期，通称马克思早期，包括学生时代至1848年2月《共产党宣言》问世的十余年时间。列宁科学地揭示了马克思思想形成的过程，指明这个过程又分为若干阶段。各个不同的阶段，是马克思向着成熟目标前进中的确定路标。而每一个阶段的重大进展都受着他那时代条件的制约。列宁研究了这些历史条件和基于其上的马克思思想的能动发展，阐明了这个发展过程所经历的诸不同阶段及其时间范围和每一阶段质的规定性。照列宁的看法，马克思思想形成经历了四个主要阶段，这些阶段既相区别，又相联系，构成马克思思想发展的辩证运动过程。

第一阶段，马克思世界观转变前的思想演变，包括1842年《莱茵报》以前的整个时期。列宁明确指出，马克思和恩格斯"两人都是由民主主义者变成社会主义者的"①。这就是说，马克思革命民主主义观点的确立和发展是这一阶段的本质特征。在19世纪30年代后期，德国资产阶级反封建的斗争是以青年黑格尔派哲学斗争的形式更为激烈地展开的。马克思当时也积极参加了青年黑格尔运动，并以饱满的战斗热情站在这个运动的最前列。但是，马克思不是站在资产阶级自由主义立场，而是站在革命民主主义立场。在哲学上他是一个"黑格尔唯心主义者"，但也不像他们那样追求主观意志的绝对自由，而是用革命民主主义

———————————

① 《列宁选集》第1卷，人民出版社1972年版，第93页。

精神解释黑格尔哲学，探求"定在中的自由"，即在现实生活中寻找个人的自由。这种在当时倾向激进的政治立场和哲学观点，使青年马克思能够面向实际，同情群众和富于勇敢的进取精神。从而在他面前展现了一条摆脱唯心主义的出路。因此，研究马克思的革命民主主义观点，无疑是正确理解他实现世界观转变的出发点。

第二阶段，马克思世界观的根本转变。马克思结束了学校生活，走向社会，直接参加了从1840年开始高涨的德国资产阶级反封建的斗争。由于接触到各种社会问题，尤其在巴黎直接同工人运动的结合，使他迅速地实现了从唯心主义到唯物主义、从革命民主主义到共产主义的转变。照列宁的看法，马克思是从1842年《莱茵报》开始到1844年春《德法年鉴》，"彻底完成"了这个转变。其标志是，马克思"已作为一个革命家出现"，认识到无产阶级是"现代社会惟一彻底革命的阶级"，主张依靠无产阶级和通过社会主义革命对社会进行根本改造。与此相联系，马克思唯物主义能动地理解哲学和现实、理论和实践的辩证关系，把哲学作为无产阶级改造世界的精神武器。马克思世界观的这一根本转变，表明马克思已经"成为马克思"，完成了世界观由旧质到新质的"飞跃"，为其以后思想发展奠定了新的基础。这是马克思早期思想发展的第一个伟大转折。

第三阶段，马克思世界观的深化和发展。这个阶段从1844年初至1845年春，是马克思完成世界观转变后从不成熟到成熟的过渡，是质变中的量的扩张。工人运动的蓬勃开展和马克思在理论上的深入探讨，使他彻底同旧哲学划清了界限，"奠定了革命唯物主义的社会主义的基础"①，已经接近了"自己的整个'体系'的基本思想"（指生产关系的思想）②，"几乎已经形成了的对无产阶级革命作用的观点"③。从而实现了列宁所说的"离开黑格尔走向费尔巴哈，又超过费尔巴哈走向历史（和辩证）唯物主义"④。这个"进一步"，是从《神圣家族》开始，到1845年春马克思写《关于费尔巴哈的提纲》时初见成效。它终于实现了马克思世界观的转变，为成熟的马克思主义著作准备了必要前提。

必须指出，列宁的上述论断，同普列汉诺夫等人的"三阶段论"没有丝毫共同之处。按照"三阶段论"，马克思开始是彻底的黑格尔派，继而是彻底的费尔巴哈派，最后是以上两者的综合。这完全是用机械论的方法臆造马克思的思想发展过程。其实，马克思从来不是"正统的"黑格尔学生，也不是"忠实的"费尔巴哈信徒，在任何时候他也没有无条件地赞同过黑格尔或费尔巴哈。马克思对其先驱者总是采取分析的态度，所以他才能超越他们，把人类认识推向新的发展阶段。

第四阶段，创立辩证唯物主义和历史唯物主义，结束了马克思主义哲学的形成过程。大家知道，由于伯恩施坦将马克思早期一部最重要的，也是最大的著作《德意志意识形态》扣压了30年之久，致使列宁生前无法读到这部著作。尽管如此，列宁根据其他有关材料仍然正确指明了这个阶段的主要特征。

---

① 《列宁选集》第1卷，人民出版社1972年版，第90页。
② 《列宁全集》第55卷，人民出版社1990年版，第13页。
③ 《列宁全集》第55卷，人民出版社1990年版，第8—9页。
④ 《列宁全集》第55卷，人民出版社1990年版，第293页。

在这个时期，马克思深入地研究了政治经济学，批判了费尔巴哈直观唯物主义和唯心主义历史观，完成了发展其历史唯物主义的工作。这就是列宁所说的"超过费尔巴哈走向历史（和辩证）唯物主义"。《德意志意识形态》一书乃是这一工作的直接继续和辉煌成果。这部著作，首次科学地阐明了历史唯物主义诸基本原理，如社会存在和社会意识、生产力和生产关系（这里通称"交往方式"）、经济基础和上层建筑。阐明了社会历史运动的"前提"，并在实际上论述了社会经济形态的重要概念。同时，在揭示生产力和生产关系的矛盾是社会变革的"根源"的基础上，提出了无产阶级专政和共产主义革命的重要思想。虽然有的术语尚欠准确，但就其内容来讲，它已经成熟了。因此，把《德意志意识形态》视为成熟的马克思主义的最初著作，完全符合列宁关于这个时期的评述。

　　综上所述，马克思观点的形成是辩证的发展过程。其中每个阶段都是该过程的一个有机环节，都以自己特殊的质为下一阶段做了必要的准备。前阶段是后阶段发展的前提；后阶段是前阶段发展的必然趋势。因此，按照列宁的方法论原则，不能把某一阶段从它的整体中游离出来，而应与其整体联系起来考察。必须把每一理论成果都置于确定的阶段来加以研究，既看到它包含的新内容，又要看到其中仍带有旧哲学的痕迹；既不低估新的思想因素在其发展中的意义，也不把它绝对化。这样才能科学地再现马克思思想的形成过程。

　　资产阶级学者，尤其是当前西方流行的所谓"马克思学"，伪造马克思主义的惯用手法之一，就是歪曲马克思早期思想发展过程。或者把不成熟的东西如马克思《1844年经济学哲学手稿》视为成熟的东西，而把成熟的东西，特别是马克思的《资本论》视为理论创作的"减弱"；或者将成熟阶段的东西仅仅看作不成熟阶段东西的"阐述而已"，进而将其归结于德国古典哲学，甚至胡说什么科学社会主义"孕育在"黑格尔的《精神现象学》中。这些说法暴露了他们在理论上的荒谬和思想上的贫乏，列宁的方法论原则，是我们粉碎资产阶级反动谬论的有力武器。

二

研究马克思主义三个组成部分的相互关系，是列宁的方法论的又一重要内容。

研究马克思早期思想发展的进程，应主要掌握些什么呢？这个问题很有探讨之必要。过去，有的研究者仅仅着眼于说明马克思对其先驱者态度的变化和对青年黑格尔派影响的克服，而很少注意这种变化之何以发生。列宁的方法论原则，为我们探讨这个问题指明了方向。他说，要揭示"马克思已经掌握了什么以及他如何转到新的思想领域"①。这就是说，重要问题在于全力抓住马克思在每个时期新的思想获得及其深化的程度，以此来判断马克思如何摆脱旧哲学的影响，并转向新的发展阶段。

根据列宁的论述，在我看来，要阐明马克思世界观实质性的进展，即"马克思已经掌握了什么"，最重要的是从马克思主义

---

① 《列宁全集》第55卷，人民出版社1990年版，第6页。

三个组成部分的相互关系予以考察。这是因为，马克思世界观的发展，首先取决于社会实践提出的问题，以及对它从理论上解决的程度，而对社会实践提出的问题的回答，不能只限于某一个方面，而是政治、经济和哲学的共同任务。这就决定了马克思主义各个部分的内在统一。每个组成部分都是在同其他部分相互制约、相互作用的基础上产生的。这种相互作用的关系，在每个不同发展阶段又有不同的特点。所以，马克思的观点始终都是一个复杂的有机的统一整体。资产阶级思想家把马克思主义形成仅仅归结为哲学问题，似乎他们很重视马克思哲学观点的形成，其实这是极大的歪曲。马克思主义形成史完全说明了列宁的方法论原则的正确。

19世纪40年代，社会实践提出的重大课题，是使社会主义和工人运动相结合，为社会主义奠定科学的理论基础，而对无产阶级历史作用的认识，就成为解决这一任务的关键所在。列宁说："马克思学说中的主要的一点，就是阐明了无产阶级这个社会主义社会创造者的具有世界历史意义的作用。"[①]马克思思想形成过程，正是以这个"主要之点"的提出、发展和成熟为标志的。但这个"主要之点"又是在马克思主义创始人"创造的哲学、历史和经济的理论中成长起来的"[②]。马克思的政治观点的发展推动着他的哲学和经济理论的形成，而没有这些理论为基础，科学社会主义学说也不能最终确立。

---

① 《列宁选集》第2卷，人民出版社1972年版，第437页。
② 《列宁选集》第1卷，人民出版社1972年版，第247页。

　　早在《莱茵报》时期，马克思已经发现当时广为传播的各种社会主义学说的非科学性，认为当前首要任务就是为社会主义提供"理论论证"，为此必须研究哲学和政治经济学。

　　列宁指出，马克思提出无产阶级历史作用的学说是在1844年。在这一年，马克思不论在实践方面还是理论方面都有了长足的发展。在实践方面，马克思移居巴黎后，直接接触到法国社会主义者和工人运动的代表人物，与工人运动的结合使他的视野为之一阔。作为一个唯物主义者，马克思不能不关心当时最急迫的社会问题。同时，他开始探讨政治经济学，研究人们的经济关系和物质利益。这一理论探讨，使马克思在1844年接近了社会生产关系的重要思想。如果说马克思在1844年"几乎已经形成了"关于无产阶级历史作用的观点，那这只能归因于实践的推动和理论的探讨。

　　诚然，到1844年，马克思学说的这个"主要之点"还是不成熟的，而这种不成熟性又恰恰是同他哲学和经济学观点的不成熟性相适应的。由于这时马克思对政治经济学研究还很不够，还未形成唯物主义的历史观，所以还不能从无产阶级所处的经济地位来揭示它的阶级本质。因此，他关于无产阶级历史作用的学说，还未能完全建立在历史唯物主义之上，在一定程度上仍受着费尔巴哈人本主义的影响。例如，把无产阶级和有产阶级的对立视为"人的自我异化"；在说明无产阶级革命作用时还是从"人类解放"的角度提出问题；把资本主义社会理解为违反人性的不道德的社会，而未从其历史发展和阶级关系来认识；无产阶级在现代社会中的地位被理解为人性的"丧失"，而共产主义则是人性的完全"复归";等等。费尔巴哈人道主义的影响，在这里是毋庸置疑的。然而这不足为怪，因为它是刚刚产生的新事物所包含的旧事物的遗迹。资产阶级和修正主义者极力夸大这种遗迹，把马克思诬为真正的人道主义者，把共产主义歪曲为真正人道主义的实现，这完全是别有用心。

马克思在自己的前进中，不断地克服这些遗迹。在1844年和1845年间，他对世界历史，特别是对政治经济学进行了浩繁的研究，使他在短短几个月中，迈出了决定性的一步。这一研究是如此卓有成效，以致在1845年1月就与一个出版商签订了出版两卷本《政治和政治经济学批判》一书的合同。该书虽未问世，但却促成了马克思唯物史观的诞生。正如我们所看到的，由于他对政治经济学的研究和对市民社会的解剖，产生了社会生产关系这一唯物史观的最基本概念和生产力最终决定社会状况的原理，从而对一切复杂的社会现象、对人们之间的社会关系和阶级斗争作了科学的说明。从此，马克思不再用费尔巴哈的人道主义，而是从社会经济地位和阶级关系来说明无产阶级的历史作用。社会主义学说终于找到了它的科学基础。

由此可见，马克思观点的形成，是哲学、科学社会主义和政治经济学在实践基础上相互作用的结果。这三者的关系，依照列宁的论述，科学社会主义作为"纲领"在马克思主义中居于中心地位；政治经济学是其"主要内容"；哲学是它的"理论"，即哲学基础。这三个方面各以其不同的地位和作用，相互制约，相互依存，又相互推动。马克思的政治观点的发展影响和促进他的哲学和经济学理论的形成，它不仅向哲学和经济学提出为之作论证的需要，而且还规定这两者的发展方向；马克思的哲学和经济学理论的发展也制约着他政治观点的形成，这两个方面的进展同时也是他政治观点的深化，它们愈趋成熟，马克思政治观点的基础也愈加牢固。同样，马克思的哲学和经济学也处于相互作用之中。列宁指出："马克思的经济学说就是马克思理论最深刻、最全面、最详细的证明和运用。"① 因此，研究马克思观点的形成，就应从它的三个组成部分的相互联系中去考察。

当然，马克思主义三个组成部分在形成的过程中是有重点的，并非均衡的发展。马克思主义创始人善于根据不同情况和理论斗争的特点把问题的不同重点和不同方面提到首位，通过解决那些最急迫的理论问题去发展自己的观点。列宁说："在德国，在1848年以前，特别突出的是马克思主义哲学的形成。"② 在马克思哲学观点发展中，又是将历史唯物主义提到首位。

承认马克思主义哲学的这种重点地位，与资产阶级学者把马克思主义形成只归结为哲学问题毫无相同之处。资产阶级学者的错误，在于完全离开马克思主义三个组成部分的有机统一，孤立地强调一点，以偏概全，用主观随意性代替对事物的客观分析。

实际上，在19世纪40年代，马克思注重于历史唯物主义的探讨，正如列宁所说的，这"不取决于主观愿望，而取决于一切历史条件"。首先，是无产阶级革命实践的迫切需要。以往社

---

① 《列宁选集》第2卷，人民出版社1972年版，第588页。
② 《列宁全集》第20卷，人民出版社1990年版，第129页。

会主义学说之所以流于"空想",主要原因就在于"不懂历史运动的唯物主义基础"①。马克思不满意空想社会主义者的"肤浅言论",决心为社会主义提供"理论论证",为此,必须把历史和唯物主义结合起来,建立科学的唯物主义历史观。

其次,历史唯物主义成为当时理论上的突出问题,是人类哲学思想发展的必然结果和趋势。列宁明确指出:当时马克思"感兴趣的只是从黑格尔和从费尔巴哈继续前进"②。还说,"马克思和恩格斯的学说是从费尔巴哈那里产生出来的,是在与腐才们的斗争中发展起来的,自然他们所特别注意的是使唯物主义哲学向上发展,也就是说,他们所特别注意的不是唯物主义认识论,而是唯物主义历史观"③。若不使唯物主义"向上发展",而"只重复那些已经解决了的认识论问题"④,那么,就会像费尔巴哈一样,不仅不能彻底发展唯物主义,而且也不能使认识论奠定在真正的科学基础上。可见,历史赋予马克思主义哲学创始人的任务,首先就是"在理论上发展唯物主义","修盖好唯物主义哲学这所建筑物的上层"⑤,创立完备的唯物主义哲学,以便为马克思主义政治学和政治经济学提供坚实的理论基础。没有历史唯物主义,便不可能有真正的社会科学,所以列宁称之为"科学思想中的最大成果"⑥。

---

① 《列宁选集》第2卷,人民出版社1972年版,第437页。
② 《列宁全集》第55卷,人民出版社1990年版,第293页。
③ 《列宁选集》第2卷,人民出版社1972年版,第336页。
④ 《列宁选集》第2卷,人民出版社1972年版,第343页。
⑤ 《列宁选集》第2卷,人民出版社1972年版,第248页。
⑥ 《列宁选集》第2卷,人民出版社1972年版,第443页。

　　唯物史观在形成时期是牵动整体的一个突出重点。马克思的天才智慧，正在于牢牢地把握住了科学思想发展的这个重心，并卓有成效地解决了它，从而推动了马克思主义理论体系的产生。因此，研究马克思观点的形成，还必须从对重点的深入研究去把握整体。当然，这个重点也只具有相对意义，因为离开马克思主义其他方面的作用，尤其在哲学中离开辩证唯物主义的前提，它本身也无从形成。所以，通过马克思主义各个部分的相互作用去掌握这个重点，又通过对重点的研究更深刻地把握整体，即把握整个马克思学说，这正是列宁的方法论所要求的。

评西方"马克思主义人道主义化"思潮

　　为从更广阔的范围了解我国理论界出现过的这种现象，认识抽象人道主义和"异化论"的错误实质及其危害性，概略地回顾一下西方"把马克思主义人道主义化"思潮出现的历史背景和主要观点，是必要的。

　　从历史上来看，这种思潮的兴起，一方面与第二国际对马克思学说的歪曲，与普列汉诺夫等人对马克思主义形成的片面理解有关系。比如，他们割裂马克思主义的完整学说，混淆马克思主义哲学与德国古典哲学的界限，或者割裂两者的关系，将它们绝对对立起来。这种理论上的错误，不仅直接影响到后来对马克思主义的研究，而且实际上孕育了从另一极端歪曲马克思主义的思想因素，为各种资产阶级哲学流派"补充"马克思主义打开方便之门。另一方面，更为重要的，是与资产阶级哲学流派的发展有关系。我们知道，在20世纪初，作为资产阶级哲学的两个主要流派的新黑格尔主义和存在主义，适应帝国主义时代的需要而相继崛起。前者以对黑格尔哲学作"新的"说明为特征，后者则以

"自我"的人为其立论的前提。它们把个人的价值、个性自由和自我意识作为研究的重要范畴。而这些问题又恰恰是青年黑格尔派所研究的中心。所以，当时在西欧，甚至在日本，曾一度出现了对这个早已销声匿迹的思辨哲学的研究兴趣。他们发现，青年马克思思想中也有类似的东西，所以，又逐渐把兴趣转移到青年黑格尔派和青年马克思的关系上来，开始了对马克思早期思想的"研究"。他们把马克思早期思想发展视为只是在青年黑格尔派哲学范围内进行的过程，而且是以费尔巴哈所阐明的"黑格尔思想的坚定的人本学"为基础的。但这时，资产阶级学者还没有把歪曲青年马克思作为自己理论活动的主要方面。

真正用"青年马克思"反对马克思主义，是从30年代开始的。1932年德国右翼社会民主党人朗兹胡特和迈耶尔首次发表了马克思的《1844年经济学哲学手稿》，在他们写的序言中，把马克思主义创始人的这部不成熟作品，说成是"新的福音书"，是"真正的马克思主义的启示录"，是"马克思的中心著作"。公然提出"人的实现"是马克思的出发点，"人的本质"的概念是马克思学说的"中心"概念，要用这些观点对马克思主义进行"新的"解释。还说什么，这部著作势必会改变关于马克思主义的"标准概念"，对论证"新的马克思主义观点"具有"决定性意义"。德国右翼社会民主党人所谓"新的马克思主义"，究竟新在什么地方呢？就"新"在把人和异化作为马克思主义的中心概念，"新"在他们发现了两个马克思：一个是早期的"人道主义者马克思"，一个是晚期的"唯物主义者马克思"。他们制造"两个马克思"的对立，即把青年马克思和老年马克思对立起来，把马克思的早期著作《1844年经济学哲学手稿》硬说成是马克思"成就的顶点"，相反，马克思的成熟著作《资本论》则被贬为马克思创作能力的"衰退和减弱"。从而提出用早期马克思否定晚期马克思，开创了以"马克思"反对马克思的恶劣先例。

右翼社会民主党人的观点与资产阶级的哲学，是彼此呼应、相得益彰的。他们对马克思的"重新发现"，无疑对日益陷入深刻危机的资产阶级哲学是一个新的"启示"，使他们早已开始的对马克思主义作"新的"解释的尝试，逐渐成为一个有计划、有目的的行动。50年代形成的所谓"马克思热"，就是这两种趋向合流的结果。

第二次世界大战给人类带来的灾难和斯大林问题的提出，关于人的价值和个性解放问题，以更尖锐的形式被提了出来。在这种情况下，就出现了西方50年代研究（实则伪造）青年马克思的热潮，短时间内便出现了大量的关于这方面的小册子和文章。美国实用主义哲学家胡克，将这种"盛况"比喻为"马克思的第二次降世"。这时，资产阶级各种流派——除新黑格尔主义和存在主义以外，还有实用主义、新实证主义、结构主义、弗洛伊德主义；以及基督教的马克思主义批判家和法兰克福学派的理论家，都竞相对马克思主义作出自己的"阐释"和"补充"。同时，也都用经过他们加过工的观点来充实他们自己的理论，甚至存在主义和实用主义公然宣称马克思是他们学说的创始人，等等，不一而足。在整个西方世界形成了一股反马克思主义的大合唱。

从理论观点来讲，这股思潮有以下几个特点：

第一，从把青年马克思和老年马克思对立起来转向把两者

"统一"起来。从30年代开始一直到50年代，资产阶级学者或半资产阶级学者把青年马克思和老年马克思对立起来，认为青年马克思是"人道主义者马克思"，这时马克思关心人的问题，"作了解决人的存在问题的极大尝试"。后来，他放弃了这一难于胜任的任务，而把它局限于经济问题。这就是说，解决人的问题和经济问题是毫不相干的。从50年代以来，一些理论家又将青年马克思和老年马克思"统一"起来，认为只有一个马克思，这种统一的基础就是异化问题，《资本论》仅仅是马克思在《1844年经济学哲学手稿》中已经得出的那些原则的系统阐述而已。这种观点抹杀了马克思从不成熟到成熟的质的"飞跃"。这两种倾向，殊途同归，都在于用马克思的早期否定马克思的晚期。

第二，把整个马克思主义都归结于黑格尔哲学。如果说资产阶级思想家以前主要限于歪曲马克思辩证法与黑格尔辩证法的关系，将前者说成是由后者"借用"来的，那么现在他们不仅仅认为马克思的辩证法，而且认为马克思的历史观都来源于黑格尔哲学。与以前只把马克思主义作为一种经济学说相反，现在又把它看作是一种纯粹的哲学问题，甚至马克思的《资本论》，也被他们说成是黑格尔哲学的"特殊解释"。新托马斯主义者德·拉·皮尔竟然宣称："共产主义关于世界的学说完全建立在黑格尔的理论基础之上。"[1]从而，把马克思主义又归结为黑格尔主义。

第三，把人和异化作为马克思主义的两个中心概念。这可以

---

① 德·拉·皮尔：《共产主义哲学》，纽约版1952年，第2页。

说是西方思潮的最主要特点。在这里显示出，资产阶级哲学派别的不同倾向，在反对马克思主义这点上它们又同流合污了。

用"异化"来伪造马克思主义，是现在西方流行的一种最时髦的理论。这种理论的奠基者就是法国著名教授、新黑格尔主义者让·伊波利特。他不再把青年马克思和老年马克思对立起来，而认为两者是"统一的"，这种统一性就在于马克思始终坚持了异化观点。这位教授在他的实际为新黑格尔主义伪造青年马克思奠基的《马克思和黑格尔研究》一书中写道："全部马克思主义的基本思想及其来源是从黑格尔和费尔巴哈那里接受过来的异化思想。我认为，从这一思想出发，并把人的解放看作是人在历史进程中为了反对他的本质的任何异化（不论异化采取何种形式）而积极进行斗争，这就能更好地解释整个马克思主义哲学和理解马克思的主要著作《资本论》的结构。"[①]这就是说，青年马克思从黑格尔和费尔巴哈那里袭用来的"异化"思想，是贯串全部马克思主义的"核心"思想，马克思主义的一切原理和结论，都是由此而派生的。这种观点就成为利用"异化"伪造马克思的谬种的来源。现在西方流行的这类观点，无非是伊波利特思想的具体发挥。"异化"概念被滥用到如此程度，它像"神灵"一样，无时不有，无处不在。而问题在于，他们把这个经过任意曲解和滥用的概念，回过头来又硬加到马克思的身上，这就不能不引起马克思主义者的重视。

与对马克思主义进行新黑格尔主义"解释"的同时，还存在

---

① 让·伊波利特：《马克思和黑格尔研究》，巴黎版1955年，第147页。

评西方『马克思主义人道主义化』思潮

023

着存在主义的"解释"。这种"解释者"企图用"自我"的人来"补充"马克思主义，以便把马克思主义与存在主义结合起来。这种图谋，早在战后不久就开始了。法国存在主义者E.穆尼哀声称："最近一些年的任务，无疑在于把马克思同克尔凯郭尔（存在主义奠基人）调和起来。"要做到这一点，不通过诡辩简直是不可能的。他们首先把费尔巴哈人本主义歪曲为非理性主义、歪曲为存在主义。因为，费尔巴哈以"自然人"为基础，为自己哲学的中心，这在存在主义看来，就等于承认了人的"自我"。似乎费尔巴哈早就提出了存在主义的"存在先于本质"的命题似的，这样，费尔巴哈便成为一个十足的存在主义者了。其次，是把马克思早期著作中确实存有的费尔巴哈人本主义痕迹，硬说成是费尔巴哈观点的发展，从而又把青年马克思关于人的观点，变成完备的存在主义学说。

最后，用"异化"和"人"对马克思主义的"解释"并不是彼此孤立的，后来，资产阶级这两个派别在"解释"马克思主义过程中逐渐融合起来。50年代和60年代之交在西方出现的"新黑格尔派存在主义"对马克思主义的"解释"，就是这两个派别相互"同化"的结果。它的倡导者是被誉为法国资产阶级思想台柱的新黑格尔主义者让·伊波利特。他们如此热衷于这种"同化"，是因为只有将这两者结合起来，才能用"异化"和"人"的观点更好地伪造马克思，或如伊波利特所说的那样，由新黑格尔主义"吸收"存在主义的成果，就可以"更好地解释"马克思主义。

就其内容而言，新黑格尔派存在主义伪造马克思的主要观点：将异化纳入人本学的范畴，把异化观点和人的观点一起作为马克思学说的根本内容。在他们看来，青年马克思从黑格尔和费尔巴哈那里借用来异化概念，来说明社会历史，从而建立了"人学辩证法"或曰"人本学历史观"。按照这种历史观，历史就是人的不断异化的历史，整个马克思主义就被曲解为是关于人的存在的"自我异化"和"复归"的学说。马克思一生的目标，似乎也只是说明异化的产生和扬弃。马克思是人道主义者，是"异化"的理论家，这就是近二十多年来西方资产阶级学者对马克思的赤裸裸的伪造。

由此可见，用"人学辩证法"取代根源于生产力和生产关系矛盾运动的历史辩证法，用"人本学历史观"代替唯物主义历史观，并使之成为共产主义的理论基础，这正是近半个世纪来在西方世界兴起的并居支配地位的一种旨在反对马克思主义的新的思潮。无论是把青年马克思同成熟马克思对立起来，还是将两者"统一"起来，其目的都在于把"人"作为马克思学说的"中心"和"基础"，以便把马克思主义归结为人本主义。其实，这种理论也并非什么新东西，它不过是在马克思主义形式下，使那种早已被马克思主义创始人所抛弃了的关于"人"的思辨理论死灰复燃。

西方这股反马克思主义思潮的产生不是偶然的。马克思主义在20世纪取得空前重大的进展，尤其是十月革命和我国革命的伟大胜利，无可辩驳地证明了马克思主义的强大生命力。马克思主义越来越深入人心，对社会生活的影响愈来愈强。面对马克思主义的胜利进军，资产阶级意识形态愈益陷入混乱和危机。资本主义世界强烈地感到这是一个"永恒"的威胁，叫嚷与其束手待毙，不如通过"批判性的反击"以防范马克思主义的扩张。因此，他们改变反马克思主义的策略，提出"争取青年马克思作为一个同盟者"来重新"解释"马克思主义，并为自己的哲学提出一个纲领性的任务，就是"把马克思主义解释得能为一切人所接受"，即把马克思主义变成人道主义学说。要把马克思主义变成全民性的学说，这当然是欺人之谈。然而，资产阶级思想家的这一表白，却最清楚不过地暴露了资产阶级意识形态所遇到的深刻危机，反映出他们为摆脱这种绝境从伪造青年马克思寻找出路的真实意图。因此，他们提出所谓"回到马克思去"的口号，不过是资产阶级利用"青年马克思"问题否定马克思主义的一种新的策略罢了。

综观百年来意识形态领域斗争的历史，资产阶级思想家曾叫嚷"回到康德去"（19 世纪末）；继而提出"回到黑格尔去"（20世纪初），20世纪中期又提出"回到马克思去"。这三个口号形式不同，实质则一，就是资产阶级妄图否定马克思主义哲学基础，从而否定整个马克思主义。然而，无论采取什么样的花招，都不能阻挡马克思主义的胜利进军。

在我国理论界曾经出现的抽象的人道主义和"异化论"错误，不管人们自觉与否，也不管人们的主观愿望如何，从客观上讲，不能不承认，是受这股西方资产阶级思潮影响的结果。

马克思怎样使用"异化"概念

17—18世纪的一些哲学家、启蒙思想家卢梭等就提出过异化（意义亦可解作转让）思想，作为历史上国家权力起源的一种解释（即人们把自己的权力转让给政治机构）。在德国古典哲学中，特别是黑格尔的著作中，异化作为一个哲学范畴纳入思辨哲学体系之中，得到广泛的运用。马克思在自己的一些理论著作、特别是早期著作中，也使用过异化概念。但是，在马克思思想发展的不同时期，异化概念在他的学说中的地位和含义是有变化的。

马克思在创立唯物主义历史观以前，他的思想发展，先是受黑格尔唯心主义的影响。这时，他肯定概念异化，把现象"理解为本质的异化"[①]。

从1843年夏对黑格尔法哲学进行批判，到1845年春写作《关于费尔巴哈的提纲》以前，马克思又接受了费尔巴哈人本主

[①] 《马克思恩格斯全集》第40卷，人民出版社1982年版，第231页。

义的影响，列宁称之为马克思"离开黑格尔走向费尔巴哈"①。在黑格尔那里，异化是绝对观念的异化，是一个思辨唯心主义的概念。费尔巴哈则用异化来批判宗教神学。他的一个基本命题，就是"神是人的本质的异化"。就是说，不是神创造人，而是人创造神，人把自己的真正本质从人本身分裂出去变成神，反过来又与人相对立。费尔巴哈承认存在着一个抽象的、不变的人的本质，他的观点是立足于人本主义基础之上的。在费尔巴哈的直接影响下，马克思这时曾把"异化"作为其学说的中心概念，并把它从纯理论范围转移到实践领域，研究社会历史现象，剖析资本主义经济关系，提出了异化劳动的思想。他试图通过异化劳动来揭示劳动和私有制的本质联系，并用这个思想把哲学、经济学和共产主义学说融为一个整体。

异化劳动是资本主义生产方式下工人的劳动活动。马克思阐明了异化劳动的四个规定。1.劳动同自己的劳动产品相异化。工人生产的产品数量越大，他就越贫穷；工人创造的商品越多，他就越变成廉价商品。2.工人同其自身活动相异化。就是说，工人的劳动不属于他自己，而属于别人；不是属于他本质的东西，而是外在的东西。劳动对工人说来，不是自愿的，而是被迫的、强制的。3.由以上两者规定的人同类本质相异化。"人的类本质……变成人的异己的本质，变成维持他的个人生存的手段。"②4.以上三种事实"所造成的直接结果就是人同人相异化"③。当人同自身

---

① 《列宁全集》第55卷，人民出版社1990年版，第293页。
② 《马克思恩格斯全集》第42卷，人民出版社1979年版，第97页。
③ 《马克思恩格斯全集》第42卷，人民出版社1979年版，第98页。

相对立的时候，他也同他人相对立。

"总之，通过异化的、外化的劳动，工人生产出一个跟劳动格格不入的、站在劳动之外的人同这个劳动的关系。工人同劳动的关系，生产出资本家……同这个劳动的关系。从而，私有财产是外化劳动……的产物、结果和必然后果。"①马克思由此得出否定私有制的结论，指出："共产主义是私有财产即人的自我异化的积极的扬弃。"②同时，他从理论上认识到生产活动的决定作用，并以萌芽的形式表述了一定方式的生产产生一定的社会关系的重要思想，使他接近了历史唯物主义。

但这时马克思的观点，还带有明显的费尔巴哈人本主义的痕迹。这不仅表现在上述异化劳动的思想中，而且还表现在：第一，他赞同人的本质异化的观点，如认为国家是"人的本质的客体化"③；金钱的统治是人的自我异化④；异化了的人"还不是真正的类存在物"⑤甚至认为"有产阶级和无产阶级同是人的自我异化"⑥。第二，马克思把人类解放理解为人的异化的彻底消除，把共产主义看成"对人的本质的真正占有"，"是人向自身、向社会的（即人的）人的复归"，是"存在和本质""个体和类之间的斗争的真正解决"⑦。这些显然表现了费尔巴哈人本主义观点的影

① 《马克思恩格斯全集》第42卷，人民出版社1979年版，第100页。
② 《马克思恩格斯全集》第42卷，人民出版社1979年版，第120页。
③ 《马克思恩格斯全集》第1卷，人民出版社1956年版，第293页。
④ 《马克思恩格斯全集》第1卷，人民出版社1956年版，第448页。
⑤ 《马克思恩格斯全集》第1卷，人民出版社1956年版，第434页。
⑥ 《马克思恩格斯全集》第2卷，人民出版社1957年版，第44页。
⑦ 《马克思恩格斯全集》第42卷，人民出版社1979年版，第120页。

响。无怪乎，马克思当时称赞费尔巴哈"给社会主义提供了哲学基础"①。

从《关于费尔巴哈的提纲》到《共产党宣言》（1847年12月—1848年1月），是马克思全面制定唯物主义历史观的时期。这时，这一崭新的科学历史观，被看成随着思辨的终止而开始的"真正实证的科学"，而"异化"则被视为只是"暂时还用一下"的"哲学家易懂的话"②。异化也不是人的自我异化，它根源于一定的生产力和由此决定的社会分工。马克思在回答人们的社会关系为什么会变成反对他们的异己力量的问题时，指出："总之，分工，分工的阶段依赖于当时生产力的发展水平。"③因此，消除国家、社会关系的异化的前提，在于"生产力的巨大增长和高度发展"，在于消灭私有制和"对生产实行共产主义的调节"④。由此，马克思对青年黑格尔派滥用异化概念进行了批判，指出他们把"任何一个客体或者关系"都说成"是我的异化"，这样就"把这些关系和个人都变成关于异化的完全抽象的词句"⑤。

同时，马克思批判了费尔巴哈人本主义和由它装备起来的"真正的社会主义"观点，指出费尔巴哈不去研究现实社会矛盾和历史的客观基础，而把"人"作为历史发展的动力，把整个历史看成"是'人'的自我异化过程"，这就意味着"把整个历史

---

① 《马克思恩格斯全集》第27卷，人民出版社1972年版，第450页。
② 《马克思恩格斯全集》第3卷，人民出版社1960年版，第31、316、39页。
③ 《马克思恩格斯选集》第1卷，人民出版社1995年版，第135页。
④ 《马克思恩格斯全集》第3卷，人民出版社1960年版，第39、40页。
⑤ 《马克思恩格斯全集》第3卷，人民出版社1960年版，第316、317页。

变成意识发展的过程了"①。"真正的社会主义"用"人的本质的异化"去解释社会主义，在法国社会主义原著下面写上"人的本质的外化"和"抽象普遍物的统治的废除"等等，这就完全阉割了这些学说所反映的现实的阶级内容，追求什么"人的本质的利益，即一般人的利益"②。马克思坚决反对从人的抽象本质引出共产主义结论，认为共产主义不是"从寻找'本质'开始的"，它"是用实际手段来追求实际目的的最实际的运动"③。这既是对费尔巴哈人本主义异化观的批判，又是对马克思本人"从前的哲学信仰"的"清算"。

在马克思主义的第一个纲领性文献《共产党宣言》中，只有一处提到"外化"，而且如上所述，是用在批判"真正的社会主义"关于异化观点的地方。

在写于《共产党宣言》之前的《哲学的贫困》中，在写于《共产党宣言》之后的《雇佣劳动与资本》《1848年至1850年的法兰西阶级斗争》《路易·波拿巴的雾月十八日》《法兰西内战》等重要著作中，马克思都没有使用异化概念。

50年代末和60年代，马克思在创作《资本论》过程中，使用了异化概念。但在为《资本论》直接提供了哲学基础和方法论的《〈政治经济学批判〉序言》和摘自1857—1858年经济学手稿的《〈政治经济学批判〉导言》中，却没有一处出现异化这个词。这清楚说明，马克思在《资本论》及其准备作品中使用异化概

① 《马克思恩格斯全集》第3卷，人民出版社1960年版，第77页。
② 《马克思恩格斯选集》第1卷，人民出版社1972年版，第277—278页。
③ 《马克思恩格斯全集》第3卷，人民出版社1960年版，第236页。

念，已不像早期那样，用异化去解释经济、政治、宗教、意识等现象，以至去说明整个社会历史发展，而是在研究经济学中使用这个概念去描写一些经济现象。在研究经济学中，马克思并没有在一般方法论意义上使用异化概念，而主要限于说明资本对雇佣劳动的关系和资本主义生产方式的历史暂时性。这时，马克思发挥了他早期的异化劳动的思想，但已完全克服了其中含有的人本主义因素，而异化也不再是马克思学说的中心概念了。

马克思提出了"异化劳动"和"劳动的异化"①的概念，用以表示劳动同劳动本身所创造的劳动条件和劳动产品的对立关系，并由此而讲到资本的异化，利息和利润的异化，生产条件的异化。马克思说："关键不在于物化，而在于异化，外化，外在化，在于巨大的物的权力不归工人所有，而归人格化的生产条件即资本所有，这种物的权力把社会劳动本身当作自身的一个要素而置于同自己相对立的地位。"②在劳动异化的条件下，"劳动的物质条件的增长不是表现为劳动的不断增长的力量"，"反而表现为这些物质条件的不断增长的支配劳动和反对劳动的权力"③。这种异化随着科学技术的发明，随着机器的发展而发展成为完全的对立。在劳动异化的情况下，工人备受摧残和奴役，他们受到资本的极其残酷的剥削。

这种"极端的异化形式"在资本对雇佣劳动关系中，"是一个必然的过渡点"，它是资本主义生产和交换的前提，同时又是

---

① 《马克思恩格斯全集》第42卷，人民出版社1979年版，第96、102页。

② 《马克思恩格斯全集》第46卷（下），人民出版社1980年版，第360页。

③ 引自《马克思恩格斯全集》俄文版第48卷，第83页。

"自在地、但还只是以歪曲的头脚倒置的形式，包含着一切狭隘的生产前提的解体"①。这种颠倒的过程，是一种历史的必然性。但"决不是生产的某种绝对必然性"②，而是一种暂时的必然性，这一过程的趋势必然扬弃这种"颠倒"产生的基础及其形式即劳动的异化。这就是说，劳动异化是资本主义私有制造成的必然的而又是暂时的现象，必将随着资本主义的消灭而消失。这就是马克思通过劳动的异化，对资本主义生产方式进行分析所得出的结论。

综上所述，马克思对异化概念的使用及其地位，有一个发展过程。在历史唯物主义产生以前，异化是马克思学说的中心概念，它既包含有异化劳动的卓越思想，又受到黑格尔哲学特别是费尔巴哈人本主义的明显影响。在历史唯物主义产生以后，异化才得到正确的说明，而且它已不是马克思学说的中心概念。在《资本论》及其创作过程的手稿中，马克思虽然多处使用了异化概念，但这是以历史唯物主义作为指导来揭示资本对雇佣劳动的对抗关系，揭露资本主义剥削的实质的。马克思这里使用的已不是一般的"异化"，而是"异化劳动"。异化劳动是资本主义生产关系所固有的现象，具有历史的暂时的性质。因此，不能把异化看成人类社会生活的永恒现象，不能把异化概念变成超越特定历史阶段的普遍适用的范畴。

马克思在论述社会主义社会时没有使用过"异化"概念。在

---

① 《马克思恩格斯全集》第46卷（上），人民出版社1979年版，第520页。
② 《马克思恩格斯全集》第46卷（下），人民出版社1980年版，第361页。

《哥达纲领批判》中，马克思只是说："我们这里所说的是这样的共产主义社会，它不是在它自身基础上已经发展了的，恰好相反，是刚刚从资本主义社会中产生出来的，因此它在各方面，在经济、道德和精神方面都还带着它脱胎出来的那个旧社会的痕迹。"①

---

① 《马克思恩格斯选集》第3卷，人民出版社1972年版，第10页。

马克思是怎样理解和使用人道主义概念的

在新兴资产阶级反对封建主义的过程中，兴起了人道主义思潮。它始自"文艺复兴"时代，发展于17—18世纪资产阶级革命时期，在美国《独立宣言》和法国《人权宣言》中得到最高体现。到19世纪30年代，随着英法资产阶级在历史上最终取得政治统治，资产阶级人道主义的积极作用也达到它的极限。19世纪30—40年代，发展较晚的德国资产阶级，面临奋起反对普鲁士封建专制制度和宗教神学的战斗任务，又举起了人道主义的旗帜。然而，德国的特殊历史条件和哲学环境，赋予人道主义理论以新的特点：第一，它更具有哲学的抽象性质；第二，人道主义变成博爱主义。尽管如此，不能低估人道主义在德国哲学上取得的进展和它在实践中的积极作用，以及对科学共产主义创始人所产生的重大影响。

马克思的思想发展，是从黑格尔出发，经过费尔巴哈，"走向历史（和辩证）唯物主义"[①]的。因此，随着马克思世界观的转

[①] 《列宁全集》第55卷，人民出版社1990年版，第293页。

变和发展，他关于人和人道主义的观点也不断发生改变。

马克思在1843年夏天批判黑格尔法哲学以前，他的思想受着黑格尔唯心主义的影响。这时，他把人性理解为"普遍自由"，认为"自由确实是人所固有的东西"，是"人的本质"，并且把"自由理性"视为国家的基础①。这显然是黑格尔式的唯心主义观点。但这个时期，马克思没有使用过人道主义概念。

马克思使用人道主义概念说明自己当时的社会政治见解，是在1844年"离开黑格尔，走向费尔巴哈"的时期。费尔巴哈人本主义是资产阶级人道主义的特殊形态。两者的共同点，是以抽象的人性论为基础，不同点，是后者更赋予18世纪人道主义以哲学思辨的色彩，使人道主义成为人本主义学说。其特征有二：一是宣扬自然主义，主张人是自然界的一部分，是自然界的最高表现；二是承认存在着抽象不变的人最高本质和人的本质的异化。这种人本主义学说，强调要实现人的本质，认为人应该是符合自己真正本质的自然存在物。

在历史唯物主义形成以前，马克思受到费尔巴哈的深刻影响。这种影响具有两重性。一方面，费尔巴哈的人本主义唯物主义推动马克思摆脱黑格尔的理性的人，把人本身当作研究的主要对象，又进而通过研究现实的人，研究他们的物质活动和社会关系，使他"接近"了历史唯物主义。与此相联系，马克思开始放弃先前把自由视为人的本性的观点，着手从市民社会来考察"自

---

① 《马克思恩格斯全集》第1卷，人民出版社1956年版，第58、63、67、127页。

由的人性"①。另一方面，费尔巴哈人本主义作为传统力量，又给马克思思想发展造成新的束缚。费尔巴哈人本主义观点同马克思新世界观的天才萌芽交织在一起。唯物主义历史观正是在不断克服费尔巴哈人本主义历史观过程中逐步形成起来的。

这时，费尔巴哈人本主义对马克思的影响，主要表现在：第一，马克思也主张存在着人的最高本质。他说："人的根本就是人本身"，"德国唯一实际可能的解放是从宣布人本身是人的最高本质这个理论出发的解放"②。他赞同费尔巴哈关于"人是全部人类活动和全部人类关系的本质基础"③的观点，认为人的解放就是消除人的自我异化，"把人的世界和人的关系还给人自己"④。这些观点，正是费尔巴哈人本主义的主要特征。

第二，马克思从费尔巴哈人本主义引申出"真正的人道主义"概念，用以表示他当时的共产主义观点。在马克思这时的著作中，主要有六处用了"人道主义"⑤一词，除一处用以说明社会外，其余五处都同说明他的共产主义观点有关。马克思认为，共产主义就是人道主义原则的实现。但以往的共产主义学说，如卡贝、德萨米和魏特林等人的共产主义，并非如此。"这种共产主义只不过是人道主义原则的特殊表现，它还没有摆脱它的对立面

① 《马克思恩格斯全集》第2卷，人民出版社1957年版，第144—145页。
② 《马克思恩格斯选集》第1卷，人民出版社1972年版，第9、15页。
③ 《马克思恩格斯全集》第2卷，人民出版社1957年版，第118页。
④ 《马克思恩格斯全集》第1卷，人民出版社1956年版，第443页。
⑤ 参见《马克思恩格斯全集》第1卷，人民出版社1956年版，第416页；《马克思恩格斯全集》第2卷，人民出版社1957年版，第7、160、167—168页；《马克思恩格斯全集》第42卷，人民出版社1979年版，第120、122页。

即私有制的存在的影响。"①后来，马克思在批判粗陋的平均的共产主义时又指出，这种共产主义不过是"私有财产的卑鄙性的一种表现形式"②。就是说，以往这些共产主义学说，还没有把私有制作为人的自我异化加以彻底的积极的扬弃。因此，马克思将自己理解的共产主义，确定为"是私有财产即人的自我异化的积极的扬弃"，是"对人的本质的真正占有"，是向人本身的"复归"。他说："这种共产主义，作为完成了的自然主义，等于人道主义，而作为完成了的人道主义，等于自然主义"③。自然主义和人道主义在"人"上是相通的。完善的自然主义应含有人，人是自然界的最高表现；完善的人道主义应当实现人的自然本性。两者融为一体，相互贯彻，就是"真正的人道主义"，即马克思当时理解的共产主义的基本特征。

第三，正因为如此，马克思称赞费尔巴哈"给社会主义提供了哲学基础"④。正像法国共产主义者德萨米、盖伊等人把法国唯物主义"当做现实的人道主义学说和共产主义的逻辑基础"⑤一样，费尔巴哈的"和人道主义相吻合的唯物主义"⑥，为德国共产主义提供了理论根据。恩格斯把这种"从德国本国哲学"所必然引出的共产主义，称为"哲学共产主义"⑦。并把青年马克思列为

---

① 《马克思恩格斯全集》第1卷，人民出版社1956年版，第416页。
② 《马克思恩格斯全集》第42卷，人民出版社1979年版，第119页。
③ 《马克思恩格斯全集》第42卷，人民出版社1979年版，第120页。
④ 《马克思恩格斯全集》第27卷，人民出版社1972年版，第450页。
⑤ 《马克思恩格斯全集》第2卷，人民出版社1957年版，第167—168页。
⑥ 《马克思恩格斯全集》第2卷，人民出版社1957年版，第160页。
⑦ 《马克思恩格斯全集》第1卷，人民出版社1956年版，第591—592页。

它的最早信奉者之一。

可见，"真正的人道主义"只是马克思在费尔巴哈人本主义影响下用以说明社会主义和共产主义的特定概念。以费尔巴哈人本主义唯物主义为"哲学基础"、用"真正的人道主义"为旗帜的共产主义学说，固然使马克思对私有制提出了否定，对资本主义制度的非人性进行了无情的谴责，但是，这种学说还不是科学的，它不可能正确地指导无产阶级的现实运动，更不可能正确地预见未来。

从1845年春天写作《关于费尔巴哈的提纲》到《共产党宣言》，是马克思全面制定唯物主义历史观的阶段。这时，马克思在理论上的重大突破，是通过社会生产关系科学概念的形成而洞察到社会现象的本质联系，并据此揭示出以生产力和生产关系辩证法原理为基础的人类社会发展的一般规律。由于马克思的这一伟大发现，使他彻底摆脱了思辨哲学的影响，而把对人、人的本质和共产主义的认识完全奠定在科学的基础之上。

人是什么，"既和他们生产什么一致，又和他们怎样生产一致"。一句话，"这取决于他们进行生产的物质条件"[①]。人的本质，不在于"人自身"，"它是一切社会关系的总和"[②]。构成人的本质的基础的东西，不是人的自然性，也不是人的自然性和社会性的结合，而是人们的社会关系。马克思在发挥上述观点时指出，"每个个人和每一代当作现成的东西承受下来的生产力、资金和

---

① 《马克思恩格斯选集》第1卷，人民出版社1972年版，第25页。
② 《马克思恩格斯选集》第1卷，人民出版社1972年版，第18页。

社会交往形式（即生产关系——引者）的总和，是哲学家们想象为'实体'和'人的本质'的东西的现实基础"①。如果离开这个"现实基础"，离开人们生活于其中的社会关系，去概括人的本质，那么，这只能是从人的观念中去进行概括，只能是概念的抽象，因而这个"人"也不过是"概念、观念的另一个名称而已"②。

伴随这一新的理论立场，马克思对共产主义的理解也发生了根本变化。共产主义不再是"人的本质异化"和"复归"的人道主义结论，而是资本主义社会生产力和生产关系矛盾发展的必然产物。他指出，共产主义不是"从寻找'本质'开始的"，它"是用实际手段来追求实际目的的最实际的运动"③。还指出，"我们所称为共产主义的是那种消灭现存状况的现实的运动。这个运动的条件是由现有的前提产生的"④。生产力和生产关系的高度发展，以及基于其上的无产阶级反对资产阶级的斗争，就是这种现实的前提。科学共产主义的哲学基础，只能是历史唯物主义，而不能是任何其他的哲学学说。因此，马克思这时不再把共产主义称为"真正的人道主义"，而是直接表述为"实践的唯物主义"，表述为"共产主义"⑤。他用"实践的唯物主义"即历史唯物主义，代替了费尔巴哈的"和人道主义相吻合的唯物主义"，用与其内

---

① 《马克思恩格斯全集》第3卷，人民出版社1960年版，第43页。
② 《马克思恩格斯全集》第3卷，人民出版社1960年版，第332页。
③ 《马克思恩格斯全集》第3卷，人民出版社1960年版，第236页。
④ 《马克思恩格斯选集》第1卷，人民出版社1972年版，第40页。
⑤ 《马克思恩格斯选集》第1卷，人民出版社1972年版，第48页。

容相符合的科学共产主义概念，取代了"真正的人道主义"的不成熟的用语。这清楚表明，马克思最终同那种力图使现实符合抽象理性的"哲学共产主义"划清了界限。

同时，马克思尖锐地批判了费尔巴哈"抽象的人"的观点，以及那种坚持用费尔巴哈人本主义解释社会主义和共产主义的德国"真正的社会主义"。"真正的社会主义者"鼓吹"人的本质就是一切小的一切"，把"人"作为历史的终极目的，认为一切现实关系和历史发展，那是"人"的自我展开。他们提出这样的口号："必须实现共产主义，以便实现人道主义"①，"共产主义和社会主义归根到底都消融在人道主义中。"②就是说，人道主义是社会主义和共产主义的真理。据此他们谴责法国社会主义者不是去引导"人"意识"自己的本质"，而是把人引导到"对粗暴的物质的依赖"。他们非难法国社会主义者，就在于"法国人没有以费尔巴哈的哲学作为自己的整个运动的最高原则"③。马克思深刻地指出："德国人是……〔从永恒的观点〕根据人的本质来判断一切的，而外国人却是从实际出发，根据实际存在的人们和关系来观察一切的。外国人思考和行动是为了自己所处的时代，而德国人思考和行动却是为了永恒。"④"真正的社会主义"所关心的不是实际的人而是"人"；所代表的不是无产阶级利益，而是人的本质的利益；所宣扬的不是革命热情，而是"普遍的爱"。他们

① 《马克思恩格斯全集》第3卷，人民出版社1960年版，第651页。
② 《马克思恩格斯全集》第3卷，人民出版社1960年版，第540页。
③ 《马克思恩格斯全集》第3卷，人民出版社1960年版，第541页。
④ 《马克思恩格斯全集》第3卷，人民出版社1960年版，第544—545页。

把共产主义完全变成关于"爱的呓语"。

针对"真正的社会主义"把一切现实问题都归结为抽象的"人的本质"和"人的特性",从而代替对复杂社会现象的研究,马克思指出:"这样,当然就取消了任何继续讨论的可能性"①。"'大谈'其'爱'和'克己',比起研究现实关系的发展和实际问题要容易得多。"②

在《共产党宣言》以后,马克思的主要理论活动:一是,总结1848年欧洲革命的经验和1871年巴黎公社的革命经验,丰富和发展马克思主义。二是,创作《资本论》,为科学共产主义思想体系提供经济学论证。在这些活动中,马克思没有再用人道主义这个概念来说明自己的共产主义观点。但是,在《法兰西内战》初稿和二稿中,马克思有两处正面使用了"人道"的概念。一是说巴黎公社将提供合理的环境,使阶级斗争能够以"最合理、最人道的方式进行";二是说工人阶级在战斗中显示了"过分的人道"③。可见,马克思清算了抽象的人道主义,但并没有笼统地抛弃"人道"概念。

此外,马克思在一些地方涉及人道与人道主义,多是用来揭露资产阶级人道主义的虚伪性。例如,马克思批判德国小资产阶级民主主义者海因岑等人,用"人道"否定阶级斗争,指出"他们发出一阵阵带有血腥气的和自以为十分人道的叫嚣","他们只

① 《马克思恩格斯全集》第3卷,人民出版社1960年版,第548页。
② 《马克思恩格斯选集》第1卷,人民出版社1972年版,第94页。
③ 《马克思恩格斯全集》第17卷,人民出版社1963年版,第593、640页。

不过是资产阶级的奴才"①。又如，马克思指出，在英法土俄战争中，于1865年通过的"海上法宣言"，"在慈善的词句后面隐藏着很大的不人道"，"宣言的人道借口只是给欧洲观众看的，和神圣同盟的宗教借口完全一样"②。

综上所述，马克思对人道主义的理解和使用，是一个发展的过程。马克思把人道主义作为一个重要概念说明自己的共产主义学说，是在受费尔巴哈影响时期。因为，他试图为共产主义提供"理论论证"，但自己的科学世界观又未形成，所以只好借助于黑格尔学派解体后在当时影响最大的费尔巴哈人本主义哲学。这就产生了现实的内容和抽象的思辨方法之间的矛盾。这个矛盾由于马克思的历史唯物主义的形成而得到解决。这时，共产主义不再以费尔巴哈人本主义为哲学基础，而是历史唯物主义的必然结论。在此之后，马克思对资产阶级人道主义进行了揭露和批判。但是，"人道"概念，作为一种原则和方法，马克思还是继续使用着。

遵循马克思的观点，我们应当批判资产阶级人道主义，同时宣传和实行社会主义人道主义。社会主义人道主义不是一种思想体系、世界观，也不是马克思主义的基本理论，而是在马克思主义指导下，用以调节社会主义社会人与人之间关系的一个具体的道德伦理范畴。因此，不论就其理论基础（历史唯物主义），还是就其阶级基础（无产阶级）而言，它同资产阶级人道主义不仅

① 《马克思恩格斯全集》第28卷（下），人民出版社1973年版，第509页。
② 《马克思恩格斯全集》第15卷，人民出版社1963年版，第452页。

毫无共同之处，而且恰恰相反。社会主义人道主义，从理论上说，它是马克思的人道原则在社会主义条件下的运用和发展，从实践上说，它是我们过去所实行的革命人道主义的继承和引申，是社会主义精神文明建设的内容之一。正确宣传和实行社会主义人道主义，对我国社会主义现代化建设将起积极的促进作用。

关于社会主义的人道主义问题

我们反对资产阶级人道主义，主张和宣传社会主义的人道主义。社会主义人道主义，也就是社会主义的人道原则，它同资产阶级人道主义有着根本的区别。我们要批判资产阶级人道主义，然而我们决不是不再研究这种人道主义理论的进步历史作用，而研究它与马克思主义思想体系的关系，对于发展人类思想文化尤有积极意义。同时，我们也并不排除在政治上同进步的资产阶级人道主义者结成联盟，反对一切危害无产阶级和广大人民根本利益的和各种不人道的现象。

作为思想体系的人道主义是资产阶级的意识形态，是资产阶级关于人的学说，其理论基础是抽象人性论，是唯心史观，它在形式上是"为了一切人"，而实际目的则是实现资产阶级的阶级利益，是个人主义和利己主义。虽然它有不同的表现形式，但在这些基本点上并无二致。

马克思主义同资产阶级人道主义是根本对立的，它同人道主义是两种根本不同的思想体系。马克思主义的出发点不是"人"，而是人类社会和现实的人；它的最终目的，不是为了实现"人"，而是为了实现共产主义，为了无产阶级和广大劳动人民的彻底解放。一句话，是为大多数人谋福利，它对人的需要的满足，对人的幸福和生活的关心，都凝结于这样一种崇高的事业之中。集体主义就是其基本特征的体现。马克思主义最注重个人的作用和个人的发展，但同时强调，只有在社会集体中，个人真正的自由发展才能实现。完成人类解放的崇高事业和真正实现个人的全面发展，只有正确认识和遵循社会发展的客观规律，通过变革社会关系，大力发展生产力，才能逐步实现。社会主义和共产主义就是实现这种历史任务的必由之路和可靠保证。所以，实现人类解放和人的发展问题，不能依靠人道主义，只能依靠马克思主义。马克思的历史唯物主义是它的唯一科学的理论基础。而基于历史唯心主义之上的资产阶级人道主义，所谓"为了一切人"的幸福，只能是虚伪的。因此，认为马克思主义不关心人，不研究人，甚至认为强调社会集体和尊重客观规律，就是贬低人，漠视人，这种观点是极其错误的。这种把研究社会生活和历史发展规律同科学地解决人的问题对立起来的观点，正是脱离社会生活、孤立地研究人的抽象人道主义的表现。

总之，既不能认为马克思主义不研究人，不包括人，因而企图用抽象人道主义来"补充"马克思主义，也不能把马克思主义说成只是关于人的学说，因而又把马克思主义归结为人道主义。马克思主义是最科学、最严整的理论体系。它把人与自然、人与社会、无产阶级解放和全人类解放、整个社会进步和个人全面发展，有机结合，融为一体。它是无产阶级认识世界和改造世界的最犀利的思想武器。用任何其他阶级的思想观点去补充马克思主义，都必然损害它的理论的纯洁性和革命的战斗性。列宁曾明确地指出：马克思的社会主义学说，"正是在它抛弃关于合乎人类天性的社会条件的议论，而着手唯物地分析现代社会关系并说明现今剥削制度的必然性的时候盛行起来的。"① 所以，我们要坚决反对把马克思主义变成关于人性与非人性的空谈。

如何理解社会主义的人道主义，首先牵涉到它同马克思主义的关系，它同资产阶级人道主义的区别。由上述可知，马克思主义是与资产阶级人道主义相对立的思想体系。而社会主义的人道主义，既不是一种思想体系、世界观，也不是马克思主义体系中的基本理论，而是在马克思主义指导下，在社会主义制度基础上产生的，调节社会主义社会人与人之间关系的具体的道德伦理范畴、原则。因此，不论就其理论基础（历史唯物主义），还是就其阶级基础（无产阶级的道德规范）而言，它同资产阶级人道主义都毫无共同之处，并且是相对立的。

社会主义的人道主义，是社会主义道德规范的一个起码的，也是十分重要的原则。它不仅适用于敌我矛盾，而且也适用于人民内部矛盾。从处理敌我矛盾来看，如打击破坏社会主义社会的犯罪分子，对于广大人民来说是最人道的。因为，这些犯罪分子，盗窃财物，草菅人命，侵犯人的权利，污辱人的人格，是最大的不人道。只有消除这种不人道行为，人们的生命财产、人的尊严，才有保证。同时，对于犯罪分子，只要低头认罪，改恶从

---

① 《列宁选集》第1卷，人民出版社1972年版，第51页。

善，也可以给他们以人道的待遇，正如马克思所说的，社会主义条件下的阶级斗争，可以按"最合理、最人道的方式"去进行。这对于瓦解敌人，巩固和发展社会主义制度是有利的。

但是，在社会主义社会，最大量的还是人民内部矛盾。因此，处理社会主义社会人与人关系时，必须广泛运用社会主义的人道主义原则。这种人道原则，首先，体现在我们的党和国家对广大人民的根本利益和生活福利的最大关怀。社会主义社会采取各种有效措施，逐步满足人民不断增长的物质文化需求，建立各种公共福利事业，设立各种劳保福利制度，以保证劳动者的身心健康。同时广大人民也关心集体，爱护集体，为集体事业不惜牺牲自己的利益。其次，在社会主义人与人的关系上，提倡关心别人、尊重别人、同情别人。不论是干部还是群众，也不论职务高低，都要平等待人，都要进行同志式的互助协作，坚决反对侵犯他人合法权利，不尊重别人人格的不道德行为。再次，在医务工作方面，我们一贯提倡革命的人道主义精神，即社会主义的人道主义精神，救死扶伤，关心别人的疾苦，解除病人的病痛，全心全意地为人民服务。在这种高尚的道德情操激励下，在我们社会主义医疗战线上，出现了许许多多感人肺腑的动人事例。最后，对待犯错误的同志也必须体现人道原则，热情帮助，诚恳关怀，以平等态度对待犯错误的同志，在批评别人的时候，首先要作自我批评。要力戒过去那种"残酷斗争，无情打击"，歧视犯错误的同志的不良作风。所有这些，都是社会主义人道主义的体现。

我们的最高原则是共产主义，但是，社会主义的人道主义是处理社会主义社会人与人关系的、最起码的道德规范。它同共产主义的根本利益是一致的。如果这种最起码的道德原则都得不到遵循，那么，共产主义的理想也会流于形式。共产主义的崇高事业，体现着社会主义的人道主义精神，而社会主义的人道主义精神的发扬，促进着共产主义伟大目标的实现。将两者对立起来是不正确的，攻击我们社会主义制度不人道，更是荒谬的。

社会主义的人道主义的思想核心是集体主义，这就使它同资产阶级人道主义根本区别开来。它对社会，对他人，不是从个人出发，而是从集体出发。只有从集体主义出发，才能真正做到爱护集体，关心他人。同时，在集体利益中也包含着个人利益。这才是社会主义的高尚的道德情操。而资产阶级人道主义的核心是个人主义，它表面为"一切人"，而实际上是为个人。那种"主观为自己，客观为别人"，就是这种人道主义的具体写照。如果主观为自己，一切从个人出发，一切以个人为中心，客观上很难为别人，必然是为了自己利益而损害他人利益。有的青年不正是在这种观点支配下走上犯罪道路的吗？抽象地谈人的价值，人性复归，抽象地谈人道主义，而不去指明资产阶级人道主义的个人主义实质，势必会在这些抽象词句下，塞进资产阶级的内容。所以，抽象的人道主义实际上就是资产阶级的人道主义。我们宣传社会主义的人道主义，必须批判抽象的人道主义。

结合实践学习马克思主义理论

我们共产党区别于其他政党的根本标志就在于，它有马克思主义作为自己事业的理论基础。马克思主义首先是无产阶级革命实践的产物，同时也是历史发展的必然结果，是全人类优秀思想文化的总汇。所以，它放之四海而皆准，行之百世而不废。马克思主义之所以具有无比的威力，能够披荆斩棘，不断开辟胜利前进的道路，就因为它正确，因为它是科学真理。真理总是全面的，全体寓于发展过程中，也只有在发展过程中才能达到对全体的认识。马克思主义作为真理的体系，不仅反映客观世界的整体，而且反映它的运动过程。所以，就其实质而言，马克思主义是"发展的理论"①，是包含发展原则在内的完整的学说。其全部的生命力，就在于它植根于各个时代的实践之中，并从每个时代的社会思想和自然科学成果中汲取自身发展的营养。

①《马克思恩格斯选集》第4卷，人民出版社1972年版，第460页。

教条主义的错误就在于把马克思主义凝固化。教条主义并非产生于马克思主义理论本身，而是对马克思主义的错误理解和运用。它不是将马克思主义基本原理和方法，用于指导具体实践，而是将它的个别结论作为"套语"为我所用，这就犯了使理论和实践、主观和客观相脱离的错误，从根本上违背了马克思主义，给革命实践和马克思主义理论本身，都造成了严重危害。教条主义和"左"的东西，不但不是马克思主义，恰恰相反，它是马克思主义的对立物。对之进行批判和清算，无疑是十分正确的。我们今天大好局面的出现，正是在思想上进行拨乱反正的结果。然而，必须清醒地认识到，克服理论上的偏向，丝毫不意味着可以各种形式贬低或否定马克思主义，诚如邓小平同志所告诫的，决不是"'纠正'社会主义和马列主义"[1]，因为，马克思主义从来都不是教条主义。克服教条主义和"左"的错误，是清除混杂于马克思主义中的非马克思主义因素，是马克思主义理论自我完善的表现。将这两者混为一谈，是极大的误解。

马克思主义作为"发展的理论"，体现于理论和实践的具体地、历史地结合上。理论与实践相结合，是马克思主义的最基本的原则和精髓。这不仅是运用理论的需要，而且也是理论自身发展的要求。马克思在早期就曾指出：理论是"文明的活的灵魂"，它要求和自己时代的现实"接触并相互作用"[2]。"世界的哲学化同

---

① 邓小平：《建设有中国特色的社会主义》（增订本），人民出版社1987年版，第121页。

② 《马克思恩格斯全集》第1卷，人民出版社1956年版，第121页。

时也就是哲学的世界化"①。马克思的这个思想，虽然仍带有浓重的思辨色彩，但却极富哲理性。它要求理论和实践的内在结合，而这只有无产阶级才能付诸实现。当马克思"成为马克思"后，他立即将哲学和世界的关系，具体化为理论和无产阶级的关系。无产阶级的革命实践，必须有马克思主义理论的指导，使实践活动"理论化"，即提高实践活动的理论水平；而马克思主义理论也必须掌握群众，在指导实践中检验和发展自身。这是同一过程的两个不可分割的方面。马克思主义的这一特征，集中地反映了无产阶级认识世界和改造世界的自觉性和运动性，表现了人类开始从"必然王国"向"自由王国"的飞跃。

理论和实践的结合，是动态的，而不是静态的，也就是说，是一个受实践发展制约的辩证的过程。随着实践活动向深度和广度发展，马克思主义理论本身也不断丰富和更新；同时，又在更高水平上指导着新的实践。这种相互作用，永无止境。20世纪的马克思主义，当然不同于19世纪的马克思主义，犹如20世纪的社会实践不同于19世纪的社会实践一样。不加分析地照搬马克思主义的个别结论是错误的。但是，今天的历史毕竟是过去历史的继续，马克思主义只能在它原有基础上向前发展，而不能离开它的基本原理另搞一套。因此，借口今天条件的变化，提出不同于原来的马克思主义的所谓"新马克思主义"，也是站不住脚的。邓小平同志深刻指出：马克思主义"要求人们根据它的基本原则和基本方法，不断结合变化着的实际，探索解决新问题的答案，

---

① 《马克思恩格斯全集》第40卷，人民出版社1982年版，第258页。

从而也发展马克思主义理论本身"①。这个科学论断,既强调了坚持马克思主义,又强调了结合新的实践向前推进马克思主义,把理论和实践历史地、辩证地统一起来,从而阐明了马克思主义的实质。

坚持马克思主义与具体实践相结合,就必须反对资产阶级自由化。西方文明的成果,包括社会科学方面的成果,无疑应该吸取,经过批判地改造以丰富马克思主义的内容。马克思主义在它产生和形成时期,曾经吸取了历史上人类社会的一切先进思想;同样,在当代,马克思主义要发展,也离不开对包括西方先进思想成果在内的人类一切先进思想的吸收和借鉴。但是,决不能用资产阶级意识形态去"补充"或"代替"马克思主义。理论上的"自由化",必然损害马克思主义科学的纯洁性,从根本上动摇党的四项基本原则,危害我们的事业。小平同志说得好:"搞资产阶级自由化,我们内部就成了一个乱的社会,什么建设都搞不成了。对我们来说,这是一个非常关键的原则问题。"②因此,我们决不能掉以轻心。坚持马克思主义,必须有效地防止资产阶级学术思想侵蚀。

马克思主义理论和具体实践的结合,在当前,集中表现在用马克思主义基本原则和方法指导改革。改革是我国当前最重要的实践。要迅速发展生产力,必须进行经济体制的全面改革以及其

① 邓小平:《建设有中国特色的社会主义》(增订本),人民出版社1987年版,第127页。

② 邓小平:《建设有中国特色的社会主义》(增订本),人民出版社1987年版,第111页。

他方面的改革。我们的改革是以马克思主义为指导的。社会主义改革是史无前例的、全面的事业，其实质是要调整生产关系和上层建筑的某些环节，以促进生产力的发展。只有坚持以马克思主义为指导，才能透过错综复杂的现象，把握事物的本质，正确处理各种矛盾，卓有成效地完成改革事业。社会主义建设，不只是经济建设，还包括思想建设，包括培养和造就共产主义一代新人。因此，在进行社会主义物质文明建设的同时，还要进行社会主义精神文明的建设。而精神文明建设的核心，就是进行马克思主义理论的教育，使全体劳动者树立共产主义的人生观和世界观，这是我们整个事业的根本保证。由此可见，社会主义改革需要马克思主义，同时，马克思主义也需要在社会主义改革实践中来检验和丰富自己。社会主义改革在实践上获得成功，也就是马克思主义在理论上的发展。

总之，只有通晓马克思主义，才能加强我们工作中的原则性、系统性、预见性和创造性，才能正确地总结过去、认识现在和预见未来，以提高全党干部的素质和实际工作的水平，在社会主义改革事业中取得更大的胜利。

评西方资产阶级学者
对"青年马克思"的伪造

　　资产阶级"马克思学",是近几十年来在西方兴起的一门伪科学。它以"研究"马克思之名,行对马克思主义篡改之实,尤其是用曲解"青年马克思"和"老年马克思"的关系,伪造"青年马克思"来全面地否定马克思主义学说。对于这股荒谬而有害的反动思潮,人们决不可等闲视之。

　　马克思主义者也并不否认青年马克思的存在。但这与资产阶级"马克思学"的理解,却是断然不同的。列宁曾说过,马克思在1843年刚刚"成为马克思"。尽管在时间界限上众说纷纭,但研究者都认为确实存在着成熟马克思与青年马克思之分。因为马克思主义史的研究者面临这样一个毋庸置疑的事实:马克思起初是唯心主义者,后来却是唯物主义者。因此,科学地阐明马克思早期的思想形成,揭示马克思世界观转变的过程,无疑具有重大意义。当然,资产阶级思想家出于反马克思主义的目的和适应资产阶级意识形态的新的需要,也决不会放弃这个伪造青年马克思的机会。所谓的"青年马克思"问题，就是资产阶级思想家在马克思早期思想发展的某些难点上进行投机的产物。

围绕"青年马克思"进行投机的决不只是资产阶级思想家，其中还有右翼社会民主党人和新老修正主义者，天主教的理论家和形形色色的反共主义者。然而，资产阶级思想家在这一反马克思主义大合唱中，却扮演了十分重要的角色。他们的反动"理论"，给这些反马克思主义派别以巨大影响。所以，彻底批判资产阶级对"青年马克思"的伪造，乃是粉碎这股反动思潮的关键所在。

一

资产阶级伪造青年马克思并形成一股风靡西方理论界的反马克思主义思潮，决不是偶然的，而有其深刻的思想原因和社会政治原因。追溯半个多世纪来马克思主义和反马克思主义斗争的过程，就能更清楚地认识资产阶级"青年马克思"问题产生的历史背景和它的反动作用。

对马克思早期思想研究，长期以来存在着这样或那样的偏向，始则漠视，继而抱以错误的态度。就第二国际的理论家而言，他们的一个主要倾向，就是把马克思主义视为纯粹的经济学说和"特别的社会见解"，忽视马克思主义是由三个部分组成的严整的科学体系（其主要代表是考茨基）。按照这种观点，成熟的马克思主义是《资本论》的马克思主义，而这种马克思主义是没有其哲学基础的，至于马克思主义奠基人的思想发展，他们更是置之不顾。有的理论家虽然注意到马克思的哲学观点，但或者混淆马克思的辩证法与黑格尔辩证法的根本区别（如伯恩施坦），或者混淆马克思的唯物主义与费尔巴哈唯物主义的原则界限（如普列汉诺夫）。这种理论上的错误，不仅直接影响到后来对马克思主义发展史的研究，而且实际上孕育了从另一极端歪曲马克思主义的思想因素，为各种资产阶级哲学派别"补充"马克思主义打开方便之门。

值得注意的是，右翼社会民主党人的观点对资产阶级"青年马克思"问题的产生起了推波助澜的作用。在恩格斯逝世以后，马克思早期一部重要著作《1844年经济学哲学手稿》，由伯恩施坦等人隐藏达30年之久，1932年德国右翼社会民主党人朗茨胡特和迈耶尔在发表这部著作时，公然提出要对马克思主义作"新的"解释。他们认为，马克思这部不成熟的著作是"新的福音书"，是"真正的马克思主义的启示录"，是"马克思的中心著作"。胡说什么这部著作势必会改变关于马克思主义的标准概念，对论证"新的马克思主义观点"具有"决定性意义"。他们提出要把"人的本质"的观念作为马克思的"中心"概念，等等。这种根本改变马克思主义的要求，就为后来对"青年马克思"的各种伪造，奠定了思想基础。德国右翼社会民主党人所谓"新的马克思主义"，究竟"新"在何处呢？就"新"在他们发现了两个马克思。一个是早期的"人道主义者马克思"；一个是晚期的"唯物主义者马克思"。《1844年经济学哲学手稿》被他们硬说成是马克思"成就的顶点"，而《资本论》则被贬为马克思创作能力的"衰退和减弱"，从而提出用早期的马克思否定晚期的马克

评西方资产阶级学者对『青年马克思』的伪造 ／

057

思，开创了以"马克思"反对马克思主义的恶劣先例。

自从马克思主义诞生以来，机会主义对马克思主义学说的"修正"，始终是资产阶级攻击马克思主义的思想同盟，二者彼此呼应，沆瀣一气。右翼社会民主党人对马克思的"重新发现"，无疑对日益陷入深刻危机的资产阶级哲学是一个新的"启示"，使他们早已开始的对马克思作"新的"解释的"尝试"，逐渐成为一种有计划、有目的的行动。

资产阶级哲学其所以能够接受右翼社会民主党人的观点，并迅速形成自己的"理论"，是同资产阶级哲学内部成长起来的思想因素，同当时的政治需要紧密联系在一起的。20世纪初，在资本主义已经进入帝国主义的新的历史条件下，哲学上提出了个人的存在和自我意识的形式等哲学范畴。显然，这些问题恰恰是半个多世纪前青年黑格尔派所研究的中心。所以，当时在西欧，甚至也在日本，曾一度出现对这个早已销声匿迹的思辨哲学的研究兴趣。继而，他们逐渐地把兴趣转移到青年黑格尔派和青年马克思的关系上来，开始了对马克思早期著作的"研究"。他们歪曲青年马克思同青年黑格尔派的关系，把马克思早期思想发展视为只是在青年黑格尔派哲学范围里进行的过程，而且是以费尔巴哈所阐明的"黑格尔思想的坚定的人本学"为基础的。这种观点后来成为资产阶级思想家们根深蒂固的偏见。同时，作为现代资产阶级哲学的两个主要流派的新黑格尔主义和存在主义，适应帝国主义的政治需要也相继崛起。前者以对黑格尔哲学作"新的"说明为特征，后者则以"自我"的人为其立论的前提。不言而喻，这两个哲学流派同上述歪曲青年马克思的思想倾向有着内在的联系。到了30年代，它们很快从刚发表的《1844年经济学哲学手稿》中看到了它们共同渴望的思想材料。因此这两者逐渐融合起来，专门从事于对青年马克思的伪造，明确提出"回到马克思去"的口号，甚至推崇"青年马克思"为自己理论的"奠基人"。

由此可见，资产阶级"青年马克思"思潮的产生，固然直接导因于《1844年经济学哲学手稿》公开发表时右翼社会民主党人的歪曲，但其深刻的原因，在于资产阶级哲学本身因素逻辑发展的结果。

资产阶级"青年马克思"问题的产生，不仅有其思想原因，而且有其更深刻的社会政治原因。正像列宁指出的那样，"马克思主义在理论上的胜利，逼得它的敌人装扮成马克思主义者，历史的辩证法就是如此。"① 这一科学论断，同样适用于现代资产阶级"马克思学"。马克思主义在20世纪取得了空前重大的进展，经过两次世界大战，尤其是十月革命和我国革命的伟大胜利，无可辩驳地证明了马克思主义的强大生命力和科学的创造性。两次世界大战使帝国主义的各种矛盾和凶残本性暴露无遗；两次革命的伟大胜利使马克思主义由一种科学学说上升为居统治地位的党的理论基础。马克思主义愈来愈深入人心，对社会生活的影响愈来愈增强，同时面对马克思主义的胜利进军，资产阶级意识形态也愈益陷入混乱和危机。因此，资产阶级改变反马克思主义的策略，叫嚣"争取青年马克思作为一个同盟者"来重新"解释"马克思主义。他们甚至为自己的哲学提出了一个纲领性任务，就是

---

① 《列宁选集》第2卷，人民出版社1972年版，第439页。

"要把马克思主义解释得能为一切人所接受"①。这当然是欺人之谈。只要社会上还存在阶级分野，就不可能有什么统一的社会科学，因而就不可能有为一切人都能接受的马克思主义。然而，资产阶级思想家们的这一表白，却最清楚不过地供认了资产阶级意识形态所遇到的深刻危机，反映了他们为摆脱这种危机，妄图通过"解释"（实则是篡改）马克思主义，以符合资产阶级政治的需要。由此可见，所谓"青年马克思"问题，就是资产阶级要求重新"解释"马克思主义的结果。"回到马克思去"的口号，不过是在新的历史条件下，资产阶级用"青年马克思"否定马克思主义的一种新策略罢了。

综观近百年来意识形态斗争的历史，资产阶级思想家和修正主义者在19世纪末曾经叫嚷"回到康德去！"继而20世纪初提出"回到黑格尔去！"20世纪中期又提出"回到马克思去！"这三个口号形式不同，本质则一，就是妄图用资产阶级思想"补充"马克思主义，确切地说，就是用资产阶级哲学取代马克思主义的哲学基础，从而否定整个马克思主义。然而，无论他们采取什么样的花招，其结果都不能阻挡马克思主义的胜利进军。相反地，在不同时代提出的这三个口号，恰好生动地反映了马克思主义同反马克思主义斗争的过程，如实地记录了资产阶级意识形态一次又一次失败的历史。历史的辩证法难道不正是如此吗？

---

① 转引自捷·伊·奥伊则尔曼：《马克思主义哲学的形成》，莫斯科1974年版，第16页。

二

现代各种资产阶级哲学流派都对青年马克思竞相进行伪造，它们的观点形形色色，手法五花八门，但究其主要倾向，可归结为两个基本派别：新黑格尔主义对马克思的"解释"和存在主义对马克思的"解释"。此外，还有新黑格尔派存在主义的"解释"，但它只是前两者的混合物，只是上述观点的发挥而已。

对青年马克思的新黑格尔主义的"解释"，是历史上最基本的和迄今为止影响最大的一种。它的基本出发点就是抹杀马克思的哲学观点与黑格尔哲学的原则界限，用被他们庸俗化了的黑格尔哲学取代马克思主义哲学。早在20世纪初，德国新黑格尔主义者发起复兴黑格尔运动时，这种观点就已端倪可察。那时他们就把马克思的辩证法视为黑格尔辩证法的"继续"，把注重社会历史发展的辩证因素作为马克思和黑格尔的共同点，明确提出"黑格尔继续活在马克思主义中"[①]，从而根本否定了马克思对黑格尔辩证法的改造和发展。朗茨胡特和迈耶尔在1932年把马克思观点看作黑格尔观点的具体化，同上述思想完全一脉相承。按照他们的看法，青年马克思的观点是黑格尔观点的"发挥"，而青年马克思的观点，例如1837年给父亲的信中所含有的思想，"就已经包含了马克思的全部观点的萌芽"。不言而喻，必然结论就是马克思主义是黑格尔哲学的直接继续。无怪乎半个多世纪来，几

[①] 转引自捷·伊·奥伊则尔曼：《马克思主义哲学的形成》，莫斯科1974年版，第19页。

乎所有黑格尔主义者都视马克思为"坚定的黑格尔信徒",认为马克思只不过是想寻找一条从这个理论过渡到经验现实的道路而已。这种把从黑格尔到马克思的发展视为纯粹的量变过程,就为后来新黑格尔主义者伪造青年马克思奠定了思想基础。

从50年代以后,在西方形成了"研究"马克思的热潮。美国实用主义哲学家胡克将这种"盛况"比喻为"马克思的第二次降世"。但是,只要稍加分析便不难看出,这种热潮原来是30年代对马克思"重新发现"的继续。这时新黑格尔主义对青年马克思的"解释",也无非是德国社会民主党人理论观点的"彻底化"。这种彻底发展了的"理论",和他们以前的观点相比较有这样两个显著的特点:首先,把整个马克思主义都归结于黑格尔哲学。如果资产阶级思想家以前主要限于歪曲马克思辩证法与黑格尔辩证法的关系,将前者说成是由后者"借用"来的,那么现在西方"马克思学者"不仅认为马克思的辩证法,而且认为马克思的历史观,都来源于黑格尔哲学。与从前只把马克思主义作为一种经济学说相反,现在又把它看作是一种纯粹的哲学问题。甚至马克思的《资本论》,也被他们说成是黑格尔哲学的"特殊解释"。新托马斯主义者德·拉·皮尔竟然宣称:"共产主义关于世界的学说完全以黑格尔的理论为依据。"① 由此可见,这种所谓"彻底化的理论",不过是对马克思主义的彻底歪曲罢了。正像他们过去用否定马克思主义的哲学基础来否定马克思主义一样,现在他

---

① 转引自捷·伊·奥伊则尔曼:《马克思主义哲学的形成》,莫斯科1974年版,第19页。

们片面突出马克思主义哲学，同样是为了否定马克思主义的完整学说。

其次，不仅把马克思主义归结为一般哲学问题，而且仅仅归结于一个异化问题。这是新黑格尔主义伪造马克思的最主要特点，也是现在西方流行的一种最时髦的理论。这种理论的奠基者就是法国著名资产阶级教授伊波利特。他不再把青年马克思与老年马克思对立起来，而是把两者统一起来，在他看来，这种统一性就在于马克思始终如一地坚持了异化的观点。马克思青年时代阐明的这一哲学观点，完全体现在马克思的晚期著作，尤其是《资本论》中。这位教授在他的实际为新黑格尔主义伪造青年马克思奠基的《马克思和黑格尔研究》一书中，这样写道："全部马克思主义的基本思想及其来源是从黑格尔和费尔巴哈那里接受过来的异化思想。我认为，从这一思想出发，并把人的解放看作人在历史进程中为了反对他的本质的任何异化（不论异化采取何种形式）而积极进行斗争，这就能更好地解释整个马克思主义哲学和理解马克思的主要著作《资本论》的结构。"①这就是说，青年马克思从黑格尔那里袭用来的"异化"概念，是贯串全部马克思主义的"核心"思想，马克思主义的一切原理和结论，都是由此而派生的。这种观点就成为利用"异化"伪造马克思的各种反马克思主义谬种的理论来源。现在西方流行的这类观点，无非是伊波利特思想的具体发挥。所以，人们称他为资产阶级的思想台柱之一。

---

① 伊波利特：《马克思和黑格尔研究》，1955年法文版，第147页。

評西方資產階級學者對『青年馬克思』的偽造 /

063

　　资产阶级思想家从抹杀马克思和黑格尔的根本区别出发，经过一个演化过程，最后把整个马克思主义都归结为一个"异化"问题，这完全是伪造"青年马克思"的新黑格尔主义思潮发展的逻辑结果。这个事实表明，在同现代资产阶级意识形态斗争中，哲学问题、特别是"异化"问题愈来愈居重要地位，因此，正确地说明青年马克思的异化概念与黑格尔异化概念的原则区别，以及异化概念在马克思早期思想发展中的地位，就有着极为重要的意义。对这些问题的科学阐明，就能使新黑格尔主义一切伪造显出原形。

　　异化概念无疑是马克思早期著作中的一个重要概念。这个概念的意义就在于，一方面，马克思借助于对异化问题的探讨，确使他自己的思想迅速得到深化，或者说，马克思对异化的研究，有力地促进了他向唯物主义历史观的接近。另一方面，它又表现了旧哲学对马克思思想发展的影响，表现了马克思如何在旧的哲学术语影响下获得新的思想内容，而当这个内容发展到足以摆脱旧形式时，他又如何以新的术语取而代之的这样一个辩证的发展过程。总之，它表明了马克思形成，是在内容与形式对立统一的客观过程中进行的。因此，对这个过程必须辩证地看待。

　　众所周知，异化是黑格尔唯心主义体系的中心概念，是黑格尔绝对精神借以运动的形式。异化和异化的消除即非异化的周而复始的过程，就是绝对精神的发展过程。自然界是绝对精神的异化，而在社会历史中，绝对精神通过人的有限精神认识自己，从而又从自然界的异化中"返回"到自身。所以，在黑格尔看来，整个历史不外是异化的产生和扬弃的过程。由此可见，黑格尔的异化概念，是一个服从其哲学体系需要的彻头彻尾的唯心主义概念。虽然这里闪烁着辩证发展的思想光辉，但它却始终带有浓厚的神秘色彩和思辨的性质。黑格尔异化思想所包含的辩证因素，对马克思观点的形成确实起过积极的促进作用，然而只有当彻底摒弃了它的神秘主义形式以后才是如此。

事实正是这样。马克思决非像资产阶级思想家所歪曲的那样，无条件地"接受"黑格尔的异化概念，而是第一个揭穿了黑格尔异化概念的唯心主义性质。一方面他指出了黑格尔把精神异化看成是决定性的，现实异化只是由精神异化派生的；另一方面批判了黑格尔把异化的扬弃只视为在认识范围内完成的，否认在客观上的扬弃，在实践上的扬弃。马克思一针见血地指出：在黑格尔那里，"自我意识的异化没有被看作人的本质的现实异化的表现，即在知识和思维中反映出来的这种异化的表现。相反地，现实的即真实地出现的异化……不过是真正的、人的本质即自我意识的异化的现象"①。这就揭露了黑格尔在异化问题上颠倒思维和存在关系的唯心主义性质。

同时，作为批判地改造黑格尔异化概念的最重要的成果，是马克思创造性地提出了劳动异化的概念。通过对这一概念的探讨，深刻地揭示了经济事实的异化和精神的异化的关系，提出经济事实的异化决定精神的异化，精神的异化只是现实生活异化的表现。可见，马克思并不否认精神异化，而是把这一切异化都归根于经济生活的异化，从而得出经济生活、生产活动是决定一切

① 《马克思恩格斯全集》第42卷，人民出版社1979年版，第165页。

评西方资产阶级学者对『青年马克思』的伪造 ／

的，"宗教、家庭、国家、法律、道德、科学、艺术……受生产的普遍规律的支配"①这一历史唯物主义的重要原理。最后，马克思通过对劳动异化和私有制关系的分析，清楚地认识到私有制的历史暂时性，初步论证了无产阶级的历史作用和共产主义必然胜利的学说。这就是马克思在1844年通过对异化问题的研究，得出的唯物主义和共产主义的结论。资产阶级"马克思学者"之所以混淆马克思观点和黑格尔哲学的原则界限，就是妄图把马克思歪曲成像黑格尔那样的唯心主义者，从而根本抹杀马克思由此得出的革命结论。

马克思的异化概念，是一个历史性的范畴，决非像资产阶级"马克思学者"所说的是贯彻整个马克思主义的一个根本概念。不仅如此，就是在马克思早期著作中它的地位也不是始终一贯的。

虽然借助于对异化问题的研究，使青年马克思一定程度地认识到历史的辩证运动，但是用经过改造了的黑格尔异化概念这一抽象形式来说明经济事实和历史的发展，毕竟是不适当的。也就是说，异化概念并不是最符合事物内容的形式。所以，随着对具体事物和复杂的社会现象的深入研究，异化这一抽象的哲学概念显然不能使马克思感到满意，他着手探索一种更为实际、更加科学的概念以取而代之。在《1844年经济学哲学手稿》中，马克思已开始通过对异化劳动的研究，进而探讨了生产对历史发展的决定作用和劳动分工的重要意义。马克思指出："考察分工和交换是很有意思的，因为分工和交换是人的活动和本质力量……的明

---

① 《马克思恩格斯全集》第42卷，人民出版社1979年版，第121页。

显外化的表现。"①

我们知道，在《德意志意识形态》中，马克思如同在《1844年经济学哲学手稿》中探讨异化那样，集中地、深入地研究了劳动分工，研究了生产—分工—所有制形式的关系。研究了人的活动的两重性：人和自然的关系（生产）；人和人的关系（交往）。正是通过对这些带有根本性问题的研究，最后形成了关于生产力和生产关系辩证法的原理和社会经济形态的科学思想，从而揭示出社会运动的自然历史过程。正是因为唯物主义历史观诸科学概念的初步形成，因为马克思深刻地认识到历史运动的源泉不在人的自我异化中而是在物质生产中，因为认识到由生产发展水平所制约的一定的分工引起不平等的分配和使人们不得不服从某种有限的活动，因此异化概念才逐渐失去它原来的价值和意义。正是在这种情况下，马克思主义奠基人才说："这种'异化'（用哲学家易懂的话来说）当然只有在具备了两个实际前提之后才会消失。"②在这里，马克思和恩格斯使用他们刚刚形成的历史唯物主义的科学概念，来说明他们曾经用"异化"来解释的那些现象。尽管"异化"概念在马克思后来的著作中也出现过，但只是在一定意义上使用的，这个术语为其他更为科学的概念所代替则是毋庸置疑的。

由此可见，异化概念即便在马克思早期著作中也很难说是始终如一的。资产阶级新黑格尔主义者把马克思早期的异化概念同

---

① 《马克思恩格斯全集》第42卷，人民出版社1979年版，第148页。
② 《马克思恩格斯选集》第1卷，人民出版社1972年版，第39页。

黑格尔的异化观念完全等量齐观，进而又将它说成是整个马克思学说的"核心"概念，显然是站不住脚的。这些资产阶级"马克思学者"素以马克思早期著作的"阐释者"自诩，然而却无视上述这些基本事实，足见他们所谓的"阐释"，充其量只不过是蓄意伪造罢了。

马克思主义并非存在主义

资产阶级伪造青年马克思的基本派别之一是与存在主义相联系。其特点是在人的问题上把青年马克思与费尔巴哈混为一谈，用所谓"个人"问题来"补充"马克思主义，从而把马克思主义篡改为存在主义。

存在主义是在资本主义进入帝国主义时代产生的一种反动的哲学派别，两次世界大战期间和战后年代在西方得到广泛传播，对革命群众的斗志起了极大的麻痹作用。存在主义，顾名思义非常强调"存在"，因而好像它是唯物的。其实不然，它是一种典型的主观唯心主义哲学。因为它所谓的"存在"，并非是唯物主义用以表示客观实在的存在，而是个人的"存在"，是人的内在"自我"的"存在"。这种"存在"决定其他一切存在，是一切存在之所以为存在的"核心"。所以，存在主义的基本命题就是"存在先于本质"。人的"自我"的存在，不仅决定人的本质，而且决定人对客观环境的选择。法国著名的存在主义者萨特说："人不外是他自己使自己成为的那个东西。"可见，在解决主客观关系问题上，存在主义立足于"人的主观性"。这种主观唯心主义哲学同费希特的"自我"，同曾经对青年马克思发生过影响的青年黑格尔派自我意识哲学是本质相通的。现代存在主义者抓住当时德国哲学，尤其是费尔巴哈人本学对青年马克思的影响，进行所谓"新的解释"，以便把马克思主义与存在主义"结合"起来。

这种图谋，早在30年代就已开始，第二次世界大战后真正展开，50—60年代出现了存在主义"解释"的热潮。战后不久，法国人格主义首领穆尼哀公然宣称："最近一些年的任务，无疑在于把马克思同克尔凯郭尔（存在主义创始人）调和起来。"① 要创造把"青年马克思"伪造成存在主义创始人的"奇迹"，正像列宁批判马赫主义时所指出的那样，不通过诡辩简直是不可能的。

首先，他们把费尔巴哈的唯物主义的人本主义歪曲为唯心主义的、非理性主义的东西，亦即歪曲为存在主义。毋庸置疑，费尔巴哈是特别注重人的存在的，但是，他并不否认不依赖于人的主观的客观事物的存在，而且认为人是自然界的产物。他在分析人的存在时，首先认为人是一个自然的、在时间和空间的物质实体——肉体；然后认为人的精神——灵魂依赖于肉体。他激烈地抨击了那种使肉体屈从于精神的唯灵论。不言而喻，这是纯粹的唯物主义观点。然而在存在主义者眼里，费尔巴哈主张人的存在，把人作为研究中心，就是肯定人的内在"自我"。而这个抽

---

① 转引自捷·伊·奥伊则尔曼：《马克思主义哲学的形成》，莫斯科1974年版，第16页。

象的精神的"自我"是先于其他一切存在的存在。这样，费尔巴哈就变成一个十足的存在主义者了。

其次，资产阶级"马克思学"进而把马克思早期著作中确实存在的费尔巴哈人本主义因素，硬说成是费尔巴哈观点的彻底发展，从而把青年马克思关于人的观点上升为存在主义的完备学说。例如，新托马斯主义著名代表人物哥斯塔夫·威特尔在"解释"马克思早期思想时，断言青年马克思"有取于费尔巴哈的地方，主要是人本主义的概念。这种人本主义——争取人类从压迫中解放，使马克思走向社会主义。……马克思不仅将它应用于哲学和宗教上，而且也应用于社会范围内。"[1]当他们从《神圣家族》中发现马克思转述费尔巴哈这样一个观点："人是全部人类活动和全部人类关系的本质、基础"[2]时，更是如获至宝，立即作出存在主义的"解释"，甚至宣称"青年马克思的人本主义观点在今天也完全没有过时"[3]。其实，马克思即使在这些不成熟的著作中关于人的观点，不仅根本不同于存在主义，而且也大大超越了费尔巴哈对人的理解。

同新黑格尔主义者对青年马克思的赤裸裸地伪造不同，存在主义者惯用一些似是而非的东西，以混淆视听，掩人耳目。例如，马克思在《黑格尔法哲学批判》中，揭露黑格尔哲学的思辨性质时，批判他把"国家意识"仅仅归结于一个"单一的"、排

---

① 哥斯塔夫·威特尔：《辩证唯物主义》，商务印书馆1963年版，第22页。
② 《马克思恩格斯全集》第2卷，人民出版社1965年版，第118页。
③ 引自考·格·朗格：《马克思主义、列宁主义、斯大林主义》，斯图加特1955年版，第33页。

除了其他一切人的君主身上，也就是批判黑格尔关于"人即国家"的观点，指出"单一的"个人、脱离了经验的人的"人格"，只是一个抽象，但是人"只有在自己的类存在中，只有作为人们，才是现实的"①。在这里，马克思虽然仍使用了费尔巴哈的术语，但他初步表述了个人和社会关系的合理思想。这一观点的进一步发挥，就是该书《导言》中所阐明的重要思想："人就是人的世界，就是国家，社会。"②存在主义者帕皮茨无视马克思这一重要的思想萌芽，相反地由此得出结论，似乎马克思与存在主义者一样，"在个体本身中找到了人的本质的统一"③，硬把存在主义观点强加在马克思头上。

帕皮茨之所以能把马克思的观点歪曲为存在主义的东西，就是因为在这两者之间有着某种相似之处。我们知道，马克思坚决反对黑格尔把个别对象的一般属性夸大为不同于个别对象的存在。同样，存在主义也不承认任何离开个别而存在的一般事物。这是否可以认为，马克思同存在主义者一样肯定个别而否定一般呢？断然不可。因为存在主义形而上学地割裂个别和一般的关系，它只承认个别的"自我"的存在，而否认一般事物的存在。不仅如此，而且把一般完全归于个别，甚至把社会也归于生物学上的个体，把社会仅仅看作表现个人本质的环境。这里，充分暴露出存在主义的主观唯心主义性质。

相反，马克思辩证地看待个别和一般的关系。他否定一般事

---

① 《马克思恩格斯全集》第 1 卷，人民出版社 1956 年版，第 277 页。
② 《马克思恩格斯选集》第 1 卷，人民出版社 1973 年版，第 1 页。
③ 帕皮茨：《异化了的人》，《哲学研究》1953 年第 2 期，第 75 页。

物的特殊存在，就像它在黑格尔那里所表现的那样，但不否认一般事物本身的存在。也就是说，马克思反对那种离开个别的作为特殊存在的一般，而不反对与个别相联系而存在的一般。正是基于一般和个别的辩证法，马克思阐明了个人生活与"类生活"，即社会生活的相互关系，指出个人生活是较为特殊的类生活，而类生活是较为普遍的个人生活，论证了两者的辩证统一关系。不但如此，马克思这时已经发现，社会决定个体的本质，他说："'特殊的人格'的本质不是人的胡子、血液、抽象的肉体的本质，而是人的社会特质。"①马克思的这一重要论断，同存在主义关于人的"自我"决定自己的本质的观点，是风马牛不相及的。

存在主义作为一种反动的哲学说教，其最高原则就是视"个人"为存在的"本体"，从而一切事物，一切存在，包括人的肉体，都离不开个人的"自我"。因此，他们不仅通过诡辩伎俩把马克思关于人的概念歪曲为仅仅是承认"个人"的存在，而且也把它归结为本体论的最高范畴。德国存在主义者莱希公然宣称："马克思把人的感觉、情绪不简单地理解为人本主义的规定，而理解为真正本体论的实质特征。"②这就是说，马克思在人与自然、人与社会的关系问题上，如同存在主义者一样，也把个人的"自我"作为最高"本体"。他们据此认为，马克思的观点已经离开了费尔巴哈的唯物主义人本学，而建立了一种"全新的"人本学，或曰存在主义类型的人本学。这样就把马克思变成存在主义

---

① 《马克思恩格斯全集》第1卷，人民出版社1956年版，第270页。
② 转引自依·拉宾：《围绕青年马克思思想遗产的斗争》，1962年俄文版，第51页。

的主观唯心主义者，这是对青年马克思所进行的最明目张胆地伪造。

毋庸讳言，在马克思早期著作中人的问题占突出地位，而且青年马克思对人与自然、人与社会关系的认识也无疑经历了一个发展过程，这个过程同马克思世界观的转变是相适应的。然而，青年马克思即便在十分强调人的重要意义时，也从未把人的"自我"凌驾于自然与社会之上，视之为一切存在的"本体"。相反，倒是马克思批判了这种观点，因而他没有像青年黑格尔派那样，通过对"自我"的崇拜而返回到费希特主义，而是与之分道扬镳走向历史唯物主义。马克思通过自己的理论研究和社会实践，逐步认识到，人和人类社会只是自然界的一部分，是自然界长期发展的结果。至于对人与社会的关系、对人的本质的认识，他在摒弃对人的抽象的理解以后，十分强调社会生活对人的影响。正像他在评价法国唯物主义时所强调的那样，"人的全部发展都取决于教育和外部环境"[①]。一旦马克思对社会关系作了科学分析，并初步形成历史唯物主义的基本观点时，便立即得出人的本质"是一切社会关系的总和"的科学结论。

对马克思观点形成过程的揭示，就是对存在主义伪造的最有力的驳斥。在马克思早期思想发展中，不仅没有与存在主义相同的东西，而且正是通过对人的主观主义理解的批判，才产生了马克思关于人的科学概念。所以存在主义者妄图变马克思主义为存在主义的人道主义，完全是徒劳的。

---

① 《马克思恩格斯全集》第2卷，人民出版社1965年版，第165页。

新黑格尔派存在主义对青年马克思的伪造，自60年代以来在西方特别盛行，颇有影响，成为资产阶级反对马克思主义的一种最时髦的"理论"。

新黑格尔主义和存在主义在伪造青年马克思问题上，并非彼此孤立，而是同恶相济，相互为用的。所谓"新黑格尔派存在主义"对马克思的"解释"，就是近20年来新黑格尔主义"同化"存在主义的结果。这种"同化"现象最早由新黑格尔主义者伊波利特倡导，很快在西方资产阶级"马克思学者"中间得到广泛响应，积极推行这两派相互"同化"的德国存在主义者莱希甚至公开提出，坚决反对那种在"说明"马克思观点形成问题上不愿接受"同化"的陈旧观点。他们所以如此热衷于这种"同化"，是因为他们看到了，只有把这两派结合起来才能在"异化"和"人道主义"问题上更加彻底地伪造青年马克思，或如伊波利特所供认的那样，由新黑格尔主义"吸收"存在主义的"成果"，就可以"更好地解释"马克思主义。

新黑格尔派存在主义对马克思的"解释"，并非什么新的东西，而是以上两个派别的折衷主义的混合物。它标榜克服"片面性"，把青年马克思观点的形成"解释"为既非黑格尔的，又非费尔巴哈的思想，而是"费尔巴哈化的"黑格尔主义。一方面，他们把马克思和黑格尔都作为辩证论者相提并论，似乎也不否认马克思对黑格尔辩证法的思辨性质的批判，极力造成避免从唯心主义说明马克思观点形成的假象；另一方面，又认为马克思摆脱了对费尔巴哈的"自然"因素的过高评价（指所谓的"克服"费尔巴哈唯物主义观点），而接受了他的人本主义思想。经过这样一番"加工制作"，马克思观点就变成既不是唯物主义又不是唯心主义，而是"存在主义类型的人本学"。他们说什么，青年马克思试图用这样一种"新的人道主义"哲学，去"填平"由康德掘成的"唯灵主义和唯物主义的鸿沟"①。在近代哲学史上，有不少哲学派别都企图通过折衷主义"超越"唯物和唯心之上，但其结果，无不一败涂地。马赫主义就是这方面的一个典型代表。今天，新黑格尔派存在主义的境况也并不美妙。他们所谓的"存在主义类型的人本学"，或曰"新的人道主义"，不过像马赫主义的"纯粹经验"一样纯属唯心主义的货色。众所周知，费尔巴哈的人本主义，是唯物主义的人本主义，"都只是关于唯物主义的不确切的、肤浅的表述"②。资产阶级"马克思学者"割裂两者的关系，摒弃其唯物主义的因素，摄取其人本主义消极成分，这就意味着把人，即存在主义者歪曲了的"个人"，变成"本体"，变成"形而上学地改了装的、脱离自然的精神"③。因此，新黑格尔派存在主义者不过是重蹈马赫主义的覆辙，用折衷主义手法"在新的伪装下偷运主观唯心主义"罢了。

就其内容而言，新黑格尔派存在主义伪造马克思的主要特点，就是将异化纳入人本学的范畴，把异化概念和人的概念一起作为马克思学说的根本内容。在他们看来，马克思继费尔巴哈的宗教的人本学之后，又把黑格尔的异化概念用于人类社会，说明人的历史发展，从而建立了社会的人本学，或称"人本学的历史

---

① 转引自依·拉宾：《围绕青年马克思思想遗产的斗争》，1962年俄文版，第50页。

② 《列宁全集》第55卷，人民出版社1990年版，第58页。

③ 《马克思恩格斯全集》第2卷，人民出版社1965年版，第177页。

观"。按照这种历史观，"人类历史就是人不断发展同时又不断异化的历史"①。只要异化一天不消除，"历史就依旧继续着"。因此，整个马克思主义都被他们看成人的存在的"自我异化"和人的存在的"复归"的学说。马克思的"目标"，似乎也只是说明异化的产生和扬弃，只在于"使完整的人性得到恢复"，和"使个人主义得到充分的体现"。马克思是"异化"的理论家，这就是新黑格尔派存在主义对马克思的赤裸裸的伪造。

新黑格尔派存在主义者攻击的矛头，是直接指向马克思的历史唯物主义的。因为正如列宁所说："马克思的历史唯物主义是科学思想中的最大成果。"②它不仅把历史唯心主义从其最后的避难所——社会历史领域驱逐了出去，从而产生了真正的社会科学，而且为整个马克思主义的诞生奠定了理论基石。唯物主义历史观形成的一个重要特点，就是用一种严整的科学的历史观，即关于人类社会发展规律的理论和阶级斗争的学说，代替了用"异化"对历史现象的说明。如前所述，马克思在用"异化"解释历史的同时，就已经认识到物质生产对历史发展的决定作用，他认为，历史的发源地，不是在人的自我异化中，而是在"粗糙的物质生产中"③。接着，他又把生产力的发展视为"全部历史的基础"，以此揭示了社会历史发展的普遍规律，使人们对社会现象的认识变成真正的科学。资产阶级"马克思学者"极力抹杀这一历史事实，同时对人的"自我异化"大肆渲染，险恶用心就在于

① 引自弗洛姆：《马克思关于人的概念》，法兰克福1963年版，第49页。
② 《列宁选集》第2卷，人民出版社1972年版，第443页。
③ 《马克思恩格斯全集》第2卷，人民出版社1965年版，第191页。

用他们臆造的"人本学的历史观"去代替马克思唯物主义历史观。

资产阶级"马克思学"的产生，同任何一种反动思潮的产生一样，有其现实的目的，这就是直接否定无产阶级的阶级斗争，钝化革命人民斗志。它主要表现在，用异化和人道主义理论掩盖阶级斗争的事实。不仅如此，而且用人受"异化"的程度来代替马克思主义按照经济地位对社会阶级的划分，从根本上否定马克思主义的阶级概念。他们把无产阶级的历史使命归之于追求精神上的解放，使"完整的人性得到恢复"，所以他们的全部结论就是：马克思主义是"预言式的救世主义"和"披着末世学外衣的人本主义"。他们所谓的"真正的"马克思主义，原来就是如此！现代资产阶级"马克思学者"的这些"杰作"，能够说明什么呢？只能说明现在资产阶级的社会理论，完全变成了没有多少遮掩的、全力对抗马克思主义的伪科学。

新黑格尔派存在主义的观点，是资产阶级伪造青年马克思的集大成者，它不仅在手法上更加狡猾，而且在理论上更为系统和反动。所以它在西方资产阶级思想家和现代修正主义理论家中，都有着很深的影响。今天，我们必须重视马克思主义史的研究，尤其是对马克思早期诸如异化和人道主义等概念，以及青年马克思同黑格尔和费尔巴哈的关系作具体而深入地探讨，正确阐明马克思主义奠基人的思想发展，批判现代资产阶级"马克思学者"的伪造。

对"真正的社会主义"哲学基础的批判

　　如果说费尔巴哈的所谓"共产主义"，充其量不过是资产阶级的社会学，在实践上没有造成什么影响，那么，用费尔巴哈人本主义哲学装备起来的、在无产阶级中招摇撞骗的"真正的社会主义"，却成为一股不可忽视的毒害工人运动的反动思潮。

　　在19世纪40年代中期出现的德国"真正的社会主义"，是一个小资产阶级的思想派别。其主要思想代表，是莫·赫斯、卡·格律恩、海·皮特曼、奥·吕宁，以及在转向马克思以前的威·魏德迈等人。他们在许多杂志上不仅以散文而且以诗歌的形式宣传"真正的社会主义"观点，认为这种"社会主义"不同于"粗糙的""不文明的"英法空想社会主义，而是在德国哲学基础上建立起来的"哲学的社会主义"，并把这种"社会主义"吹捧为改造社会的真正的"科学"。马克思和恩格斯在创立自己理论体系的过程中，批判了这种小资产阶级的反动理论，同时着重揭露了它的哲学基础，即德国哲学，特别是费尔巴哈的人本主义哲学。这一批判，实际上也是对费尔巴哈观点批判的继续和深入，同时也是对他们自己"过去的哲学信仰"的进一步"清算"。

"真正的社会主义"是从赫斯的"哲学"开始的。早在青年黑格尔派运动高涨时期，赫斯就已提出，要把德国哲学同法国社会主义综合在一起的问题，也就是说，用费尔巴哈的人本主义哲学去解释现实的社会主义运动。他说，"费尔巴哈是德国的蒲鲁东"①。这种观点，就成为后来"真正的社会主义"的思想核心。

赫斯和"真正的社会主义"的其他成员都相信，"理论体系构成实践运动的'社会背景'和'理论基础'"②。他们认为，英国和法国的共产主义文献并不是一定的现实运动的表现和产物，像德国哲学体系一样，它也是从"纯粹的思想"中产生的。他们把这些共产主义体系和论战性著作同其反映的现实运动割裂开来，然后又把它任意地同德国哲学，尤其是费尔巴哈的人本主义相联系，以建立自己的所谓"真正的社会主义"。这种虚构的"社会主义"，无非是英法的共产主义和现实的社会主义运动在德国人的精神太空中的变形而已。马克思和恩格斯指出："一切划时代的体系的真正的内容都是由于产生这些体系的那个时期的需要而形成起来的。所有这些体系都是以本国过去的整个发展为基础的，是以阶级关系的历史形式及其政治的、道德的、哲学的以及其他的后果为基础……德国人没有英法两国人所有的那种发达的阶级关系。所以，德国共产主义者只能从他们出身的那个等级的生活条件中攫取自己的体系的基础。因此，唯一存在着的德国

---

① 《马克思恩格斯全集》第3卷，人民出版社1960年版，第580页。
② 《马克思恩格斯全集》第3卷，人民出版社1960年版，第580页。

共产主义体系是法国思想在受小手工业关系限制的那种世界观范围内的复制，这是十分自然的事。"①

　　"真正的社会主义"所环绕的中心，是费尔巴哈的"人"和"人的本质"。在他们看来，唯有"人"才是历史的终极目的和万物的尺度。一切现实关系和历史的发展都只能是"人"的自我展开。他们将各个具体的一定的个人间的关系变为"人"的关系，这样一来，这些一定的个人关于他们自身关系的思想，好像只是关于"人"的思想。因而他们就离开实在的历史基础而转到思想基础上去，同时又由于他们不知道现实的联系，所以又很容易地用"绝对的"思辨的方式虚构出幻想的联系。"真正的社会主义"的唯心主义本质，正在于此。毫无疑义，离开生产和社会关系的发展，抽象地谈论"人"，都只能是这样。

　　"真正的社会主义"的一个基本口号就是："德国的理论应当和法国的实践结合起来；必须实现共产主义，以便实现人道主义。"②它的进一步解释，即"共产主义和社会主义归根到底都消融在人道主义中了"③。其隐秘含义何在呢？就在于它的神秘的思辨方式，在于把共产主义、社会主义、人道主义视为"人"的发展的不同阶段。按照黑格尔的三段式，前两个阶段是"正题"和"反题"，它们都必然带有"狭隘性"和"片面性"，而人道主义是"合题"，是前两者的统一，是"人"的终极目的。这个发展过程，就表现为不断地克服"人的本质的异化"的过程，"真正

---

① 《马克思恩格斯全集》第3卷，人民出版社1960年版，第544页。
② 《马克思恩格斯全集》第3卷，人民出版社1960年版，第651页。
③ 《马克思恩格斯全集》第3卷，人民出版社1960年版，第540页。

对『真正的社会主义』哲学基础的批判 ／

的社会主义"被看成这种异化的真正克服。正像马克思和恩格斯所指出的，"真正的社会主义者"相信费尔巴哈的"人""纯粹的、真正的人"是"世界历史的最终目的"和"万物的尺度"，深信宗教、货币、雇佣劳动等等"是人的本质的异化"，而把这种德国社会主义捧为"外国的社会主义与共产主义的理论真理"①，即将这两者都消融于他们的"人道主义"之中。

据此，"真正的社会主义者"指责法国的社会主义是"粗暴的"和"不文明的"，因为它把人"引导到对粗暴的物质的依赖"，而没有帮助"人"意识到"自己的本质"，"上升到关于自由活动的思想"，因此，法国社会主义者还根本不理解"社会主义的实质"。这最清楚不过地表明，"真正的社会主义者"是如何深陷在德国的思辨哲学之中。其实，法国的社会主义是现实的对立和现实的运动在理论上的反映，是从现实关系和物质生活引出的学说。"真正的社会主义者"对法国社会主义的非难就在于，因为"法国人没有以费尔巴哈的哲学作为自己的整个运动的最高原则"②。就是说，没有像他们那样始终都是为了寻找一个不变的"人的本质"。马克思深刻地指出："德国人是……［从永恒的观点］根据人的本质来判断一切的，而外国人却是从实际出发，根据实际存在的人们和关系来观察一切的。外国人思考和行动是为自己所处的时代，而德国人思考和行动却是为了永恒。"③一针见血地指出了所谓"文明的"社会主义和"粗暴的"社会主义的本

---

① 《马克思恩格斯全集》第3卷，人民出版社1960年版，第576页。
② 《马克思恩格斯全集》第3卷，人民出版社1960年版，第541页。
③ 《马克思恩格斯全集》第3卷，人民出版社1960年版，第544—545页。

质区别，揭露了"真正的社会主义"的思辨性质。

"真正的社会主义者"从"人的本质就是一切中的一切"①出发，认为只要意识到"人的本质"，一切社会问题和一切现实矛盾都可迎刃而解。无产者和资产者的对立是有目共睹的客观事实，"真正的社会主义者"不去分析这一对立的经济原因，而把它归于社会"野蛮化"和"人的固有本质腐化"的结果，是"对他们之外的物的依赖"②。这就是说，只要克服了对物的依赖，通过消除人的意识中的分裂，就能消灭现实生活中的这种分裂。关于人们的"活动"和"享受"也是如此。在他们看来，人们求得满足的东西，"不依赖于这些物"，而决定"人的特性"③。这样，便把一切问题都归结为一个抽象的"人的本质"，以此代替对任何复杂社会现象的深入研究。马克思尖锐地指出："不把人们的特性了解为他们的活动和被活动所制约的享乐方式的结果，而把活动和享乐解释为'人的特性'，这样，当然就取消了任何继续讨论的可能性。"④

"真正的社会主义者"还把私有制称为"所谓的所有制"，而把自己所追求的所有制，称之为"真正的所有制"，"真正的个人的所有制"，"现实的""社会的""活生生的""自然的"所有制，从而把共产主义和私有制的对立，想象为消除了一切实在条件的最抽象的对立。由此出发，把解决这种对立理解为消灭对立一方

---

① 《马克思恩格斯全集》第3卷，人民出版社1960年版，第605页。
② 《马克思恩格斯全集》第3卷，人民出版社1960年版，第546、548页。
③ 《马克思恩格斯全集》第3卷，人民出版社1960年版，第548页。
④ 《马克思恩格斯全集》第3卷，人民出版社1960年版，第548页。

的思辨活动：或者消灭拥有财产，结果是普遍没有财产或贫困，或者建立真正的所有制以便消灭没有财产的状况。他们当然把建立"真正的所有制"看作自己追求的最高真理。其实，所谓"真正的所有制""自然的所有制"，无非是小资产阶级的所有制。他们通过费尔巴哈理想化了的"人"也把这种所有制理想化，并与资本主义私有制对立起来。可见，在这里所看到的，仍然是德国小资产者的幻想。

现实的社会主义运动，正是资本主义社会这"两极"发展的产物："一方面是真正的私有者，另一方面是没有财产的共产主义无产者，这种对立日益尖锐，而且必然会导致危机。"① 将这一切现实的"差别""对立"都消融于"人的本质"之中，必然削弱和掩盖现代社会的阶级矛盾。"真正的社会主义者"，一面要人们相信财产并不使人幸福，"真正的幸福"在于"人"的生活；另一面又告诫无产者"不要依赖物"，"永远不要参加政治革命"②，如此等等。这些说教，最清楚地暴露了"真正的社会主义"的小资产阶级性质和对工人运动的危害。

马克思主义创始人在揭露这一思潮的反动性时，深刻地指出："真正的社会主义""所关心的既然已经不是实在的人而是'人'，所以它就丧失了一切革命热情，它就不是宣扬革命热情，而是宣扬对于人们的普遍的爱了"③。在《共产党宣言》中又进一步指出，他们在法国的社会主义著作下面写上关于"人的本质的外化"等

---

① 《马克思恩格斯全集》第3卷，人民出版社1960年版，第553页。
② 《马克思恩格斯全集》第3卷，人民出版社1960年版，第661页。
③ 《马克思恩格斯全集》第3卷，人民出版社1960年版，第537页。

等哲学胡说，他们自认为克服了"法国人的片面性"，"他们不代表真实的要求，而代表真理的要求，不代表无产者的利益，而代表人的本质的利益，即一般人的利益，这种人不属于任何阶级，根本不存在于现实界，而只存在于云雾弥漫的哲学幻想的太空"①。这些深刻的论断，不仅揭露了"真正的社会主义"理论上的荒谬性和实践上的危害性，而且至今依然发人深省，闪耀着它战斗的光辉。

马克思对费尔巴哈的人本主义及其在社会历史中应用的批判，也是对自己"过去的哲学信仰"的"清算"。在马克思唯物主义历史观形成前，确实受着这种观点的深刻影响，但当他的新世界观确立后，便立即对之进行了彻底"清算"，而且他深感这一"清算"的极端必要性。他说，在他的一些著作中，费尔巴哈的诸如"人的本质""类"等等概念，"给了德国理论家们以可乘之机去不正确地理解真实的思想过程并以为这里的一切都不过是他们的穿旧了的理论外衣的翻新"②。这一事实清楚地表明，第一，马克思确实受过费尔巴哈的影响，这一影响是如此之强烈，以至有些理论家借此把马克思的新世界观说成是费尔巴哈理论的"翻新"；第二，马克思的"批判"和"清算"表明他已经同旧哲学划清了界限，已经离开了自己思想发展的不成熟阶段而进入成熟时期。因此，如果把事实颠倒过来，即不谈马克思对自己"过去的哲学信仰"的"清算"，而把马克思的正在形成中的、还没有

---

① 《马克思恩格斯选集》第1卷，人民出版社1972年版，第277、278页。
② 《马克思恩格斯全集》第3卷，人民出版社1960年版，第261—262页。

同费尔巴哈割断联系的观点加以片面夸大和绝对化，把它抬高为"成熟的马克思主义"或如德国社会民主党人所说的"真正的马克思主义"，就必然离开客观真理而陷入迷误之中。西方"马克思学者"正是据此把"青年马克思"与"老年马克思"对立起来，编造出两个马克思的"神话"。

针对"真正的社会主义者"格律恩任意剽窃和曲解法国社会主义的文献和论战性著作，马克思引用了海涅骂他的应声虫的一句话："我播下的是龙种，而收获的却是跳蚤。"①这句话用于打着"回到真正的马克思去"的旗帜的"马克思学者"，也是再恰当不过的了。

---

① 《马克思恩格斯全集》第3卷，人民出版社1960年版，第604页。

恩格斯晚年对科学社会主义思想的重大贡献

　　1995年8月5日是恩格斯逝世一百周年。一百年前的这一天，在马克思与世长辞后，又一位思想巨匠、一盏多么明亮的智慧之灯熄灭了！正像列宁在《弗里德里希·恩格斯》一文中所说："在他的朋友卡尔·马克思（1883年逝世）之后，恩格斯是整个文明世界中最卓越的学者和现代无产阶级的导师。"①

　　恩格斯的一生有许多科学创造，但最值得全世界工人阶级和劳动人民骄傲的是他和马克思一起创立了科学社会主义学说。这是他理论研究的核心和最有价值的科学成果。他同马克思共同制定了作为科学社会主义理论基石的唯物史观和剩余价值学说，直接对资本主义社会进行了实地考察和研究，揭示了资本主义社会的基本矛盾和阶级关系，论证了社会主义代替资本主义的历史必然性，以及阐明了国际工人运动的战略和策略思想。特别是在马克思逝世后，他完成了《资本论》第二卷和第三卷的整理和出版

---

① 《列宁选集》第1卷，人民出版社1995年版，第88页。

工作，同时，在领导国际工人运动的实践中，对唯物史观和科学社会主义又作了重大的发挥。这些科学成果，是人类精神的最宝贵财富，它将继续对世界社会主义运动产生越来越深刻的影响。

有些人制造所谓马克思和恩格斯的对立、青年恩格斯和老年恩格斯的对立，这是站不住脚的。恩格斯是严峻的战士和严正的思想家。他对在世时的马克思无限热爱，对死后的马克思无限敬仰。他对继承、捍卫和发展马克思的思想作出了极为重大的贡献。马克思与恩格斯由于研究领域不同，因而认识上有时出现差异，这是很正常的，但这不是本质的。恩格斯晚年思想与早年思想有变化，但这是他思想深化的过程，是对他晚年所处的历史环境和当时实践提出的新问题所作的理论反映，而决不是基本观点的改变。我们今天纪念恩格斯，最好的行动是：继承、捍卫和发展恩格斯的思想，把社会主义事业推向前进。

恩格斯晚年对科学社会主义的贡献是多方面的，这里只能涉及几个主要问题。

强调生产资料公有制对社会主义具有决定意义

恩格斯和马克思在创立科学社会主义时，在他们的许多著作中，都论述了科学社会主义的基本原则。这些原则可以简明地概括为下面几条：1.社会作为一个整体直接占有生产资料，即实行生产资料公有制；2.在此基础上对全社会的生产进行计划调节；3.社会劳动产品直接分配给劳动者，实行按劳分配，到高级阶段进而实行按需分配；4.在实行生产资料公有制的前提下，消灭剥削，消灭阶级；5.最终实现每个人的全面自由的发展。这是基于资本主义生产力高度发展之上对未来社会主义基本特征的深刻揭示。恩格斯在晚年的论著中，并没有抛弃科学社会主义的这些基本原则，而是进一步丰富和完善了它。他关于无产阶级夺取政权改造社会的问题，无产阶级解放条件和最终目标问题，特别是生产资料公共占有的问题，都作了更为充分的阐明。

1893年5月恩格斯在同《费加罗报》记者谈话时说：我们没有别的最终目标，"当我们把生产资料转交到整个社会的手里时，我们就会心满意足了"①。

1894年11月恩格斯在《法德农民问题》中说："社会主义的任务，不如说仅仅在于把生产资料转交给生产者公共占有"，"必须以无产阶级所拥有的一切手段来为生产资料转归公共占有而斗争"②。在此以前，他在讲到什么是社会主义社会时十分明确地指出："它同现存制度的具有决定意义的差别当然在于，在实行全部生产资料公有制（先是单个国家实行）的基础上组织生产。"③这里，他把实行生产资料公有制作为社会主义与资本主义的"具有决定意义的差别"。

1895年春恩格斯逝世前的几个月，在他为马克思的《法兰西阶级斗争》写的导言中指出，马克思的这部著作"具有特别重大意义的是，在这里第一次提出了世界各国工人政党都一致用以扼要表述自己的经济改造要求的公式，即：生产资料归社会所有"，

① 《马克思恩格斯全集》第22卷，人民出版社1965年版，第628—629页。
② 《马克思恩格斯选集》第4卷，人民出版社1995年版，第490—492页。
③ 《马克思恩格斯选集》第4卷，人民出版社1995年版，第693页。

并认为，马克思著作所论述的这一基本原则，"第一次表述了一个使现代工人社会主义既与形形色色封建的、资产阶级的、小资产阶级等等的社会主义截然不同，又与空想的以及自发的工人共产主义所提出的模糊的财产公有截然不同的原理"①。

恩格斯晚年针对社会主义的各种模糊观念反复阐明了科学社会主义的这一最根本原则。我认为这不是偶然的。因为，它是社会主义的最本质的规定。丢掉生产资料公有制便无所谓科学社会主义。因此，在谈社会主义本质规定时，无论在什么意义上，对于生产资料公有制这一根本原则，都不允许模棱两可和含混不清。恩格斯的上述思想，在今天不论对正确认识什么是社会主义，还是区分当今不同的社会主义派别，仍然具有重大的指导意义。诚然，20世纪社会主义的实践，并没有完全实现马克思、恩格斯所制定的社会主义原则，而且教条式地实行这些原则的社会主义者，都相继在实践中碰了壁。但这并不意味着这些基本原则错了，并不是说社会主义可以不实行公有制，而问题在于没有把这些原则具体运用到不同国度、不同时期的实践，找到社会主义实现的最好形式。我相信，当今的社会主义者们，会从过去的错误中吸取教训，坚持正确的方向，解决社会主义实践中的这个历史性课题。

强调社会主义是一个发展的过程

恩格斯晚年把直接由他完善起来的辩证发展观运用于社会历

---

① 《马克思恩格斯选集》第4卷，人民出版社1995年版，第508—509页。

史，将社会主义视为一个发展的过程，尖锐地批评了那种把社会主义看成凝固不变的教条主义的观点。

1886年，英国费边社领导人爱·皮斯请求恩格斯为他们即将出版的《什么是社会主义》写一篇谈社会主义特征的文章，恩格斯回答说："我所在的党没有提出任何一劳永逸的方案。我们对未来非资本主义社会区别于现代社会的特征的看法，是从历史事实和发展过程中得出的确切结论；不结合这些事实和过程去加以阐明，就没有任何理论价值和实际价值。"[①]这里存在着一个重要的认识论原则，即理论来自于现实，而不是相反。正像马克思主义创始人在批判小资产阶级时曾一再强调的那样，他们对未来社会的设想，不是主观臆断，而是从资本主义社会的矛盾运动中得出的结论。

1893年5月恩格斯又指出："我们是不断发展论者，我们不打算把什么最终规律强加给人类。"[②]1890年8月他又说："所谓'社会主义社会'不是一种一成不变的东西，而应当和任何其他社会制度一样，把它看成是经常变化和改革的社会。"[③]正是在这两个地方，恩格斯同时指出，"实行全部生产资料公有制"。可见，恩格斯并不否定一般规律和基本原则，而是反对把这个目标和原则变成脱离实际和发展过程的僵化模式，反对教条主义的理解。

恩格斯关于社会主义是"经常变化和改革的社会"的论断，

① 《马克思恩格斯选集》第4卷，人民出版社1995年版，第676页。
② 《马克思恩格斯全集》第22卷，人民出版社1965年版，第628页。
③ 《马克思恩格斯选集》第4卷，人民出版社1995年版，第693页。

是他晚年社会主义思想的一个重要成果，是他考察了以往社会形态和未来社会发展的复杂性，特别是东方国家社会发展的特殊性而得出的重要结论。遗憾的是，在20世纪社会主义的实践中，这一重要思想没有得到应有的重视和发扬光大，从而产生了许多重大失误。首先是没有把社会主义的实现看成一个漫长的、艰巨的发展过程和独立的社会形态，而是把它看成一个短暂的"过渡时期"，因而在社会主义实践中产生了一个通病：都急于过渡到共产主义社会。至于一百多年前就提出的什么是社会主义的问题，长期没有争论清楚，这直接影响到如何实现社会主义。其次，与上述相联系，没有充分认识到社会主义目标和理论的实现是一个由一系列相互衔接的阶段构成的、极其复杂的过程，它会因不同国家、不同发展阶段的具体情况而经常变化，形成自己的特色。要使社会主义制度得到不断完善、巩固和发展，就必须不断地进行改革。列宁在十月革命后，结合当时的社会主义实践，深刻地指出，在达到共产主义以前，任何社会主义的实践形式都不是最终的。我们今天进行的改革，说到底，就是探寻社会主义有各个发展阶段的最好的实践形式，一步步地实现社会主义的远大目标。恩格斯关于社会主义是"经常变化和改革的社会"的论断，在今天应该引起我们的高度重视。尤其是鉴于在当代社会主义实践中围绕这个问题而出现的种种偏差，或者教条式地来看待社会主义，忽视改革，或者背离社会主义原则使改革走错方向，从而断送了社会主义事业，这两方面错误的教训都是很深刻的。因此，重新学习和进一步发展恩格斯上述思想，无疑具有十分重要的意义。

对社会主义革命策略新思考

无产阶级要实现社会主义制度，解放全人类，就必须夺取政权，利用取得的政治统治，达到改造社会的目的。用什么方式取得政权，这是一个斗争策略问题。策略问题解决不好，实现社会主义也是不可能的。

19世纪80年代，特别是90年代，恩格斯根据当时历史条件的变化，尤其是德国社会民主党的实践经验，在无产阶级斗争策略方面发生了重大改变。正像恩格斯自己讲的，"马克思的历史理论是任何坚定不移和始终一贯的革命策略的基本条件；为了找到这种策略，需要的只是把这一理论应用于本国的经济条件和政治条件"①。恩格斯这一革命策略思想的变化，正是运用唯物史观这一科学的方法论，分析变化了的历史条件，即经济的、政治的、军事的条件而得出的新的结论。

在19世纪40年代恩格斯在一封信中曾指出："除了进行暴力的民主的革命以外，不承认有实现这些目的的其他手段。"②接着恩格斯和马克思在《共产党宣言》中明确写道：共产党人"只有用暴力推翻全部现存的社会制度"才能达到自己的目的③。恩格斯称之为是"宣言策略"。这一策略原则是根据当时欧洲资本主义国家的社会阶级状况和法国大革命的历史经验得出的。1848年风起云涌的欧洲革命运动更加强了他们的这种信念。

---

① 《马克思恩格斯选集》第4卷，人民出版社1995年版，第669页。
② 《马克思恩格斯选集》第4卷，人民出版社1995年版，第530页。
③ 《马克思恩格斯选集》第1卷，人民出版社1995年版，第307页。

到了 70 年代，鉴于巴黎公社的历史经验，马克思、恩格斯开始考虑以和平斗争方式夺取政权的斗争策略问题。他们对英国工人争取普选权的斗争给予了很高的评价，马克思甚至讲到实行普选权的结果就是工人阶级的政治统治。"这个阶级能够利用普选权来为自己谋利益。"① 这个时期，他们总的策略原则是：能用和平方式达到目的则用和平方式，必须使用武力解决则使用武力。

到了 80 年代和 90 年代初，整个资本主义世界发生了很大的变化，以"电子技术革命"为主要标志的新技术革命，促进了经济、社会的迅速发展；在政治上，资产阶级民主制也逐渐完善；在军事方面，由于以上的变化也有了很大发展。特别是在德国，1884 年、1890 年社会民主党在议会选举中获得了巨大胜利，使恩格斯无比振奋。根据当时的经济、政治、军事和阶级斗争等方面的新变化，恩格斯果断地、明确地阐明无产阶级革命的新策略，即和平斗争的策略。他反对在条件不具备的时候采取任何不合时宜的暴力行动，反复强调必须依据情况改变策略。他说："党正进入另一种斗争环境，因而它需要另一种武器，另一种战略和策略"，即合法斗争的策略；不仅德国社会民主党，"凡是工人拥有某种法定的活动自由的所有国家里的所有工人政党"都应采用合法的斗争手段；在这样的情况下，"用这种办法收效最大"②。

恩格斯这一新的策略思想概括起来有以下几点：

1. 凡是有条件利用合法斗争达到目的就采用合法斗争的形式，

---

① 《马克思恩格斯选集》第 3 卷，人民出版社 1995 年版，第 126 页。
② 《马克思恩格斯选集》第 4 卷，人民出版社 1995 年版，第 400—403 页。

避免无谓的牺牲。

2.强调在合法斗争中争取广大工人、农民和军队中的士兵，迫使统治阶级不能采取暴力镇压的政策，以便实行政权的和平转变。实际是用取得多数的办法谋取政权。

3.反对把和平的合法斗争的策略绝对化，因为统治阶级掌握暴力工具，因此在工人阶级通过普选取得胜利以前，也可能遭到统治阶级的暴力镇压。因此，恩格斯特别强调在军队的士兵中开展工作，使军队"大半成为社会主义军队"，以便使暴力镇压成为不可能。

4.恩格斯对无产阶级夺取政权总的是两种策略：暴力革命与和平方式。凡是有和平转变的机会，决不能放过，但不能放弃暴力革命的原则。他认为，和平方式以敌人在法律活动范围内活动为前提，如果敌人超出法律范围，党将重新走上"不合法的道路"①。所以，他尖锐地批评李卜克内西："你那样愤慨地反对任何形式的和任何情况下的暴力，我认为是不能接受的。"②这就是说，暴力革命仍然是马克思主义的一个基本原则。暴力革命的条件不具备，但并不是说任何时候都不需要暴力手段。

恩格斯新的策略思想是原则的坚定性和高度的灵活性相结合的光辉典范，它批判了当时工人运动中在革命策略问题上存在的两种错误倾向。一种是以德国的"青年派"、法国的无政府工团主义为代表的"左"的倾向，他们无视客观形势的变化，否定合

① 《马克思恩格斯选集》第4卷，人民出版社1995年版，第403页。
② 《马克思恩格斯全集》第37卷，人民出版社1971年版，第362—363页。

法斗争的必要性，主张冒险主义的行动；另一种是以德国社会民主党人福尔马尔为代表的右的倾向，他们把议会斗争看成是无产阶级斗争的惟一形式，完全否定暴力革命，鼓吹"和平长入"社会主义。恩格斯阐明的新的策略思想，纠正了上述两种片面性，在新的形势下把工人阶级的革命斗争引上了正确方向。今天，一些国家的共产党又面临类似的形势，全面领会恩格斯的这一重要策略思想，指导当前的斗争，有着十分重要的、现实的意义。

社会主义者在为最近目的斗争的时候，不能忘记工人阶级的长远利益

在利用普选权进行合法斗争成为工人阶级活动的一种重要方式的情况下，工人阶级和资产阶级关系发生了新的变化，甚至为了取得斗争的胜利，不得不同资产阶级中的某一部分结成暂时的联盟，以扩大自己的斗争场所。这时，始终坚持社会主义的远大目标和工人阶级的长远利益就成为一个极为重要的原则问题。因此，在新的形势下，恩格斯不止一次地强调了《共产党宣言》所制定的原则。他在1894年写的《未来的意大利革命和社会党》一文中写道："自从1848年以来，时常为社会党人带来极大成就的策略就是《共产党宣言》的策略。'在无产阶级和资产阶级的斗争所经历的各个发展阶段上，社会党人始终代表整个运动的利益……社会党人为工人阶级的最近的目的和利益而斗争，但是他们在当前的运动中同时代表运动的未来。'社会党人总是积极参加无产阶级和资产阶级斗争经历的每个发展阶段，而且，一时一

刻也不忘记，这些阶段只不过是导致首要的伟大目的阶梯。这个目的就是：由无产阶级夺取政权作为改造社会的手段。"他接着说，这样，社会主义者在斗争中就不会"产生失望情绪"，并批评"感伤的社会主义者"，"把前进中的一个普通阶段看作是最终目的"①。

恩格斯始终以辩证发展的观点来看待工人阶级的革命斗争，指导工人运动。为了使社会主义者在复杂的斗争中时刻不忘工人阶级的整个利益，始终坚持社会主义的方向，他特别阐明了两个指导性原则。首先，在同其他阶级暂时进行联合斗争时，社会主义者要"作为独立的政党参加"，保持工人阶级的阶级性，不能同共和主义者完全融合②。我们党在长期革命斗争中形成了统一战线的理论，这一理论的主要之点，就是党必须在统一战线中保持独立自主、保持自己的阶级性。社会主义事业是工人阶级和广大劳动群众的解放事业，凌驾于一切阶级对立之上的社会主义是根本不存在的。恩格斯晚年同他青年时期一样，尖锐地批判那种非阶级的社会主义观点，在任何复杂的斗争中，都旗帜鲜明地坚持马克思主义的这一原则立场。其次，他反复强调，同激进派和共和主义者联合斗争取得的成果，并不是社会主义者的真正的成果，它"仅仅是已达到的阶段之一，仅仅是一个作进一步占领的新的作战基地"，工人阶级在取得新的胜利后，应当立即转入下一阶段的新的斗争；如果满足于这种联合，或者满足于在新政府

① 《马克思恩格斯选集》第4卷，人民出版社1995年版，第453—454页。
② 《马克思恩格斯选集》第4卷，人民出版社1995年版，第455页。

中居于少数地位，"这是最大的危险"①。

恩格斯这些深刻的见解，不论是对正在通过议会进行合法斗争的社会主义者，还是对在经济文化落后国家从事社会主义建设的社会主义者，都具有重要的指导价值。社会主义是一个整体，也是一个过程，如果脱离开共产主义的远大理想和工人阶级的整体利益，现实的社会主义革命和建设就会走偏方向，而且从理论上也说不清楚什么是社会主义。但这决不是要求我们必须按照未来的共产主义理想来塑造现实——在这方面，过去的教训是很深刻的——，而是要求，把这些科学的原则具体地运用到不同国家、不同阶段的实际，提出适合于现实情况的战略和策略。恩格斯强调说，"必须因地制宜地作出决定，而且必须由处于事变中的人来作出决定"②。这时，社会主义实践家们的理论素养和理论指导，以及对革命理论的正确运用，起着关键性的作用。我们党之所以在革命和建设中取得辉煌的成就，根本原因就在于成功地将马克思主义基本原理运用于中国的具体实际。我们党在长期斗争中积累了丰富的经验，归结到一点，就是把马克思主义的基本原理同中国革命和建设的具体实际相结合，走自己的道路。我们将继续在我国具体的历史环境中，在社会主义的初级阶段，坚持马克思主义的指导，一步一步地走向社会主义的高级阶段，实践马克思、恩格斯所制定的科学社会主义的伟大学说。

---

① 《马克思恩格斯选集》第4卷，人民出版社1995年版，第455页。
② 《马克思恩格斯选集》第4卷，人民出版社1995年版，第456页。

十月社会主义革命开创人类历史新纪元

　　十月革命是科学社会主义由理论变为实践的一次伟大的创举。在人类历史上，一种社会形态取代另一种社会形态的巨大变革，几乎都是通过革命而实现的。就像1640年英国资产阶级革命是资本主义革命的开端一样，十月革命在实践上开辟了无产阶级社会主义革命的道路，预示着人类社会迈进一个新的历史时代，即社会主义逐步代替资本主义的时代。随之而出现了社会主义制度同资本主义制度并存和竞争的世界总格局。关于十月革命的划时代意义，毛泽东同志曾正确指出："十月社会主义革命不只是开创了俄国历史的新纪元，而且开创了世界历史的新纪元。"它"改变了整个世界历史的方向，划分了整个世界历史的时代"。这些论断科学地界定了十月革命在人类历史上的重要地位，特别是在无产阶级社会主义革命史上的重要地位。

　　十月革命同历史上以往一切革命的根本区别就在于，它开辟了通向无剥削、无阶级社会的道路。十月革命之所以成为人类历史的新纪元，就因为它开始了人类历史由阶级社会向无阶级社会的逐步过渡。尽管这是长期的、需要通过许多发展阶段和现实形式才能完成，但它揭示了这一历史发展的总趋势。正因为无产阶级社会主义革命有着如此深刻的内涵，所以无论是进行革命还是巩固革命取得的成果，都是十分艰巨的。同时，由此而引起各种非议和攻击也是不足为奇的。这就要求我们必须坚持用历史唯物主义观点，用马克思主义阶级分析方法，去认识和对待人类历史上的这场深刻的变革，也要用这种科学的观点和方法，去分析对十月革命的种种非议和攻击，以便把十月革命开创的道路和社会主义的伟大事业坚持下去。

首先，十月革命是否是历史的必然。

这个问题在十月革命后就存在着争论。国外的一些学者认为，十月革命不是必然的，而是各种偶然事件巧合的结果，甚至有的人认为，十月革命不是一场革命，而是由少数人发动的政变。他们完全否定历史发展的规律，否定人民群众的革命创造性和能动性。

从历史唯物主义的观点来看，十月社会主义革命是历史的必然。人类社会在其自身的基本矛盾的作用下，总是由低级形态向着高级形态运动和变化，任何一种特定的社会形态都不可能是永恒的。以上帝为精神支柱赋予自己以神圣光环的封建社会，不可避免地为资本主义社会所代替，同样，社会主义这一更高级的社会形态代替资本主义也是历史的必然。资本主义制度经过达三四百年的历史发展，已经为社会主义制度的产生创造了物质条件，况且它自身产生并日益积累起来的社会矛盾和阶级矛盾不可能由它自己去解决，当然，一定程度的调解可以缓和这些矛盾，可以延缓资本主义制度的存在，但绝不可能从根本上消除这些矛盾。一个人寻求长生不老药只是一种幻想，同样，寻求使资本主义万世长存的药方也是幻想。在社会主义变成现实以前，各种社会主义学说和派别纷纷出现，工人运动风起云涌，而且出现了巴黎公社这样震撼世界的历史事件，都预示了一种新的社会制度即将来临。马克思的唯物主义历史观和剩余价值学说，对社会主义代替资本主义的历史必然性的论证，仍然没有过时，它仍然是工人阶级和广大劳动人民谋求自身解放的强大的思想武器。

我们承认社会主义的历史必然性，但也并不否认偶然性的存在，相反，必然性总是通过无数偶然性为自己开辟道路的。众所周知，20世纪，欧洲资本主义国家、包括封建专制的沙皇俄国，都出现了深重的社会经济、政治矛盾和危机，而帝国主义特性，又使这些矛盾演化为国际性矛盾。第一次世界大战的爆发，就是这一矛盾的集中表现。而俄国恰恰成为这诸多矛盾演化的焦点，使它处于一种特殊的历史地位。就国内来说，沙皇已无法继续统治下去，生活在水深火热之中的俄国人民也不能够再照旧生活下去。一场推翻沙皇、改善人民生活条件的人民革命斗争势在必行。这是一种客观形势和趋势。也可以说，在第一次世界大战后期，出现了一种难得的历史机遇。经过长期的政治、组织的准备，在俄国还产生了由列宁领导的、以马克思主义为指导、按民主集中制原则组织起来的、能够团结和领导广大人民进行革命斗争的俄国共产党。客观形势和主观因素的结合，就使得这种历史的必然变成了现实。在整个革命进程中，存在着许多偶然性，如革命采取的形式，爆发的地点和时间，以及谁来实际领导这场革命等等，但总的结果是这些偶然因素为现象背后的必然性开辟了道路。否则，就无法解释为什么会在20世纪初爆发世界大战，在战争中各种力量较量的结果历史地沿着社会主义方向发展。如果离开偶然性仅仅看到必然性的作用，那就会产生一种神秘感，历史便变得不可理解，但是，离开必然性把历史仅仅归结为偶然事实的堆积，是极其肤浅的，不可能认识到事物的本质。这是从认识论上讲的。西方敌对势力否定十月革命的必然性，当然不是认识问题，而是从根本上否定作为制度的社会主义的存在。对于这种论调，我们必须旗帜鲜明地给以批驳。

其次，十月革命有没有普遍性经验。

十月革命发生在俄国，它不仅是俄国自身矛盾发展的结果，而且是世界性矛盾和历史发展的综合性结果。这不只因为沙皇俄国参加了世界大战，还因为世界性的矛盾已深深影响到俄国的经济和政治，并使它已卷入到世界历史的洪流之中了。所以，不论是十月革命的经验，还是其后苏联建设的经验，都既有特殊性的一面，也有普遍性的一面。问题是要通过对这些特殊性的研究，从中把握带有普遍意义的经验。就如同中国社会主义革命和建设带有浓重的中国特色，但无疑也包含具有普遍意义的东西一样。

关于苏联革命和建设的普遍经验，《再论无产阶级专政的历史经验》结合当时的形势作了总结，现在看来基本上还是正确的。这些普遍经验，概括地讲，（1）无产阶级先进分子组织成为共产主义政党，以马列主义为自己的行动指南，按照民主集中制建立起来，密切联系群众，力求成为劳动人民的革命核心，并以马列主义教育自己的党员和人民群众。（2）工人阶级在党的领导下，联合劳动群众以革命斗争的方式取得政权。（3）在革命胜利以后，无产阶级在共产党领导之下，以工农联盟为基础，建立无产阶级专政，实现工业的国有化，逐步实现农业的集体化，从而消灭剥削制度和生产资料的私有制度，消灭阶级。（4）无产阶级和共产党领导的国家，领导人民群众有计划地发展社会主义经济和社会主义文化，在这个基础上逐步提高人民的生活水平，并积极准备条件为过渡到共产主义社会而奋斗。（5）坚持反对帝国主义侵略，承认各民族平等，维护世界和平，坚持无产阶级国际主义原则，努力取得各国劳动人民的援助，并且努力援助各国劳动人民和被压迫的民族。

所谓十月革命的道路，指的就是这些普遍原则。当然，这些普遍原则的运用，在不同国家、不同时期，也会有不同的特点。十月革命发生在俄国，它必然具有俄国的特殊性，具有当时当地的具体表现形式，这些普遍原则就是撇开当时当地的具体情况，对规律性东西的揭示。十月革命道路反映了人类社会发展长途中的一个特定阶段内关于革命和建设工作的普遍规律。这不但是当时俄国无产阶级和劳动人民所走的道路，也是各国无产阶级和劳动人民谋求自身解放的必由之路。正是在这个意义上，我们党在八大政治报告中明确指出："尽管我国的革命有自己的许多特点，可是中国共产党人把自己所干的事业看成是伟大的十月革命的继续。"十月革命的基本经验，早已越出俄罗斯辽阔的领域对世界其他国家的无产阶级和劳动人民的革命活动产生了深远的影响。

《再论》指出，帝国主义者声言要"改变共产党世界的性质"，他们所要改变的正是这条革命道路。这从根本上说明了反对社会主义制度和否定十月革命道路的内在联系。苏东剧变，使帝国主义"改变共产党世界的性质"的预谋，在一大片土地上变成了现实，但是，社会主义制度并没有从地球上消失，反而通过对历史经验教训的总结，它更为茁壮地成长起来，因为，社会主义制度作为一种新生事物是不可抗拒的。就像滔滔江河，尽管会遇到旋涡和险滩，但是它必将以不可阻挡之势奔腾向前。

苏东剧变后，西方敌对势力弹冠相庆，并断言，在20世纪崛起的共产主义已在20世纪内死亡。这反映了他们仇视社会主义的情绪和唯心主义的愿望。社会主义不仅没有被埋葬，反而更加充满活力。就连美国《基督教科学箴言》报也发表评论告诫这些资产阶级学者说：与马克思主义的旷日持久的竞争还未结束，这是因为，虽然苏联共产党政权在欧洲的垮台宣告了冷战的结束，但再度兴起的马克思主义对西方古典自由主义的思想和体制构成的挑战，会比苏联共产党政权构成的挑战更令人生畏。这里所谓的再度兴起的马克思主义，就是在惊涛骇浪中经受锻炼，正确地总结了苏东剧变的教训，理论联系实际，进行改革开放的现有的社会主义和其他共产党与左翼力量。他们所从事的正义事业，就是十月社会主义革命的伟大继续。

最后，要结合新的实际学习和运用马克思主义，把十月革命开创的社会主义事业不断推向前进。

十月革命到今天整整八十年了，世界在各方面都发生了巨大的变化。其间，发生了第二次世界大战，中国等十几个社会主义国家的建立，殖民体系瓦解和亚非拉一大批民族独立国家的兴起，第三世界左翼力量和进步势力的发展，苏东社会主义的失败，以及中国等社会主义国家的改革开放和经济发展取得了巨大成就。这种变化对社会主义事业，有不利的一面，也有有利的方面，特别是苏东剧变，使人们头脑更加清醒起来，丢掉了依赖感，把马克思主义同本国实际紧紧结合起来，首先解决本国存在的问题，同时也为世界社会主义事业作出自己的贡献。这是新的发展的一个最基本的起点。

另外，当代国际形势也出现了许多新情况、新特点，如世界科技革命和产业革命突飞猛进；科技成为推动生产力发展的首要因素，深刻地改变了当代社会生活的面貌；经济和社会活动的全球化趋势在加快；主要资本主义国家经济仍有继续发展的潜力，社会基本稳定，没有出现危机和革命形势；世界政治、经济等多极化趋势在发展，各种力量出现新的分化和组合，等等。但同时，也出现了许多新的问题，如人口爆炸、资源短缺和不合理消耗、环境恶化，这些因素与发展的矛盾日益尖锐，成为威胁人类生存和可持续发展的重大社会问题；跨国垄断没有消除竞争，相反国际竞争更加激烈；社会财富在增加，同时贫富两极分化在加剧；资本主义本身所固有的矛盾以及由此而造成的社会不公和阶级压迫依然存在、并继续深化，发达国家同不发达国家的差距不断扩大，发展中国家的债务已达两万亿美元的天文数字，这一事实表明资本仍然统治、剥削着世界其他地区，等等。列宁所揭示的时代的基本矛盾并没有过时，但它确实发生了许多新的变化。研究这种新的情况和解决这些全球性问题，不能依靠资产阶级世界观和价值观，而只能依赖无产阶级的世界观和价值观。马克思主义仍然是我们观察世界和中国命运的锐利的思想武器。但马克思主义必须同新的时代特征和社会实践相结合，才能科学地解决当代社会主义面临的新课题。

历史即将迈入21世纪，世界社会主义也将跨入一个新的历史时期。而对新的形势，由十月革命开创的社会主义事业如何巩固和发展，社会主义如何在世界范围里取得大的进展，资本主义发展的前景以及它将通过何种形式过渡到一种新的社会形态，无产阶级将采取什么样的革命方式实现自己的历史使命，等等，都是需要用马克思主义观点和方法研究、解决的新的历史课题。这些课题是全世界马克思主义者的共同任务，但我们中国马克思主义者肩负着更为重要的责任。我们应该更自觉地意识到，并勇敢地接受这个任务，在解决这些历史性课题中作出自己应有的贡献，以我们的实际行动来纪念伟大的十月社会主义革命。

二十世纪社会主义的历史经验及教训

20世纪是一个具有特殊意义的世纪。它给人们许多震撼，但也留下许多遗憾；它带给人们胜利的喜悦，也使人们产生了无限的忧伤和永久的怀念。这是一个伟大而又坎坷不平的世纪。在这个世纪里，曾经发生过许多重大的事件，但是对人类社会发生了如此深刻影响、并将继续影响着21世纪的，莫过于社会主义制度的横空出世。伟大的十月社会主义革命改变了人类社会发展的方向，开辟了历史的新纪元。从此，社会主义与资本主义两种制度、两种思想体系，在相当长的历史时期里主宰着人类历史，规定着时代的本质，影响着世界的格局。因此，不管人们如何看待社会主义，当他们谈论20世纪，当历史学家们书写20世纪历史时，离开社会主义这一历史现象，便不可能客观地认识和论述20世纪。

人类历史是社会形态由低级向高级不断发展的过程。社会主义是作为资本主义的对立物和替代物而产生的，它作为更高级的社会形态，是对资本主义社会形态的一种否定。但这种否定不是简单的否弃，而是扬弃，即在吸纳了资本主义创造的一切有价值成果的基础上的否定。人类社会形态更替的逻辑总是这样，前一种社会形态为后一种社会形态的出现准备了物质和精神的条件。一旦社会变革的时机到来，新的社会形态取代旧的社会形态便成了历史的必然。比如，封建社会取代奴隶社会，资本主义社会取代封建社会，都是经过激烈的社会震荡而进入到一个新的历史阶段，这是不可抗拒的历史法则。依据这个法则，资本主义也不可能是永恒的。它同已经退出历史舞台的旧的社会形态一样，迟早要被社会主义所取代。社会主义作为一种思潮，从英国人托马斯·莫尔于1516年发表《乌托邦》算起，迄今已500多年了。这种思潮的出现决不是偶然的，它伴随着资本主义的产生而产生，随着资本主义的发展而发生变化。当时的空想社会主义者，已经看到了资本主义制度的痼疾，批判了资本主义制度的非人性，针对这种制度的弊病，他们对未来社会主义基本特征（如公有制、按劳分配、计划生产）和消灭社会压迫，实现人与人的平等，已经作了文学式的描述，并进行了一些实际实验。但是，这种空想社会主义理论的致命缺陷是缺乏科学的理论依据，所以它只能是一种空想的、粗糙的关于未来社会的猜测——尽管是天才的猜测。空想社会主义是同不成熟的资本主义关系相适应的。它的意义在于，预示了在资本主义内部孕育着一种否定的因素，这种制度在其发展途程中必然为另一种更高的社会形态所代替。不仅如此，它更重要的意义还在于为科学社会主义的产生提供了极为重要的思想材料。正如恩格斯所说，科学社会主义是在空想社会主义的肩上发展起来的。

社会主义由空想变为科学，在这段时间里，社会主义经历了对这种学说的理论论证、完善和发展，经历了由理论变成现实的波澜壮阔的斗争历程。其间，有高潮和低潮，有凯歌行进的时期，也有遭受挫折，甚至局部失败的记录。人类进入阶级社会以来，任何一种社会形态在历史上的出现，都伴随着激烈的阶级冲突，都经历了胜利与挫折、复辟与反复辟的长期的斗争过程，这似乎已是人类社会发展的规律。社会主义作为一种全新的社会形态，同历史上已出现过的社会形态有本质的不同。它要根本变革旧的剥削制度和这种剥削制度赖以存在的旧的生产关系，建立一个没有阶级压迫、没有剥削、实现人与人之间真正平等和人的自由而全面发展的社会。所以，社会主义革命是更为深刻、更为彻底的变革，正如《共产党宣言》所讲："共产主义革命就是同传统的所有制关系实行最彻底的决裂；毫不奇怪，它在自己的发展进程中要同传统的观念实行最彻底的决裂。"[①]显然，这是指未来的共产主义社会，而不是指今天的社会主义，更不是指初级阶段的社会主义。而要达到这个目标，有赖于生产力的高度而普遍的发展，以及生产关系的根本变革。正因如此，社会主义的实现必然要经历更长期、更艰苦的斗争，也可能会出现更大的曲折。20世纪社会主义发展的历史已经清楚地表明了这一点。

20世纪作为千年之交的世纪，它给人类历史打上了深深的印记，这就是在这个世纪里诞生了世界上第一个社会主义制度，开创了人类历史发展的新纪元。人类社会从此开始了从资本主义向

---

① 《马克思恩格斯选集》第1卷，人民出版社1995年版，第293页。

社会主义更高历史阶段的过渡。列宁领导的布尔什维克党带领俄国人民进行伟大的十月革命，建立了苏维埃共和国，在世界上产生了第一个社会主义国家。随后，在包括中国在内的其他一些国家也相继建立了社会主义制度，以至在一段时间内出现了一个社会主义阵营。无论后来出现了怎样的挫折，都不能否定这是20世纪人类历史上最伟大的壮举，它对人类社会发生了重大而深远的影响。世界政治格局也因而出现了很大变化，即改变了资本主义的一统天下，出现了社会主义同资本主义同时存在、既相互联系和交往，又相互竞争和斗争的新局面。21世纪也将是20世纪开始的这样一个格局的直接继续，世界社会主义将进一步走向成熟。

20世纪社会主义实践的伟大历史意义就在于：一是为人类社会开辟了崭新的发展道路，展示了美好的前景；二是在很大程度上遏制了帝国主义在全世界的扩张，并改变了世界的政治格局，出现了社会主义同资本主义并存、共处、竞争和斗争的复杂局面；三是社会主义制度的建立，消灭了剥削和压迫，实现了真正的平等和民主，改变了工人阶级和劳动人民的历史地位。并用事实证明了社会主义制度优于资本主义制度；四是社会主义阵营的出现和社会主义运动的发展，导致了殖民体系的瓦解，使绝大多数殖民地国家取得了国家独立、人民解放的胜利。总之，社会主义制度的产生，推动了人类历史的进步。它作为一种新生事物有着不可抗拒的生命力和吸引力，就连它的敌人也不能无视它的存在，并从社会主义那里学习和借鉴了许多好的东西。无论社会主义是成功、辉煌，还是暂时的挫折，甚至是失败，这都是人类社会的伟大探索和宝贵遗产。进步的人类必将继承这份遗产继续进行探索和奋斗而最终实现共产主义。

　　与人类历史相比，社会主义制度的存在还很短暂。但在短短半个多世纪里，它已显示出自己的优越性和强大的生命力，得到工人阶级和广大劳动人民的拥护。尽管20世纪末期发生了苏联解体、东欧剧变，但这并不能说明历史就此转向，更不表明社会主义已经失败。这只是社会主义实现过程中出现的一个小的波折。邓小平从历史唯物主义观点深刻分析了这一历史事件，他指出："我坚信，世界上赞成马克思主义的人会多起来的，因为马克思主义是科学。它运用历史唯物主义揭示了人类社会发展的规律。封建社会代替奴隶社会，资本主义代替封建主义，社会主义经历一个长过程发展后必然代替资本主义。这是历史发展不可逆转的总趋势，但道路是曲折的。……一些国家出现严重曲折，社会主义好像被削弱了，但人民经受锻炼。从中吸收教训，将促使社会主义向着更加健康的方向发展。"[1]这些高屋建瓴的分析，为我们研究重大历史事件提供了理论指导，增强了人们对社会主义的必胜信心。

　　20世纪社会主义虽然比较短暂，但它创造的历史经验却非常丰富，很值得我们去认真研究和总结。可以说，这是历史留给世界工人阶级的极为宝贵的财富，具有永恒的价值。下面想就主要方面谈几点看法：

　　第一，20世纪社会主义实践使我们对社会主义有了更具体、

---

① 《邓小平文选》第3卷，人民出版社1993年版，第382—383页。

更符合实际的认识。20世纪社会主义制度的建立并没有现成的经验可资借鉴，只能根据马克思主义创始人关于未来社会主义特征的科学预测。当然，这里也包括社会主义制度的创造者对马克思思想的理解程度。当时建立的社会主义模式，人们把它称为苏联模式，或斯大林社会主义模式。这种社会主义模式，一方面体现了科学社会主义的一般原则，否则它就不能被称为社会主义；另一方面它又带有当时的时代特征和创造者的主观色彩、主观因素，这里主要指的是斯大林思维方法上的形而上学和绝对化。如果像列宁那样，随时根据实际的变化不断地调整自己的认识，苏联的社会主义模式可能会是另一种样子。十月革命后，列宁生活的时间很短，但对探索社会主义提出了十分重要的见解：一是，他认为现在我们不能从书本认识社会主义，而只能从经验来认识社会主义。对于列宁的这个论断，不能理解为列宁轻视书本知识，更不能认为列宁已经放弃了科学社会主义原则。这时社会主义已经变成现实，我们只能根据实践经验去建设社会主义。列宁强调对实践经验的总结，抓住了当时社会主义面临的最重要的问题。二是，列宁反复强调社会主义建设是长期的、艰巨的，需要在实践中不断地探索，他认为在共产主义到来之前，任何实践形式都不是最终的。这些思想无疑是非常有价值的。但是，20世纪的社会主义实践家们恰恰忽略了这些极其有价值的思想。回顾过去的历史，我们不能不承认，列宁之所以较少犯错误，即使犯了错误也容易得到纠正，正是因为他注重实际和对辩证法的深刻把握与运用。

第二，马克思从《共产党宣言》到总结巴黎公社经验的历史巨著《法兰西内战》，都十分强调了无产阶级政权对实现社会主义和共产主义的极端重要性。他结合巴黎公社的经验科学地阐明了什么是无产阶级政权，以及如何建立无产阶级政权的问题。列宁在阐述马克思上述思想时指出："马克思主义在国家问题上一个最卓越最重要的思想即'无产阶级专政'。"①20世纪社会主义制度建立过程中，列宁正是围绕这个核心问题同机会主义展开了激烈斗争，捍卫和发展了马克思主义学说，成功地建立了无产阶级政权，并通过这个政权，对旧的生产关系和上层建筑进行了根本改造。旧的生产关系和上层建筑，是剥削阶级赖以存在和统治的物质基础和政治支柱，是其阶级利益和统治意志的集中体现。不对它们进行根本改造，社会主义制度便不可能确立起来，而要对旧的生产关系和上层建筑进行根本改造，必须凭借无产阶级政权。这是从巴黎公社血的教训中总结出来的经验，并在20世纪社会主义实践中得到了反复的验证。至于无产阶级政权建立的途径，可以是革命的方式，也可以是和平的方式。由于20世纪特殊的历史条件和客观环境，由于20世纪社会主义革命发生在经济文化落后和独裁专制统治极为严重的国度，社会主义主要是通过暴力革命实现的，但这并不排斥和平的方式。列宁曾经这样讲过："无产阶级专政的实质不仅在于暴力，而且主要不在于暴力。它的主要实质在于劳动者的先进部队、先锋队、惟一领导者即无产阶级的组织性和纪律性。无产阶级的目的是建成社会主义，消灭社会的阶级划分，使社会全体成员成为劳动者，消灭一切人剥

---

① 《列宁选集》第3卷，人民出版社1995年版，第129页。

削人现象的基础。"①在列宁看来，这个目的才是最重要的，而达到这个目的的手段可以是不同的。尽管20世纪社会主义还没有通过和平方式取得政权的先例，但并不意味以后也不会出现这种情况。随着历史条件的变化和资本主义的发展为新社会的产生准备了更充实的物质条件，以和平方式实现社会主义的可能性不是减少了，而是增加了。暴力革命和和平方式是取得社会主义政权的两种不同方式，至于哪种方式成为现实，这取决于当时的客观形势和阶级力量的对比，也取决于无产阶级政党的战略和策略是否正确，将两者绝对对立起来，用一种反对另一种，都不是科学的态度，也不符合马克思主义精神。我们应该历史地、辩证地认识和处理这两者的关系。

第三，工人阶级取得政权后，必须全力发展生产力，为刚刚建立的社会主义制度的巩固奠定物质基础。马克思曾讲过，生产力的巨大增长和高度发展，是社会主义的"绝对必需的实际前提"②。马克思主义经典作家及其后继者在不同时期都强调，社会主义的根本任务是发展生产力。因为，只有大力发展生产力，才能增强社会主义的综合国力，改善和提高人民的生活水平，巩固社会主义制度，并为未来共产主义准备坚实的物质基础。一般地讲，任何国家社会主义革命成功以后，都面临着尽快发展生产力，巩固社会主义制度的任务。特殊地讲，在经济文化相对落后的国家搞社会主义，尤其应该注重发展生产力，把发展经济放在

---

① 《列宁选集》第3卷，人民出版社1995年版，第835页。
② 《马克思恩格斯选集》第1卷，人民出版社1995年版，第86页。

中心的位置，通过经济的发展，推动社会主义政治、文化建设，推进社会主义制度的巩固和发展。20世纪社会主义在发展生产力方面，既积累了丰富的经验，又有惨痛的教训。其中最重要的是两个方面：一是要处理好政治与经济的关系，要将两者视为辩证统一的，而不是对立的，两者统一于实现社会主义现代化和巩固社会主义制度之中。社会主义的政治与经济，内在地联系在一起，没有社会主义经济就不会有社会主义政治；反之，没有社会主义政治也不会有社会主义经济。二是要运用经济手段，按照经济自身的规律去发展经济。试图通过革命的手段和群众运动的方法组织生产和发展经济，是很难成功的。这两个方面处理得好，经济就能发展，社会就会安定，社会主义制度就能巩固，否则社会主义事业就要遭受损失。

第四，坚持计划与市场的内在统一，利用市场机制和手段发展社会主义经济。众所周知，市场经济同社会主义之间关系的问题，是当今在理论上争论最多、最激烈的问题，是马克思主义在当代面临的重大课题。对这个问题解决得正确与否，直接关系到社会主义的前途和命运。20世纪马克思主义在理论上的最大进展，是对商品经济与市场经济进行了重新认识，并提出了社会主义商品经济和市场经济的概念。

马克思、恩格斯在设想未来理想社会时，认为在共产主义社会，马克思称为"自由人的联合体"，社会占有全部生产资料，人们用公共的生产资料进行劳动，这种生产是有计划地进行的，劳动产品是社会的产品。其中一部分重新用作生产资料，另一部分则以劳动或需要为尺度分配给社会成员。在这里不需要商品和货币。这就是马克思创始人对未来社会经济制度基本特征的科学预见。但是它有一个前提，就是生产力的高度而普遍的发展。20世纪社会主义实践恰恰是在经济落后的国家发生的，这便产生了一系列问题和难题。这就需要在坚持马克思主义的基础上，结合时代特征和本国实际进行理论创新。照搬马克思主义在实践上肯定是行不通的，但创新离开马克思主义基本原理也是注定要失败的。

20世纪社会主义实践家们在探索中经历了一个曲折的过程。列宁和斯大林最初也认为社会主义是排斥商品经济的，但在他们晚年都有新的认识。在斯大林主持编写的《苏联社会主义经济问题》一书中，认为在社会主义社会仍然需要价值规律，甚至提出了社会主义的"特种商品生产"的概念。毛泽东在中国具体条件下对社会主义必须发展商品生产作过进一步的研究和发展。他十分赞同斯大林的《苏联社会主义经济问题》中的一些观点，并作了进一步发挥。他的思想可简要概括如下：1.社会主义社会存在商品生产和商品交换具有历史必然性。这不仅因为社会主义社会存在两种所有制，而且还因为商品生产的命运，最终和社会生产力发展的水平有密切关系。2.由于社会主义制度同资本主义制度根本不同，所以社会主义商品生产和商品交换同资本主义的商品生产和商品交换有着本质的差别。3.现在社会主义所以存在商品生产，是因为它还适合生产力发展的需求，但随着生产力的不断发展，商品生产和商品交换也必然会消灭。因此，商品生产、价值规律这些经济范畴并不是"永生不灭的"。这些认识，是20世纪对社会主义认识的新的理论成果。它对我们今天研究和实行社会主义市场经济，仍具有重要意义。

我国相继提出了社会主义商品经济和社会主义市场经济概念，并在实践上建设社会主义市场经济体制，这不仅是我国社会主义实践的理论总结，也是对前人认识成果的深化。把市场经济同社会主义制度结合起来是一个伟大创举，因为它在马克思主义发展史上是一个全新的东西。市场经济有共性的一面，也有特性的一面。面对社会主义市场经济，我们应该着力研究和探索社会主义市场经济的特殊本质和特殊运动规律。正如马克思所强调的，重要问题是"在于把握特殊对象的特殊逻辑"。"一个目的如果不是特殊的，就不成其为目的"。所谓"伟大创举"，就是要把市场经济同社会主义制度有机地结合起来，这就要求我们去揭示社会主义市场经济的特殊本质和特殊运行规律。这也是实践向我国社会科学理论工作者提出的一个重要而艰巨的任务。探索成功，将会对世界社会主义产生重大影响；如果探索失败，社会主义事业必将遭受更大的挫折。这里关键在于，必须划清社会主义市场经济同资本主义市场经济的界限。社会主义市场经济，决不是西方新自由主义者鼓吹的完全的、自由的市场经济，而是以公有制为主体的、宏观调控下的市场经济。就是说，不能什么都由市场去调节。连法国社会党人诺斯潘也大声疾呼：要市场经济，不要市场社会。什么是社会主义市场经济，仍然是一个需要进一步研究和探索的重要课题。

第五，社会主义必须建立高度的民主，没有民主就没有社会主义。实行人民民主，是社会主义制度的重要特征。从马克思主义观点来看，民主首先是一种国家制度，国家形态，属于上层建筑，它产生并服务于一定的经济基础。因此，民主是具体的、有阶级性的。抽象的民主是不存在的。从世界范围看，当今并存着资本主义民主和社会主义民主。这是两种不同性质的民主。社会主义民主是对资本主义民主的扬弃。工人阶级取得政权，劳动人民当家作主和行使民主权利，用社会主义国家取代资本主义国家，从资本主义民主发展为社会主义民主，这是 20 世纪社会制度的空前深刻的变革。

社会主义民主与资本主义民主的最大区别在于，社会主义民主是大多数人享有的民主，而资本主义民主是少数人享有的民主。在资本主义社会，民主的实质与形式是脱节的。社会主义民主在本质上无疑优于资本主义民主。但是，社会主义民主作为新生事业还比较稚嫩和弱小，还很不完善。由于民主总是受经济、政治和文化发展水平的制约，所以，社会主义民主的实现和完善必然是一个很长的过程。20 世纪建立了社会主义民主，这是伟大的历史功绩，但同时又在民主问题上，比如民主的具体制度、民主权利、民主管理、民主监督，以及在民主与专政、民主与集中关系的处理上都出现了不少的偏差。这些问题直接影响了社会主义制度的巩固和发展，严重的还会导致社会主义的失败。苏联社会主义的垮台原因是多方面的，但没有完善的民主制度，缺乏充分的民主权利，或错误地使用民主形式，是其失败的一个重要的原因。正确地认识和把握马克思主义民主理论，健全和完善社会主义民主制度，充分发扬社会主义民主，依然是 21 世纪社会主义实践最重大课题之一。近年来，西方左翼学者在各种马克思主义学术研讨会上，都把民主问题作为一个重要议题。西方国家一些共产党在理论和政策的调整时也把民主问题作为重要内容之一。有的党甚至极而言之，如果社会主义没有充分民主，那么我们宁愿不搞社会主义。他们如此强调民主问题，是对20世纪社会主义实践反思的结果。正如邓小平所说，没有民主，就没有社会主义。社会主义民主建设仍然是21世纪需要解决的重大问题。

除上述之外，还有在意识形态领域坚持马克思主义指导地位，不断扩大社会主义思想阵地，切实有效地防止国际敌对势力对社会主义的"和平演变"；把共产党真正建设成为工人阶级的先锋队组织，建设成马克思主义政党；正确处理好社会主义国家的国与国、党与党之间的关系，加强世界社会主义力量的团结与合作，等等。20世纪社会主义都积累了丰富的经验，但也有教训，需要认真地加以总结，正确的要继续发扬光大。

20世纪是一个波澜壮阔的世纪。社会主义在这个世纪里取得了辉煌的成就，但也显示出社会主义还处于幼年时期，在许多方面还很不成熟。它在探索社会主义的实现形式方面，取得了不少成绩，但也有许多失误。不论是成绩、经验，还是失误、教训，都是马克思主义宝库中珍贵的财富。21世纪社会主义将在这个基础上进行新的开拓，并必将迎来社会主义新的复兴。

社会主义历史必然性的哲学思考

　　人类历史是社会形态由低级到高级不断发展的过程。迄今为止的历史，已经经历了原始社会、奴隶社会、封建社会和资本主义社会形态，并开始迈向一个新的历史阶段。这不仅为马克思主义唯物史观所论证，而且也为人类历史发展所证明。社会主义是作为资本主义对立物而产生的。它作为一种更高级的社会形态，是对资本主义社会形态的否定，但是，这种否定不是简单的否弃，而是扬弃，即是在吸纳了资本主义创造的一切有价值的东西的基础上的否定。人类社会形态更替的逻辑总是这样：前一种社会形态为后一种社会形态的出现，准备了必要的物质条件和精神条件，一旦社会变革的时机到来，新的社会形态取代旧的社会形态便成为历史的必然。这是一条不可抗拒的历史法则，也是我们通常所说的，新的事物是不可战胜的。依照这个法则，资本主义也不可能是永恒的。无论它现在如何强大，也注定是要退出历史舞台的，同资本主义社会形态代替封建主义社会形态一样，它迟早要被社会主义社会形态所取代。当代哲学社会科学的一个重要任务，就是要研究社会主义存在和发展的历史条件，探讨其运动和变化的规律。

曾经在历史上创造过辉煌成就的资本主义，之所以注定要退出历史舞台，是由于它本身固有矛盾所推动，是由于资本主义制度内部不断产生的否定因素所致。正如恩格斯所指出的那样，"资产阶级从它产生的时候起就有自己的对立物同它缠在一起：资本家没有雇佣工人就不能生存"①。他依据唯物主义历史观，深刻地揭示了资本主义社会固有的基本矛盾，指出：生产资料和生产实质上已经就社会化的了，但是，它们仍然服从于私人占有这样一种形式。"赋予新的生产方式以资本主义性质的这一矛盾，已经包含着现代的一切冲突的萌芽。""社会的生产和资本主义占有之间的矛盾表现为无产阶级和资产阶级的对立。"②资本主义的这种基本阶级矛盾，以及由其所制约的其他社会矛盾，推动着资本主义社会的发展变化，并使其最终走向灭亡。社会主义思想就是资本主义的基本矛盾和社会冲突及其发展过程在人们头脑中的反映，首先是在那个直接吃到它的苦头的阶级的即工人阶级的头脑中观念的反映。所以，资本主义创造出辉煌的成就，同时也创造出自己的掘墓人。这就是历史的辩证法。

社会主义作为一种思潮，从英国人莫尔于1516年发表《乌托邦》算起，迄今快500年了。继之有意大利人康帕内拉的《太阳城》，德国人托马斯·闵采尔关于"千载太平天国"的幻想，英

---

① 《马克思恩格斯选集》第3卷，人民出版社1995年版，第721页。
② 《马克思恩格斯选集》第3卷，人民出版社1995年版，第744、745页。

国"掘地派"领袖温斯坦莱的《自由法》等。这一阶段的空想家们关于理想社会的描绘，还流于单纯的幻想，还只是"共产主义思想的微光"①。空想社会主义思想还处于萌芽阶段。到18世纪，空想社会主义学说在形式上发生了重大变化，出现了从理论上论证社会主义理想的著作。我们可以从让·梅里叶的《遗书》，马布利的论战著作，巴贝夫的论文和演说中，看到空想社会主义学说突破《乌托邦》以来的文学形式，开始从理论上探讨和论证消灭生产资料私有制社会主义原则。共产主义的思想微光终于点燃起"直接共产主义理论"②的火炬。最后，在19世纪，空想社会主义发展到最高阶段，其主要代表人物是法国的圣西门、傅立叶和英国的欧文。他们继承了空想社会主义前辈们对资本主义的批判精神和对未来理想社会探索的成果，使空想社会主义学说成为更为完整的思想体系。由这三大空想社会主义者为代表的空想社会主义学说有这样几个鲜明的特点：

第一，它是在西欧主要国家资本主义纷纷确立这一新的历史时期出现的空想学说。18世纪末和19世纪初发生的法国大革命与英国的产业革命，确立了资产阶级的政治统治，也使资本主义进入现代机器大生产的阶段。但是，对于雇佣工人和其他劳动群众来说，无论是社会革命还是技术革命，都没有改善他们的社会地位和经济状况。法国大革命后的社会现实，不过是一幅令人极度失望的讽刺画。产业革命所创造的空前宏伟的社会生产力，不但

---

① 《马克思恩格斯全集》第7卷，人民出版社1959年版，第405页。
② 《马克思恩格斯选集》第3卷，人民出版社1995年版，第721页。

没有给工人带来福利，反而使工人变为机器的奴隶，生活更加悲惨。在这样一种全新的历史条件下，产生了19世纪最具有代表意义的空想社会主义思想家，也有可能对资本主义进行更深刻的观察和揭露，抨击资本主义的全部基础，把他们批判的矛头明确地指向资产阶级和资本主义；而在他们之前的空想家们，或多或少总是把资本主义和封建主义混同起来，笼统地批判社会不平等现象。

第二，圣西门、傅立叶和欧文的三个各自独立的空想体系，思想内容都很丰富，有比前辈更为明确的哲学指导思想，在不同形态的唯物主义自然观和认识论中，都包含有不少辩证法思想。三个人虽然都还没有冲破唯心主义历史观的束缚，但已试图论证人类社会是有规律的发展过程，资本主义并不是永恒的社会制度。他们对未来社会原理的猜测也更明确、更具体和更理论化，特别是克服了16—18世纪空想社会主义者要求历史车辆倒转的倾向，纠正了他们的前辈美化人类原始社会，幻想回到原始共产主义所谓"黄金时代"的错误观点，抛弃了粗鄙的禁欲主义和平均主义，把自己理想的未来社会同现代机器大生产和科学文化的发展联系起来，用时代精神改造了以往的空想思想。

第三，19世纪的空想社会主义者突出地提出了实现理想社会的问题，但是由于时代的局限，他们还找不到解决问题的正确途径。19世纪资本主义生产方式还处在上升时期，生产力和资本主义生产关系的矛盾才刚刚暴露。同时，现代无产阶级也还处于形成过程中，还是一个自在的、无力采取独立行动的社会阶层。这种社会发展状况和阶级状况表明，无产阶级和资产阶级的阶级矛盾还不够发展，两个阶级大搏斗的时代还未到来。"解决社会问题的办法还隐藏在不发达的经济关系中，所以只有从头脑中产生出来"①。正如恩格斯所说，这种不成熟的理论，是同当时不成熟的资本主义生产状况、不成熟的阶级状况相适应的。

从上述可见，空想社会主义思潮的出现不是偶然的，它是伴随着资本主义的产生而产生，随着资本主义的发展而发生变化。当时的空想社会主义者已经看到了资本主义制度的痼疾，批判了资本主义制度的非人性，针对这种制度的弊端，他们对未来社会主义基本特征（如生产资料公有制、按劳分配、计划生产）和消灭社会压迫，实现人与人的平等等，都已经作了天才的猜测和文学式的描述，并搞了一些实际的试验。空想社会主义是历史上进步的思想体系，但不是科学的思想体系，它有两个致命的弱点：一是它不是建立在历史唯物主义基础之上，而是以历史唯心主义为其理论依据的，因此，它不可能正确认识资本主义社会关系的本质，不可能科学地揭示资本主义生产方式的运动规律，所以它只能流于空想的、粗糙的关于未来社会的猜测。二是与上述相联系，空想社会主义者脱离现实斗争，脱离工人运动，不了解无产阶级的历史地位和无产阶级的历史使命，所以，不可能找到实现社会主义的正确道路。尽管有这样的历史局限性，但不会抹杀空想社会主义存在的巨大历史意义。其意义就在于，它预示了在资本主义社会内部孕育着一种否定的因素，这种制度在其发展途程中必然为另一种更高的社会形态所代替。不仅如此，它还为科学

---

① 《马克思恩格斯选集》第3卷，人民出版社1995年版，第724页。

社会主义产生提供了极为重要的思想材料。正如恩格斯所说，科学社会主义是在空想社会主义已取得的思想成果的基础上发展起来的。

空想社会主义者提出而不能解决的任务由马克思、恩格斯——科学社会主义天才的创始人而成功地解决了。马克思、恩格斯之所以能超越空想社会主义并进而创立科学社会主义，是有前提的，这首先是时代条件的变化。马克思、恩格斯所处的时代，主要资本主义国家已经取得政治统治，资本主义生产力有了更高的发展，资本主义生产关系和社会关系也更加成熟，阶级矛盾和社会矛盾暴露得更加清楚，更加简单化。这就为揭露资本主义生产秘密，认识资本主义的本质，揭示资本主义生产方式的运动规律，提供了客观可能性。其次，随着资本主义的发展和进入现代机器大工业时代，无产阶级特别是产业工人队伍不断壮大，资产阶级在推动社会生产发展的同时，也为自己准备了掘墓人。当资本主义固有矛盾激化和经济危机频频发生时，无产阶级与资产阶级之间阶级矛盾必然日益尖锐化，并迅速上升为社会主要矛盾。19世纪30、40年代在法国、英国和德国相继发生的三次大的工人运动，标志着无产阶级反对资产阶级统治的历史新纪元已经开始了。刚刚兴起的工人运动向何处去？用什么样的理论和策略武装无产阶级战士，使无产阶级解放事业能够沿着正确的轨道前进？这是时代提出的严峻的历史课题。关心早期无产阶级命运的已有理论，特别是空想社会主义学说，已无法回答这个历史课题。时代和社会实践呼唤革命理论，呼唤着时代巨人的产生，于是，马克思、恩格斯及其思想学说便应运而生了。再次，人类精

社会主义历史必然性的哲学思考 /

神的发展也为科学社会主义的产生提供了丰富的思想材料。除了空想社会主义学说以外，德国古典哲学和英国古典经济学也是马克思主义产生的重要思想来源。恩格斯曾经指出，马克思主义是以前人提供的思想文化成果为前提的。他说："如果不是先有德国哲学，特别是黑格尔哲学，那么德国科学社会主义，即过去从来没有过的惟一科学的社会主义，就决不可能创立。"①在谈到空想社会主义学说的影响时，恩格斯说："他们天才地预见了我们现在已经科学地证明了其正确性的无数真理。"②这里，当然包括社会主义本质特征的观点，马克思和恩格斯不过是给它们以更为科学的说明罢了。由此可见，没有前人的理论贡献，就不会有科学社会主义的产生。这是客观条件。除此之外，还有科学社会主义创始人的主观因素。这首先是马克思、恩格斯的天才和勤奋，是他们伟大的理论创造。其次，更为重要的是他们的立场和世界观的转变，即从唯心主义转向唯物主义，从革命民主主义转向共产主义。他们始终不渝地为工人阶级和广大受苦群众的利益奔走呼号，为他们的利益和事业贡献了毕生的精力。没有这种高尚品格和鞠躬尽瘁的大无畏的革命精神，科学社会主义也是不可能创造出来的。

从上述可见，社会主义的出现决不是偶然的，它是历史发展的产物，是资本主义发展的必然结果。空想社会主义的出现和科学社会主义的产生，只是这一历史必然性在人们头脑中的反映，

---

① 《马克思恩格斯选集》第2卷，人民出版社1995年版，第635页。
② 《马克思恩格斯选集》第2卷，人民出版社1995年版，第636页。

在观念形态上的表现。

当代资本主义，特别是在二战以后，随着科技革命和全球化浪潮的发展，它本身发生了很大变化，并且对生产关系、分配方式和管理方法作了很大调整，一定程度地缓和了社会矛盾，推动了生产力的发展。但是，这种调整和改变是有限度的，它不可能从根本上解决资本主义的社会矛盾，挽救资本主义的衰败。

解决人与社会、人与自然的关系，是人类面临的两大主题。近代以来，随着人类生存环境的恶化，人与自然的关系日益凸现出来，同人与社会的关系一样引起人们的焦虑和关注。对于这两大问题，各种社会学说都在寻找答案，探索解决的途径。资本主义及其御用学者也在试图回答这些问题，但是他们不仅不可能解决这些问题，而且使之越来越恶化。

首先，在处理人与人、人与社会的关系上，资本主义制度只能作某些改良和某种程度的调整，而不可能予以根本地解决。因为，以生产资料私有制为其基本特征的资本主义，它的一切活动都是为了追求利润的最大化。资本，在资本主义制度下就是资本家发财致富的本钱，剥削雇佣劳动的手段。资本家的富有和贪婪，是建立在广大工人阶级贫困的基础之上的。这在资本主义原始积累时期表现得尤为突出。马克思和恩格斯在他们的许多著作中，描写了这种悲惨的情景。在这种制度下，根本谈不上人们的共同富裕和人的全面发展，只能产生两极分化和贫富对立。如前所说，随着资本主义发展到20世纪，特别是二战以后，许多资本主义的有志之士也看到资本主义这种弊端和造成的社会问题及其严重后果，于是借鉴社会主义国家的计划生产与分配方式，对资本主义的生产关系和分配形式作了某些调整，劳动群众的生活条件有所改善，一定程度地缓和了阶级矛盾，使社会经济取得了稳步发展。有的西方学者认为，资本主义又迎来它的"黄金时期"。对于资本主义福利政策应从两个方面看，既要看到上面述说的这些积极作用，又要看到它的局限性和消极作用。其局限性主要表现在，它试图在不触动资本主义所有制的条件下，在分配上做一些文章，也就是实行所谓的"第二次分配"以缩小贫富差距。但是，这种治标不治本的做法，不仅不能解决资本主义的两极分化，而且由于用于社会福利的资金过大，而影响了扩大再生产，使福利政策也难以为继。

其次，资本主义的过度消费带来全球性问题，造成极大生态灾难。人类社会伴随着空前强大的科学技术力量的发展而进入新的时代，但它同时经受着社会和经济的、政治和民族的、文化和道德的矛盾。世界经济的发展是建筑在疯狂的消费竞争和毫无节制的消耗自然资源使其接近枯竭的基础上。人类生存环境被破坏，资源危机的增长和争夺原料与能源产地的残酷斗争日趋激烈。这种情况已经引起世界人民的强烈不满和高度关注，波及全球的"绿色运动"、"红绿色运动"和"生态社会主义"，就是对资本主义破坏生态，疯狂掠夺自然资源的有力抗争。可见，这种在人与人、人与自然关系上的极其不平等现象是普遍公认的，是一个客观的存在。俄共由此得出的结论是：人类必须抛弃资本主义的价值追求和社会制度，必须对社会生活加以全面的有计划的自觉控制，把人自身的完善和发展放在首位，而这也就是社会主义的实现，是向共产主义的前进。

可以看出，这是在马克思主义关于社会主义历史必然性的经典性论证的基础上，结合新的时代特征，对这一科学原理的进一步丰富。除俄共以外，近年来有些西方左翼学者，也做过类似论证的尝试。这清楚地说明，马克思主义关于社会主义历史必然性原理，不仅没有过时，反而结合新的实际获得了新的时代内容。

马克思主义是严整的科学体系

马克思主义不是马克思和恩格斯全部言论的简单的总和，而是他们的观点和学说的体系，是包括辩证唯物主义和历史唯物主义、马克思主义政治经济学和科学社会主义在内的有机统一整体。所谓科学体系，就是反映客观事物本质和规律的一系列基本原理和基本观点的内在逻辑联系。

马克思主义的三个组成部分是有机统一的整体

在马克思主义科学体系中，按照列宁的说法，辩证唯物主义和历史唯物主义是"理论"，即哲学基础；政治经济学是这些部分的"主要内容"；科学社会主义是"纲领"，是由以上理论而得出的结论。马克思和恩格斯关于无产阶级解放性质、条件和目的的一系列重要理论观点，都是建立在唯物辩证地分析资本主义生产方式的基础上的。早在1844年，马克思就指出，"整个革命运动必然在私有财产的运动中，即在经济中，为自己既找到经验的基础，也找到理论的基础"。恩格斯也曾说过，"一切社会变迁和政治变革的终极原因，不应当在人们的头脑中，在人们对永恒的真理和正义的日益增进的认识中去寻找，而应当在生产方式和交换方式的变更中去寻找。在有关的时代的经济学中去寻找"。从上述可见，要为社会主义提供"理论论证"，解决工人阶级的解放问题，就必须研究资本主义生产方式的运动规律，就必须剖析资本主义的商品生产和商品交换，就是说，必须研究政治经济学，而要从中得出科学结论，获得正确的认识，也必须诉诸于哲学，即辩证唯物主义和历史唯物主义。从逻辑上讲，马克思主义就是这三个方面的有机结合。从实践上讲，解决任何重大的社会问题和社会矛盾，都需要从政治、经济、思想文化诸方面的结合上去考察，才能得出正确的结论。从马克思主义形成史的角度看，马克思为了给社会主义提供"理论论证"，首先研究哲学，创立了唯物主义历史观；接着，研究政治经济学，创立了剩余价值学说；最后，建立了完整的科学社会主义学说。当然，这不是绝对的，在马克思主义形成和发展过程中，这三个方面不是截然分开的，而是相互联系、相互作用、紧紧交织在一起的，只是在一定发展阶段，由于理论和实践的需要某个方面比较突出罢了。它们是在实践基础上的辩证统一。没有政治经济学的研究，马克思主义创始人很难最终形成自己的唯物主义历史观，并给它以经典性的表述；而没有唯物主义历史观和唯物辩证的方法，并用以指导他们的经济学研究，便不会有剩余价值学说和《资本论》的问世。列宁说《资本论》是大写的逻辑，就说明马克思的经济学研究同他的哲学是紧密联系在一起的。有的人企图割裂马克思主义三个组成部分的有机统一，或者把三者对立起来，或者认为马克思主义只有哲学，而又把哲学仅仅归结为马克思早期的"人学"，这是十分错误的，这是从根本上否定马克思主义。

马克思主义是发展的理论，坚持与发展是辩证的统一

马克思主义是科学的真理体系，但它并不是凝固的、封闭的，而是开放的、发展的。恩格斯反复强调："我们的理论是发展的理论"，是同社会实践和科学的发展一道前进的。这是马克思主义的重要特征，是马克思主义生命力之所在。马克思主义的不可超越性，主要表现在它是"发展的理论"，是与时俱进的学说。按照马克思主义认识论，真理是一个发展过程，是一个通过无数相对真理逐渐向绝对真理接近的进程，因此，"它只能在一个无限的渐近的前进过程中而实现"[1]。它是"对包含着一连串相互衔接的阶段的那种发展过程的阐明"[2]。

从马克思主义发展史来看，自从《共产党宣言》问世以来，它经历了三个大的发展阶段，每个阶段大约五十年。第一阶段，从马克思主义诞生到恩格斯逝世。在这半个世纪里，作为理论形态的马克思主义，从产生到丰富和发展，战胜了工人运动中的其他各种社会主义派别，成为工人阶级公认的指导思想。第二阶段，19世纪末到20世纪中叶。马克思主义战胜了第二国际机会

---

[1]《马克思恩格斯选集》第4卷，人民出版社1995年版，第342页。
[2]《马克思恩格斯选集》第4卷，人民出版社1995年版，第680页。

主义，伴随着十月革命的胜利，社会主义由理论变为实践，进而又由一国实践变为多国实践，马克思主义在世界上进行了真正的胜利长征。社会主义的巨大胜利，震撼了整个资本主义世界。社会主义向世人证明了自己的力量，并预示着未来历史发展的方向。第三阶段，是20世纪50年代初至20世纪末。中国革命的胜利，在世界范围内使社会主义和资本主义的力量对比发生了重大变化。在一段时期，社会主义国家形成了一个同资本主义世界相对立的强大的社会主义阵营。但是，在社会主义取得骄人的成绩的同时，也积累了诸多社会问题，各种矛盾逐渐暴露出来，世界社会主义发展遭受重大挫折和局部失败。但是，马克思主义者从中汲取教训，在21世纪的前50年，一定会迎来世界社会主义新的复兴，新的发展。与上述阶段相适应，马克思主义在理论上取得的最大成果是《资本论》和《帝国主义论》。这两大成果深刻地揭示了资本主义和帝国主义的本质和发展规律。经过对社会主义革命和建设经验与教训的总结，也必将会产生反映社会主义发展规律的"社会主义论"。建设有中国特色社会主义理论，在马克思主义发展史中已经写下了重重的一笔。

对待马克思主义惟一正确的态度，是既要坚持马克思主义，又要发展马克思主义。坚持与发展是辩证的统一。坚持是发展的前提，而发展是坚持的结果，两者在实践基础上互为作用、相互促进。将两者割裂开来，便不可能获得对马克思主义的正确认识。总之，在对待马克思主义态度上，应该强调八个字：坚持、发展、研究、创新。

所谓坚持马克思主义，就是坚持马克思主义对于社会实践和科学研究指导的主导地位与作用，坚持马克思主义的科学世界观和方法论，坚持用马克思主义立场、观点和方法来观察、分析和解决实际问题。马克思主义之所以是科学的，除了其理论本身的完整严密外，最根本的是因为它不仅正确地反映客观事物的本质和发展规律，而且还因为这些认识经过实践检验被证明是正确的。当然，理论与实践的统一是一个动态过程，随着社会实践的发展，还需要理论不断地适应新的实践要求并达到新的统一。所以，坚持马克思主义必须同当时的社会实践相结合，在实践中坚持马克思主义，特别是要用发展了的马克思主义指导我们的行动。比如，公有制和按劳分配作为社会主义的本质特征，是社会主义社会质的规定性的反映，否弃了它社会主义便不成其为社会主义了。但是，20世纪的社会主义发生在经济文化落后的国家，因此必须结合这些国家的具体实际对之作出新的解释，我们提出公有制为主体和按劳分配为主体，就是对科学社会主义的创造性地发展和运用。否则便不能有效地指导我国社会主义的实践。如果否弃了公有制为主体和按劳分配为主体，坚持社会主义基本原则便成为一句空话。

发展马克思主义，首先是指根据以前不曾出现的新情况、新问题，对新的实践经验，经过理论形态上的正确概括和提炼，把这些内容增加和补充到马克思主义理论宝库中去。其次发展马克思主义，还要根据实际情况，纠正和完善那些马克思主义创始人依据生前实际情况作出的，或者只是初步提出、还需要进一步论证的那部分内容，使之能更好地适应当前的实际。再次发展马克思主义，还指在对马克思主义的运用中，把它与现实结合而具体化，自觉地实现理论向现实的转化和飞跃。创造性地运用也是发展，离开创造性地运用，也不可能有真正的发展。总之，发展马克思主义，是一个在实践基础上不断更新的过程，是向前推进马克思主义的过程。发展马克思主义是一件很困难的事情，不是随意提出一个或几个论点都可称其为发展。恩格斯曾经讲到，就是唯物主义地说明几个问题，也是多年冷静思考的结果。因为发展马克思主义，是认识真理、发现真理和实践真理的过程，而且只有经过社会实践和历史检验证明其为正确，才能充实到马克思主义理论宝库中去。但这决非把发展神秘化，而是强调研究和探索精神，强调求真务实，而不是华而不实，倡导探讨和解决社会实践提出的新的问题。马克思主义正是在与实践紧密结合的发展中，永葆其青春的。

以科学态度来对待马克思主义，就必须正确地把握坚持和发展的辩证统一关系。这是关系到社会主义事业兴衰成败的大事情。在这里，必须既要坚决反对把马克思主义僵化的教条主义，又要坚决反对否定和歪曲马克思主义基本原理的实用主义和非理性主义。

科学性和阶级性在马克思主义中是一致的

科学性和阶级性的关系，是一个十分重要而又极其复杂的问题。社会活动是有人们参与的活动。与自然科学不同，社会科学研究的对象是社会现象，是人与社会、人与人之间的关系，是人的思想和各种交往关系。而这些方面，在阶级存在的条件下，又不可避免地同一定集团利益和阶级关系交织在一起，所以，社会科学研究不能不受社会阶级的影响，特别是不能不受研究者的立场和观点的影响。因此，社会科学不同于自然科学，对社会现象的认识不仅受历史条件的制约，而且还受社会阶级关系的影响。这一点就决定了马克思主义以前的社会科学，尤其是为人类思想作出过重大贡献的社会科学家，在他们的学说中，一方面包含着真理性颗粒，另一方面又有很大的局限性，不可能达到对社会现象、社会问题的真正科学的认识。

但是，马克思主义理论、马克思主义社会科学就不同了。在马克思主义中科学性和阶级性是一致的。这主要因为，马克思主义代表和反映广大工人阶级和劳动人民的根本利益，而这个阶级的利益的实现、工人阶级的解放和人类解放，又是同社会历史发展方向完全一致的。因此，作为反映社会真理的马克思主义，越是能深刻地揭示社会历史的发展规律，也就越是符合广大工人阶级和劳动人民的根本利益。正如恩格斯所说："科学越是毫无顾忌和大公无私，它就越符合工人的利益和愿望。"① 正因为如此，马克思主义敢于公开申明，它是工人阶级的世界观，它是工人阶级的彻底解放作理论论证的。这一本质特征就规定了马克思主义高于并优于历史上的一切社会历史观。

现在，有人有意或无意地把意识形态性和科学性对立起来，说什么马克思主义是意识形态，是一定阶级利益的反映，因而不具有科学性，或者干脆否定马克思主义是科学真理；还有的人不

---

① 《马克思恩格斯选集》第4卷，人民出版社1995年版，第258页。

赞同用马克思主义阶级分析方法观察、分析社会现象，研究社会问题，或者说不赞成以马克思主义为指导研究社会科学，这不仅在理论上是站不住脚的，是极端错误的，而且在实践上也是十分有害的。要保证马克思主义在我国意识形态中的主导地位，就必须反对上述这些错误观点，从根本上分清理论是非。

马克思主义产生是人类思想的伟大变革

　　资本主义作为一种新的生产方式，是从封建的经济结构和社会关系中逐渐发展起来的。它于14世纪和15世纪首先在意大利萌芽，恩格斯把意大利称为第一个资本主义民族，并把14世纪意大利伟大诗人但丁视为欧洲中世纪的终结和现代资本主义纪元开端的标志，视为新时代的最初一位诗人。随着资本主义经济的发展，在18世纪和19世纪上半叶一些资本主义国家先后完成了政治革命，接着又进行了产业革命。同时，也使资本主义社会固有矛盾即资本和雇佣劳动的矛盾日益激化。正如恩格斯所说，"资产阶级从它产生的时候起就背负着自己的对立物：资本家没有雇佣工人就不能存在" [①]。

　　随着资本主义的发展和进入现代机器大工业时代，无产阶级特别是产业工人队伍不断壮大，资产阶级为自己准备了掘墓人。当资本主义固有矛盾激化和经济危机发生时，无产阶级与资产阶

---

① 《马克思恩格斯文集》第3卷，人民出版社2009年版，第525页。

级之间的阶级矛盾也必然尖锐化，并迅速上升为社会主要矛盾。19世纪30、40年代在法国、英国和德国相继发生的三次大的工人运动，标志着无产阶级反对资产阶级统治的历史新纪元开始了。

第一次工人运动是1831年到1834年的法国里昂纺织工人先后两次爆发武装起义。起义工人高呼"做工不能生活，不如战斗而死"的口号。起义工人不仅提出改善生活的经济要求，而且提出捍卫结社权和建立民主共和国的政治要求。恩格斯说，这表明无产阶级已经不再为反对自己的敌人的敌人而战斗，而是作为"社会主义的战士"大踏步地登上历史舞台。

第二次是从1836年开始的持续12年的英国的宪章运动。伦敦工人提出以争取普选权为目标的"人民宪章"，不止一次地向国会提交请愿书，最多有330万工人在请愿书上签名。并且宪章派还成立了自己的组织——全国宪章派协会。列宁称宪章运动是"世界上第一次广泛的、真正群众性的、政治性的无产阶级革命运动"。

第三次是1844年6月爆发的德国西里西亚织工起义。这次起义以明确反对私有制和资本主义剥削制度为主导思想，深刻地反映了斗争的无产阶级性质，以其鲜明的理论性和自觉性标明德国无产阶级的觉醒。

刚刚兴起的无产阶级运动向何处去？用什么样的理论和策略武装无产阶级战士，使无产阶级的解放事业能够沿着正确的轨道前进？这是时代提出的严峻的历史课题。关心早期无产阶级命运的已有理论、特别是空想社会主义学说，已无法回答这个历史课题。时代和社会实践呼唤革命理论，呼唤时代巨人的产生，于是，马克思、恩格斯及其思想学说便应运而生了。这是马克思主义产生的最深刻的时代背景，从而也决定了马克思主义的鲜明的阶级性。

人类精神的发展也为马克思主义的产生提供了丰富的思想材料。人类在历史上创造的一切有价值的思想成果，是马克思主义能以产生的思想渊源。列宁称马克思主义有三个主要理论来源，即英国古典政治经济学、德国古典哲学和英法的空想社会主义。他说："马克思的全部天才正是在于他回答了人类先进思想已经提出的种种问题。他的学说的产生正是哲学、政治经济学和社会主义极伟大的代表人物的学说的直接继续。"[1]我们可以从以下几个方面加以阐明：

一是英国古典政治经济学。它产生于17世纪后半期英国资产阶级革命时期，完成于英国产业革命后的19世纪初。其创始人是威廉·配第（1623—1687年），主要代表人物是亚当·斯密（1723—1790年）和大卫·李嘉图（1772—1823年）。因为李嘉图是英国古典政治经济学的完成者，是它的最后一位杰出代表，所以列宁把英国古典政治经济学称之为"人类在19世纪所创造的优秀成果"[2]。英国古典政治经济学的主要理论成就是：1.创立了劳动价值论，认为"劳动是衡量一切商品交换价值的真实尺度"[3]。2.对剩余价值的性质和起源作了某些猜想。3.对资本主义社会阶级关系作了一定的经济分析。马克思说过："无论是发现现代社

---

[1] 《列宁专题文集——论马克思主义》，人民出版社2009年版，第66—67页。

[2] 《列宁专题文集——论马克思主义》，人民出版社2009年版，第67页。

[3] 参见亚当·斯密著《国民财富的性质和原因的研究》一书。

会中有阶级存在或发现各阶级间的斗争，都不是我的功劳。在我以前很久，资产阶级历史编纂学家就已经叙述过阶级斗争的历史发展，资产阶级经济学家也已对各个阶级作过经济上的分析。"① 亚当·斯密已经根据收入形式的不同，来划分资本主义社会的三个主要阶级：地主、资本家和工人。李嘉图有意识地把三个阶级利益的对立作为自己研究的内容。所以，马克思说，"李嘉图揭示并说明了阶级之间的经济对立"②。这是对英国古典政治经济学的理论价值的高度评价。

二是德国古典哲学。德国古典哲学产生于18世纪下半期，19世纪上半叶达到鼎盛时期。其著名代表人物是黑格尔（1770—1831年）和费尔巴哈（1804—1872年）。如果说，英国古典经济学以其经济理论推进了人们对社会的认识，那么，德国古典哲学则丰富了人类的哲学思维。黑格尔是唯心主义者，但他却是辩证法大师，他以客观唯心主义的形式，阐明了辩证法的基本规律即对立统一规律、质量互变规律、否定之否定规律中的许多合理因素。马克思和恩格斯都曾高度评价了黑格尔对辩证法所作出的巨大贡献。马克思说："辩证法在黑格尔手中神秘化了，但这决不妨碍他第一个全面地有意识地叙述了辩证法的一般运动形式。"③恩格斯也指出："黑格尔第一次——这是他的伟大功绩——把整个自然的、历史的和精神的世界描写为一个过程，即把它描写为处在不断的运动、变化、转变和发展中，并企图揭示这种运动和

① 《马克思恩格斯文集》第10卷，人民出版社2009年版，第106页。
② 《马克思恩格斯全集》第26卷第Ⅱ分册，人民出版社1973年版，第183页。
③ 《马克思恩格斯全集》第23卷，人民出版社1972年版，第24页。

发展的内在联系。"① 不仅如此，黑格尔还试图描述历史自身发展
的规律性。正如恩格斯所指出的，黑格尔最具历史感。德国古典
哲学的另一位著名代表是费尔巴哈，他是杰出的唯物主义哲学家
和战斗无神论者，在反对宗教和唯心主义斗争中，建立起以人本
主义为特征的唯物主义哲学。费尔巴哈把自然界和人作为哲学的
最高对象，强调自然界的客观实在性，认为自然界是非发生的永
恒的实体，是第一性的实体，是人们借助感官可以直接感知的感
性存在物；人不是纯粹的自我意识，而是主体和客体、肉体和灵
魂的统一体；肉体是精神产生的基础，离开肉体，离开作为身体
有机部分的大脑，思维和精神是不可能存在的。他从人与自然
的统一的角度，明白无误地阐明了唯物主义的观点，并且由此
出发批判把人的思维变成独立精神实体的黑格尔的唯心主义哲
学，批判宗教神学，认为神无非是"人的本质的异化"。费尔巴
哈唯物主义虽然具有形而上学性和直观性的特点，而且在历史
观上是唯心主义的，但是，他冲破黑格尔唯心主义的统治，恢
复唯物主义的应有权威，使当时沉闷的德国思想界为之清新和振
奋，并为在唯物主义基础上改造黑格尔唯心主义辩证法提供了可
能性。

　　三是法国和英国的三大空想社会主义学说。英国古典经济学
和德国古典哲学，都是力图反映资产阶级发展资本主义的愿望和
要求，但当时存在的空想社会主义思潮，不是颂扬和维护资本主
义制度，而是对它进行揭露和抨击。空想社会主义是随着资本主

---

① 《马克思恩格斯文集》第9卷，人民出版社2009年版，第26页。

义产生而产生、随着资本主义发展而发展的一种社会思潮。它从英国人莫尔于1516年发表《乌托邦》算起，差不多500年了。继之有意大利人康帕内拉的《太阳城》，德国人托马斯·闵采尔关于《千载太平天国》的幻想，英国"掘地派"领袖温斯坦莱的《自由法》等。这时的空想社会主义还处于萌芽阶段，用恩格斯的话说，还只是"共产主义思想的微光"。到18世纪，空想社会主义学说发生了重大变化，出现了从理论上论证社会主义理想的著作。比如，让·梅里叶的《遗书》、马布利的论战著作以及巴贝夫的演说和论文。这时的空想社会主义者突破《乌托邦》以来的文学形式，开始从理论上探讨和论证消灭生产资料私有制等重大的社会主义原则。用恩格斯的话说，共产主义的思想微光终于点燃起"直接共产主义理论"。最后到19世纪初，空想社会主义学说发展到最高阶段，产生出英法三大空想社会主义者，即法国的圣西门、傅立叶和英国的欧文。他们继承了早期空想社会主义者对资本主义的批判精神和对未来理想社会探索的成果，使空想社会主义学说成为更为完整的思想体系。其主要理论观点可概括如下：

第一，历史观中的辩证因素。空想社会主义者的历史观并未超出18世纪法国唯物主义关于理性支配世界的唯心主义观点，但包含着历史的辩证法。认为人类社会是一个发展过程，其中包含着一系列发展阶段，而每一个发展阶段都不是固定不变的，因此资本主义社会也不可能是永恒的。比如，傅立叶认为，文明制度（指资本主义制度）"不过是社会发展过程中的一个阶段"，提出"应该怀疑文明制度，怀疑它的必要性、它的优越性，以及怀疑它的永久性"①。

第二，对资本主义社会的弊病进行无情地揭露和抨击。圣西门把资本主义制度看成"新的奴役形式"，是一个"是非颠倒的世界"，并且对资本主义制度下的利己主义进行了猛烈地抨击。傅立叶对资本主义私有制进行了深刻地批判，他把建立在私有制基础上的资本主义社会称为"复活的奴隶制"，"社会地狱"，说这种社会是在"恶性循环"中运动，即在它自身不断重新创造出来而又无法克服的矛盾中运动。欧文认为私有制、宗教和婚姻形式是资本主义社会"三位一体的祸害"，而其中最主要的祸害是私有制，它"过去和现在都是人们所犯的无数罪行和所遭受的无数灾祸的原因"。"私有制使人变成魔鬼，使全世界变成地狱"，它"理论上是那样不合乎正义，而在实践上又同样不合乎理性"②。他们主张废除资本主义私有制，可以说达到了空想社会主义者对资本主义制度批判的最高极限。

第三，对未来社会的构想。空想社会主义者认为代替现存的资本主义社会的未来社会，应该是"实业制度"和"和谐社会"。欧文主张建立以公有制为基础的共产主义劳动公社的联合体。在联合体中，实行财产公有，主要生产资料归公社，生活资料归个人所有。公社中不再有资产者和无产者的差别，实行按需分配，废除国家，等等。空想社会主义者很多构想还流于空想，但是，他们提出的问题和有价值的思想成果，无疑为以后创立科学社会

① 《傅立叶选集》第1卷，商务印书馆1959年版，第51页。
② 《欧文选集》下卷，商务印书馆1965年版，第13、14页。

主义提供了十分重要的思想材料。恩格斯曾经指出,"他们天才地预示了我们现在已经科学地证明了其正确性的无数真理。"①其中包括关于未来理想社会及其本质特征的思想,马克思和恩格斯不过是为其提供了唯物主义的基础。恩格斯在谈到黑格尔哲学对科学社会主义产生的影响时说,"如果不是先有德国哲学,特别是黑格尔哲学,那么德国科学社会主义,即过去从来没有过的唯一科学的社会主义,就决不可能创立。"②从这些论述中可见,马克思主义作为科学真理,决不是凭空产生的,它是人类近几百年来思想文化发展的结果。没有这些先进的思想成果决不可能有马克思主义的创立。这也说明了马克思主义之为颠扑不破的科学真理的重要原因。

四是自然科学的伟大发现。人类对社会的认识是不断深化的,对自然现象的认识就更是如此。19世纪上半叶,当人类在政治经济学、哲学、社会主义理论方面获得重要成就的同时,在工业革命的推动下,自然科学也取得了重大突破,其中特别是能量守恒和转化定律、生物的细胞结构学说、达尔文的进化论,被称为是19世纪自然科学的三大科学发现。这些伟大发现标志着人类对整个自然界的认识达到了一个新的高度,即把自然界作为总体揭示其客观的辩证运动的规律。黑格尔之所以能够成为辩证法大师,也是由于当时自然科学的长足发展。马克思和恩格斯都曾特别关注和研究自然科学取得的新成果。马克思就写过"数学手

---

① 《马克思恩格斯文集》第2卷,人民出版社2009年版,第218页。
② 《马克思恩格斯文集》第2卷,人民出版社2009年版,第217页。

稿"，恩格斯也著有《自然辩证法》，而且在《反杜林论》中也研究了大量自然科学问题。马克思主义创始人对于当时自然科学最新成就的关注和研究，为马克思创立唯物主义历史观和剩余价值理论——马克思的"两大发现"——奠定了科学的基础。恩格斯《在马克思墓前的讲话》中有这样一段话："一生中能有这样两个发现，该是很够了。即使只能作出一个这样的发现，也已经是幸福的了。但是马克思在他所研究的每一个领域，甚至在数学领域，都有独到的发现"①。马克思不仅把自然科学的发现，看作是自然科学的成果，而且看到它对社会生产力和社会进步的巨大推动作用。正如恩格斯所说，"在马克思看来，科学是一种在历史上起推动作用的、革命的力量。任何一门理论科学中的每一个新发现……都使马克思感到衷心喜悦，而当他看到那种对工业、对一般历史发展立即产生革命性影响的发现的时候，他的喜悦就非同寻常了。"②

从上述可以清楚地看出，人类思想的发展和科学进步已经为马克思主义的产生提供了充分必要的条件，可以说，在19世纪上半叶一种全新的科学的世界观和历史观的产生，揭开历史之谜，已经水到渠成。即使不是马克思，别的人也能够把它创造出来。但是，必须具备马克思这样的天才、勤奋和为工人阶级和广大劳动人民的无私的奉献精神。马克思不仅具有超人的天赋，具有难以想象的勤奋，而且他毅然决然地脱离自己原来的阶级，转向

---

① 《马克思恩格斯文集》第3卷，人民出版社2009年版，第601—602页。
② 《马克思恩格斯文集》第3卷，人民出版社2009年版，第602页。

无产阶级的立场。而这一点不是所有人都能做到的。恩格斯说，"他毕生的真正使命，就是以这种或那种方式参加推翻资本主义社会及其所建立的国家设施的事业，参加现代无产阶级的解放事业，正是他第一次使现代无产阶级意识到自身的地位和需要，意识到自身解放的条件。"①马克思主义创始人正是在完成了从革命民主主义到共产主义、从唯心主义到唯物主义的转变，在总结工人运动实践经验的基础上，批判地继承了前人创造的一切有价值的思想成果，才创立了马克思主义，实现了人类思想的伟大变革。

众所周知，马克思1842年在《莱茵报》时期就立志为社会主义提供"理论论证"。时年马克思才刚刚24岁。他在《共产主义和奥格斯堡〈总汇报〉》一文中，在评论关于共产主义讨论时指出："我们坚信，真正危险的并不是共产主义思想的实际试验，而是它的理论论证；要知道，如果实际试验会成为普遍性的，那末，只要它一成为危险的东西，就会得到大炮的回答；至于掌握着我们意识、支配着我们信仰的那种思想（理性把我们的良心牢附在它的身上），则是一种不撕裂自己的心就不能从其中挣脱出来的枷锁；同时也是一种魔鬼，人们只有先服从它才能战胜它。"②为了给共产主义提供理论论证，马克思开始研究哲学，创立了唯物主义历史观；接着，在这一科学历史观的指导下，研究政治经济学，写作《资本论》，创立了剩余价值学说；最后，在

---

① 《马克思恩格斯文集》第3卷，人民出版社2009年版，第602页。
② 《马克思恩格斯全集》第1卷，人民出版社1956年版，第134页。

这两大发现的基础上，使社会主义由空想变为科学，从而形成了马克思主义的完整学说，为工人阶级的解放、人类的解放、社会历史变革提供了强大的思想武器。

首先，马克思主义产生之所以是人类思想的伟大变革，体现在它的产生把人们对社会历史现象的认识真正奠定在唯物主义基础之上。在历史上，人们对社会历史现象的研究也取得一些成果，有不少的天才猜测，但从总体来看，在历史领域还是唯心主义居于统治地位，用"神""人"或"观念"解释社会历史现象，把某种精神的东西视为社会历史的本源。马克思主义创始人把唯物主义推广到社会历史研究领域，用唯物辩证的观点和方法，分析和研究社会现象，揭开了几千年来蒙在人类社会上的神秘面纱，揭示了社会现象的本质和人类历史之谜，发现了社会发展的规律。恩格斯称，马克思的这一发现同达尔文学说对于生物学，能量转化定律对于自然科学，具有同样的意义。列宁高度地评价了马克思主义唯物史观的产生，他指出，这是"科学思想的最大成果"[①]，称"唯物主义历史观始终是社会科学的同义词"，"不言而喻，没有这种观点，也就不会有社会科学"[②]。这里把马克思主义唯物史观的科学价值讲得再清楚不过了。

其次，"伟大变革"还体现在把哲学社会科学从书斋中解放出来，变成广大人民认识世界和改造世界的精神武器。正如列宁所说的："它把伟大的认识工具给了人类，特别是给了工人阶

---

① 《列宁专题文集——论马克思主义》，人民出版社2009年版，第68页。

② 《列宁专题文集——论辩证唯物主义和历史唯物主义》，人民出版社2009年版，第163、161页。

级。"①过去的哲学和社会知识，或者是统治阶级的御用工具，或者是文人、学者在书斋里研究的对象，而马克思主义创始人公开申明，自己的学说是为工人阶级和广大人民服务的，是人们认识世界和改造世界的精神武器。正是在以马克思主义为指导的社会科学的武装下，工人运动由自在阶段，发展到自为阶段，自觉地进行着改造世界的活动，为人类解放和共产主义事业而奋斗。

① 《列宁专题文集——论马克思主义》，人民出版社2009年版，第68页。

马克思主义产生是人类思想的伟大变革 ／

马克思主义的发展历程和阶段

马克思主义是发展的理论。自它产生以来，经历了一个很长的不断的丰富、完善和发展的过程，其间包含着一系列相互衔接的发展阶段。这些阶段是由该阶段存在的社会问题和社会矛盾，以及工人阶级及其政党所面临的历史任务所决定的。马克思主义正是在回答不同历史阶段提出的课题，在从理论上总结社会主义革命和建设经验过程中不断丰富和发展起来的。总的说来，自马克思主义产生以来，大体经历了三个大的发展阶段，每个阶段又大致经历了50年。

第一个阶段，从以《共产党宣言》为标志的马克思主义诞生到恩格斯逝世。这个时代，是资本主义在欧美主要国家取得政治统治，建立了资本主义制度，并进入其稳定发展的上升时期。与之相伴随，是欧洲三大工人运动爆发，以及工人运动的蓬勃开展。世界社会主义面临的历史课题，是探讨资本主义这一新的社会形态的本质特征、基本矛盾和发展规律，为社会主义提供"理论论证"。在这半个世纪里，作为理论形态的马克思主义，从产生到丰富和发展，它战胜了工人运动中的各种机会主义派别和形形色色的社会主义思潮，成为工人阶级公认的指导思想。恩格斯曾经说过，马克思以他的理论创造参加了无产阶级的革命事业。正是由于马克思主义创始人的天才创造和艰辛的理论探索，才使社会主义由空想变为科学，工人运动从此不再在黑暗中徘徊，而走上健康发展的道路，即由自在阶段发展到自为阶段。这个时期，马克思和恩格斯进行了大量的卓有成效的理论研究和理论创新，批判地继承了人类在历史上创造的一切最有价值的思想成果，总结了当时工人运动的经验，把人类精神推进到一个崭新的历史阶段。马克思主义是人类思想发展的总汇，其最大的理论成果是：揭示了人类社会发展的一般规律，创立了唯物主义历史观；发现了资本主义剥削的秘密，揭示了资本主义社会发展的特殊规律，创立了剩余价值学说；这两大发现使马克思主义创始人完成了对社会主义的"理论论证"，把社会主义奠定在科学的基础之上。这些伟大思想和博大精深的学说，体现在《德意志意识形态》《共产党宣言》《〈政治经济学批判〉序言》《资本论》《反杜林论》《社会主义从空想到科学的发展》，以及恩格斯晚年的著作和通信等鸿篇巨制之中。这是人类思想和精神的最伟大的财富。在千年之交和世纪更替之际，马克思几次被西方媒体和学界评为"人类纪元第二个千年的第一思想家""千年最伟大的思想家"和"千年伟人"，就是对马克思理论贡献的充分的肯定。马克思主义和科学社会主义学说的形成，不仅对人类思想，而且对世界社会主义运动，乃至对人类社会发展都产生了极为深远的影响。

　　第二阶段，从19世纪末到20世纪中叶。这个时期，资本主义由自由资本主义发展到垄断资本主义阶段，时代发生了阶段性变化，出现了新的特征，时代主题由稳定发展转变为战争与革命。20世纪的人类历史，是伴随着帝国主义战争而揭开序幕的。世界社会主义面临的历史任务，是把理论形态的社会主义转变为社会主义的实践，变成一种现实的制度。列宁领导的俄国布尔什维克党（后来称为苏联共产党）战胜了第二国际的修正主义，在帝国主义历史条件下向前发展了马克思主义。没有革命的理论，便不会有革命的实践。列宁在极其艰苦的革命环境里，研究了大量哲学问题，包括哲学史上的重大问题，用由他丰富和发展了的辩证唯物主义和历史唯物主义的观点和方法，分析和研究了资本主义发展到垄断阶段，即帝国主义阶段的本质特征、基本矛盾和发展趋势，分析了当时国际和国内的复杂的政治形势，为俄国共产党的革命实践提供了强大的思想武器。列宁的《帝国主义论》同《资本论》一样，都是马克思主义史上划时代的鸿篇巨制。列宁亲自领导了伟大的十月社会主义革命。十月革命的胜利，使社会主义由理论变为实践，在人类历史上建立了第一个社会主义制度，开辟了人类历史的新纪元。从此，人类历史上出现了社会主义同资本主义并存和竞争的局面。

　　列宁对马克思主义的发展是多方面的，在哲学、政治学、社会学、经济学等领域都作出了重大的理论贡献，大大丰富了马克思主义学说。特别是他研究了自由资本主义发展到垄断资本主义的经济根源和政治特征，揭示了帝国主义本质属性，阐明了资本主义经济、政治发展不平衡的规律，提出社会主义可以在一国或数国首先胜利的理论，在这个理论的指导下，取得了十月社会主义革命的伟大胜利，把马克思主义推进到一个新的发展阶段。

二战后，随着世界形势的发展，社会主义又由一国实践变成多国的实践，马克思主义在世界上进行了真正的胜利长征，特别是中国革命的胜利，在世界范围内使社会主义和资本主义的力量对比发生了重大变化。十几个社会主义国家横跨欧亚大陆，疆土连成一片，在领域、产值和人口方面达到三分天下有其一。社会主义国家形成了同资本主义世界相对立的强大的社会主义阵营，极大地震撼资本主义世界，并且迫使一些发达资本主义国家效法社会主义的计划经济和福利政策，而进行了某些改革或者改良。面对这种形势，在20世纪50年代初，美国国务卿杜勒斯提出"和平演变"社会主义，试图筑起一道"藩篱"以防范"红色共产主义"的"扩张"。直到60年代初，美国总统肯尼迪还哀叹，资本主义成为共产主义红色海洋中的一片"孤岛"。不论后来发生了什么变故，在20世纪中叶社会主义对世界发生的重大影响，共产主义运动处于高潮，却是一个不争的事实。所有这一切都是在马克思列宁主义的直接影响下发生的。

第三阶段，从20世纪50年代初到20世纪末。可以说，这是社会主义国家进行建设、改革和探索发展模式的阶段。马克思主义是由三个组成部分构成的严整的科学体系，但在其发展途程中由于形势和任务的变化，它的某个方面可能被提到首位。列宁在谈到这个问题时指出，"因为具体的社会政治形势改变了，迫切的直接行动的任务也有了极大的改变，因此，马克思主义这一活的学说的各个不同方面也就不能不分别提到首要地位。"①可以说，在 20 世纪，特别是在它的后半叶，由于国际形势的变化，由于世界社会主义面临的巨大挑战和问题，马克思主义只有回答时代问题，解决当代社会主义面临的主要课题，才能发展自身。

众所周知，在二战后，社会主义在取得骄人的成绩的同时，也积累了诸多社会问题，各种矛盾、包括社会主义国家之间和共产党之间的矛盾逐渐凸显出来。许多社会主义国家开始思考、探索和改革，开始抛弃定于一尊的单一的发展模式和教条主义，纷纷探索社会主义在本国的实践形式。在探索过程中，有的取得了初步的成功，巩固和发展了社会主义制度，有的则导致失败，演变为资本主义。苏东剧变，使世界社会主义遭受巨大挫折，国际共产主义运动又一次走向低潮。在世界范围里，更为明显地呈现出资强社弱、资攻社守的态势，以美国为首的国际垄断资本主义，肆无忌惮地在全球推行霸权主义和单边主义政策。总之，在 20 世纪，世界社会主义经历了由低潮走向高潮、再走向低潮的发展过程。

如果把 20 世纪社会主义发展阶段进一步细分，还可以划分为四个阶段：一是社会主义由理论变为实践，十月社会主义革命的胜利和世界上第一个社会主义制度的建立，以及社会主义在苏联的理论和实践；二是由第二次世界大战引发的广泛的社会矛盾和民族矛盾，在欠发达的资本主义国家和殖民地、半殖民地国家产生了一批社会主义国家，社会主义由一国实践变为多国的实践，

----

① 《列宁专题文集——论马克思主义》，人民出版社 2009 年版，第 158 页。

世界范围内出现了一个社会主义阵营；三是社会主义国家进行建设和改革的探索时期，社会主义在发展中积累了诸多社会问题，社会主义国与国之间、党与党之间的矛盾暴露出来，引发了激烈争论，损害了社会主义的形象，削弱了社会主义的力量，孕育了社会主义危机的因素，这些教训表明社会主义还处于幼年时期，从理论上进一步探讨社会主义，在实践中探索社会主义的实践形式，已刻不容缓；四是社会主义国家进入全面的改革时期，中国、越南等社会主义国家，通过对实践经验的总结和理论创新，实行改革（革新）开放，探索具有本国特色的社会主义道路，向前推进了世界社会主义事业，发展了马克思主义，但苏东一批社会主义国家通过改革，改变了社会主义制度，演变为资本主义，导致世界社会主义再次走向低潮。

在20世纪，工人阶级及其政党面临的主要任务和实践是：战争和革命，社会主义国家的建设与改革，世界社会主义运动的经验总结。社会主义作为新生事物在过去的一百多年中，经历了一个艰苦卓绝的、极为曲折的发展过程。它既取得辉煌的成绩，又遭受严重的挫折；既显示出强大的生命力，又带有明显的不成熟性。我们应当坚持用历史唯物主义的观点和方法研究20世纪社会主义的发展历史，深入总结它的基本经验和教训，丰富马克思主义的理论宝库，这对工人阶级和世界社会主义事业将是一批宝贵的精神财富。

马克思社会形态理论的逐步形成和完整表述

马克思社会形态理论，即五种社会形态理论的形成，是一个逐步发展的过程，是一个随着马克思对世界历史和对资本主义社会不断探讨和研究而逐步深化和成熟的过程。这个理论决不是主观臆断，而是在批判地继承前人思想成果的基础上，研究了已有的和新发现的大量历史资料才逐渐形成起来的。它是人类历史观发展的自然的结果。只有真正了解其形成发展过程，才能正确和深刻地认识五种社会形态理论的科学性和它的重大意义。

马克思社会形态理论的初步形成

马克思之所以能够超越前人，完成社会历史观的伟大变革，在于他把握住了两个关键性问题，并从理论上成功地解决了它。其一，就是，他超越了关于"人"的抽象议论，而把自己研究的基点放在探讨"现实的人"和"人的世界"上，从而揭开了长期蒙在人和人类社会之上的神秘面纱。正如马克思所说：这种历史观所由出发的前提"是人，但不是处在虚幻的离群索居和固定不变状态的人，而是处在现实的、可以通过经验观察到的、在一定条件下进行的发展过程中的人"。"这是一些现实的个人，是他们的活动和他们的物质生活条件"[1]。马克思正是通过研究人的物质生产活动和这种活动赖以进行的社会关系，才一步步地接近了唯物主义历史观。

其二，马克思在前人取得的思想成果的基础上，深入地研究现实的社会关系和经济关系，形成了关于生产关系的重要思想。这是马克思超越前人的最具有理论价值和革命意义的思想。众所周知，在马克思以前，资产阶级经济学家已经提出并阐明了生产力的概念，甚至对生产关系思想也有过某些零星的猜测，但是他们没有也不可能提出生产关系的科学概念。提出并阐明生产关系的思想是马克思的伟大功绩。马克思在他从事理论研究活动之初，就开始探讨人的物质利益、占有关系和异化劳动等问题，通过这一研究，他逐步认识到在物的关系的背后隐藏的人与人的社会关系。他在同恩格斯第一部合著的《神圣家族》中就已经认识到："对象作为为了人的存在，作为人的对象性存在，同时也就是人为了他人的定在，是他同他人的人的关系，是人同人的社会关系。"[2]所以，列宁说，马克思在1845年写成的《神圣家族》已经"接近"自己的"体系"，即社会生产关系的基本思想[3]。

---

① 《马克思恩格斯文集》第1卷，人民出版社2009年版，第525、519页。
② 《马克思恩格斯文集》第1卷，人民出版社2009年版，第268页。
③ 《列宁全集》第55卷，人民出版社1990年版，第13页。

接着，在《德意志意识形态》中对之作了全面的阐发。在这里，马克思深入研究了生产劳动和社会分工问题，以及人们生产活动得以进行的社会条件。首先，马克思尖锐地批判了思辨哲学完全忽视生产活动和历史的现实基础的观点，把"生产物质生活本身"看成是历史活动的首要前提，进而考察了物质生产活动赖以进行的社会条件，指出，"生命的生产，无论是通过劳动而生产自己的生命，还是通过生育而生产他人的生命，就立即表现为双重关系：一方面是自然关系，另一方面是社会关系"①。稍后，马克思更明确地说，"为了进行生产，人们相互之间便发生一定的联系和关系；只有在这些社会联系和社会关系的范围内，才会有他们对自然界的影响，才会有生产。"②就是说，只要进行生产活动，必然产生人与自然的关系和人与人之间的社会关系，否则，任何生产活动都不可能发生。其次，马克思通过对社会分工研究，对社会关系的不同情况和性质有了进一步的认识，指出"分工的每一个阶段还决定个人在劳动材料、劳动工具和劳动产品方面的相互关系"③。这里不仅指明了人们的生产关系（这时更多地使用交往形式的概念）受着分工的制约，而且揭明了生产关系诸要素及其相互关系，以及个人因在生产活动中的地位和对产品的关系的不同而处于不同的生产关系中，实质上揭明了人们的不同的阶级关系。再次，马克思通过对各种交往形式和交往关系的深入分析，进一步认识到人们的精神交往不过是"人们物质

① 《马克思恩格斯文集》第1卷，人民出版社2009年版，第532页。
② 《马克思恩格斯文集》第1卷，人民出版社2009年版，第724页。
③ 《马克思恩格斯文集》第1卷，人民出版社2009年版，第521页。

关系的直接产物"，而在各种社会关系中生产关系又是最基本的，它不仅是政治制度和国家的现实基础，而且也是一切实际的财产关系的真实基础。这样，马克思就从人们的各种关系中划分出了决定其他一切关系的最基本的关系。正如马克思在1846年12月28日致帕·瓦·安年科夫的信所说的，"他们的物质关系形成他们的一切关系的基础。这种物质关系不过是他们的物质的和个体的活动所借以实现的必然形式罢了。"①最后，马克思把生产关系看成是不断发展变化的，而这种发展变化是由分工和生产力的发展引起的。"分工的各个不同发展阶段，同时也就是所有制的各种不同形式。"②在《德意志意识形态》写成后一年，马克思在《哲学的贫困》一书中，以更为精确的语言表述了上述思想，他说：历史运动创造了社会关系，"随着新生产力的获得，人们改变自己的生产方式，随着生产方式即谋生的方式的改变，人们也就会改变自己的一切社会关系。手推磨产生的是封建主的社会，蒸汽磨产生的是工业资本家的社会。"③马克思反复强调，生产关系不是永恒的，它随着生产力的发展而发展和变化。从上述可见，在这个时期，马克思全面地阐明了生产关系的基本思想，可以说，生产关系概念已经形成了。

生产关系概念的形成，不仅对生产力诸要素结合的性质和方式有了更为科学的认识，而且有可能揭明生产过程本身内在结构，揭明生产力和生产关系的辩证统一关系。据此，进而揭示了

---

① 《马克思恩格斯文集》第10卷，人民出版社2009年版，第43页。
② 《马克思恩格斯文集》第1卷，人民出版社2009年版，第521页。
③ 《马克思恩格斯文集》第1卷，人民出版社2009年版，第602页。

人类社会的基本矛盾、发展动力和运动规律，解答了长期困扰人们的历史之谜。生产关系及其与生产力辩证统一的思想的形成，使马克思创立社会形态理论迈出了决定性的一步。

所谓社会形态，通常理解为是经济基础与上层建筑的统一，是一个社会的经济基础、政治机构和观念上层建筑的有机统一而构成的社会有机体。社会形态是一个整体概念。它既有稳定的质的规定性，又是一个活的机体，而生产关系和所有制关系在其中起着基础性作用。生产力和生产关系的矛盾运动，推动着社会形态不断地从低级向高级发展变化。

关于五种社会形态思想的形成和表述经历了一个不断演进的过程。最早在《德意志意识形态》中，马克思基于对生产力发展和社会分工的分析，研究了分工各个不同阶段的交往形式和所有制关系，把以往的"部落所有制""古典古代的公社所有制和国家所有制""封建的或等级的所有制""现代所有制"或资产阶级所有制，作为人类社会演进的几个历史时期，并对未来共产主义社会的特征进行了富有预见性的分析，初步形成了关于人类社会历史发展的五种社会形态的思想。

其后，马克思在《雇佣劳动与资本》和《共产党宣言》等著作中，对他刚刚形成的社会形态思想作了进一步的更为准确的阐明。他在研究资产阶级社会的生产关系时，对社会形态思想明确地表述道："各个人借以进行生产的社会关系，即社会生产关系，是随着物质生产资料、生产力的变化和发展而变化和改变的。生产关系总合起来就构成社会关系，构成所谓社会，并且是构成一个处于一定历史发展阶段上的社会，具有独特的特征的社会。"①很显然，这里比《德意志意识形态》更清楚地阐明了社会形态的概念。接着他又对历史上的几种社会形态作了新的表述："古典古代社会、封建社会和资产阶级社会都是这样的生产关系的总和，而其中每一个生产关系的总和同时又标志着人类历史发展中的一个特殊阶段。"②这里不仅是思想内涵，而且概念的表述都较前进了一步。《共产党宣言》基于唯物主义历史观，结合当时的革命形势，着重从阶级斗争的角度，对奴隶社会、封建社会和资产阶级社会的生产方式和阶级关系作了分析，指出"至今一切社会的历史都是阶级斗争的历史"，突出地阐明了未来共产主义社会的历史必然性。在这里，实际上揭明了人类社会形态的历史演进，以及推进历史发展的社会力量。

马克思社会形态理论的深化和最初的表述

不可否认的是，在19世纪40年代，由于史前史料的缺乏和对东方社会研究不多，所以马克思对社会形态演进的看法主要囿于西方社会，就说是，那时马克思并未将视线投向东方这块古老而神秘的土地。50年代后，一方面，与1848年革命失败后归于沉寂的欧洲不同，亚洲爆发了大规模的革命运动；另一方面，英国国内对于在印度的殖民统治以及其议会围绕东印度公司等问题都产生了不小的争论。这些客观现实引发了马克思对东方问题的关

---

① 《马克思恩格斯文集》第1卷，人民出版社2009年版，第724页。
② 《马克思恩格斯文集》第1卷，人民出版社2009年版，第724页。

注，开始探讨亚细亚的生产方式。就研究成果看，他发表于《纽约每日论坛报》上的一些文章以及与恩格斯的通信可以算是这时期的集中体现。此时，马克思关注重心乃是东方社会的现实状况及其在外来冲击下的历史命运问题，但同时他在研究中也涉及了东方社会具有的个性特征，如不存在土地私有、在村社制度中过着闭关自守的生活、国家专制等，即后来表述的"亚细亚生产方式"①，并认为东方"一切现象的基础是不存在土地私有制。这甚至是了解东方天国的一把真正的钥匙"②。由于马克思刚刚涉猎东方社会，加之史料的影响，他更多关注的是东方社会的个性特点，而并没有认识到东西方社会的共性。进而提出的不同于西欧社会的"亚洲式的社会"③，也是将东方社会视为一种区别于"西欧式的社会"的地域性社会。

随着史料的丰富与研究的深入，马克思进一步发现这种生产方式并不为印度所独有，其在亚洲其他地方也是一种客观存在，并在一定程度上保留下来。如"在爪哇东海岸的巴厘岛，印度人的这种组织还完整地和印度人的宗教一起保存了下来，它的痕迹和印度人的影响一样，在整个爪哇随处可见。"④在世界上其他地方，马克思也发现了与这种生产方式类似的制度。1853年，在探讨被称为"克兰"的苏格兰氏族时，他指出："某一克兰，即氏

---

① 在本文中，"亚细亚生产方式"与"亚细亚所有制"是作为同义语使用的；而对它的分析也参见了赵家祥、盐泽君夫等学者的理论观点。

② 《马克思恩格斯文集》第10卷，人民出版社2009年版，第112页。

③ 《马克思恩格斯文集》第2卷，人民出版社2009年版，第686页。

④ 《马克思恩格斯文集》第10卷，人民出版社2009年版，第118页。

族，所居住的地区就属于该氏族，正如俄国的农民公社所占用的土地不属于个别农民而属于整个公社一样。可见，所在地区是氏族的公有财产。在这种制度下，现代意义上的私有财产是谈不上的。同样，克兰成员的社会地位同生活在我们现代社会条件下的个人的地位也是无法相比的。""在任何情况下，土地都是氏族的财产，在氏族内部，尽管有血缘关系，但是人们之间也有地位上的差别，正像所有古代亚洲的氏族公社一样。"[①]在这里，已经暗含了亚细亚生产方式并非为亚洲所独有的意思。其后，马克思在《1857—1858年经济学手稿》中进一步分析了它的普遍意义，即其在美洲的墨西哥、秘鲁，欧洲的克尔特人、罗马利亚人、斯拉夫人、古希腊罗马以及日耳曼民族都先后存在过，并在部分地方还发现了它的痕迹。这些发现使得他有可能将其与人类社会历史进程联系起来进行思考，并获得新的认识。

马克思在《1857—1858年经济学手稿》一书第二篇的"资本主义生产以前的各种形式"中，对"亚细亚生产方式"作了进一步探讨。在该文中，马克思比较和分析了资本主义生产方式之前东西方社会存有的三种公社所有制形式：亚细亚所有制、古代所有制与日耳曼所有制，并从中发现了更为本质的东西。在他看来，这些所有制形式除具有共同点外，彼此之间还存有一些明显的差别。以最具决定意义的土地所有制与财产关系为例，在亚细亚所有制中，"人类素朴天真地把土地当作共同体的财产"，单个人的财产"本身直接就是公社财产"，其"并不是同公社分开的

---

① 《马克思恩格斯全集》第8卷，人民出版社1961年版，第571、572页。

个人的财产，相反，个人只不过是公社财产的占有者"。在古代所有制中，"公社财产——作为国有财产——即公有地，在这里是和私有财产分开的"，即这里已经"存在着国家土地财产和私人土地财产相对立的形式"，并且"后者以前者为中介"；而在日耳曼所有制中，"个人土地财产既不表现为同公社土地财产相对立的形式，也不表现为以公社为中介，而是相反，公社只存在于这些个人土地所有者本身的相互关系中。公社财产本身只表现为各个个人的部落住地和所占有土地的公共附属物。"①正是在这些详细分析的基础上，马克思认识到，与后两种所有制相比，亚细亚所有制本身就是直接的公有制，因而也是三种所有制形式中最为原始的。由此，他明确指出："仔细研究一下亚细亚的、尤其是印度的公有制形式，就会证明，从原始的公有制的不同形式中，怎样产生出它的解体的各种形式。例如，罗马和日耳曼的私有制的各种原型，就可以从印度的公有制的各种形式中推出来。"②这样，他实际上已经把这种亚细亚的所有制形式看作人类社会的最初阶段，置于"古典古代社会"之前，对人类社会演进阶段有了进一步的，尽管还是朦胧的认识。显然，远古社会仍然是需要深入探讨的问题。

至此，马克思社会形态理论不仅思想内容更加丰富，而且"社会形态"这一重要概念也已提出。马克思在《德意志意识形态》等著作中，主要是用所有制形式和由生产关系总和构成的特定历史阶段的"社会"表示社会形态的思想。马克思首次使用

---

① 《马克思恩格斯文集》第8卷，人民出版社2009年版，第124、127、133页。
② 《马克思恩格斯文集》第5卷，人民出版社2009年版，第95页注释（30）。

"社会形态"术语来表述人类社会的变更，是在1852年12月—1853年3月写成的《路易·波拿巴的雾月十八》中。马克思借用"形态"这个地质学术语来表示人类历史上处于特定阶段的社会总体。他在讲到旧的法国革命时的英雄们，都穿着罗马的服装，讲着罗马的语言，来实现当代的任务，即利用解除封建桎梏发展国内工业生产力，"在法国境外则到处根据需要清除各种封建的形式，为的是要给法国资产阶级社会在欧洲大陆上创造一个符合时代要求的适当环境。但是，新的社会形态一形成，远古的巨人连同一切复活的罗马古董……就都消失不见了。"①在这里，马克思论及的社会形态，虽然特指资产阶级社会，但"社会形态"作为一个唯物史观中一个特指处于人类历史上特定阶段社会总体的范畴而最终被确定下来了。

正是基于上述的思想进展，在1859年的《〈政治经济学批判〉序言》中，马克思对唯物主义历史观作了经典性表述，最后指出："大体说来，亚细亚的、古希腊罗马的、封建的和现代资产阶级的生产方式可以看作是经济的社会形态演进的几个时代。"②至此，马克思社会形态理论得到最初的，但比较完整的表述。

马克思社会形态理论走向成熟和完整表述

在19世纪60年代后，在创作巨著《资本论》时期，马克思

---

① 《马克思恩格斯文集》第2卷，人民出版社2009年版，第471页。
② 《马克思恩格斯文集》第2卷，人民出版社2009年版，第592页。

不仅继续将"亚细亚所有制"看作人类社会的最初阶段，同时，他还通过对亚洲与欧洲古代社会史的研究，继续深化着对社会形态演进的认识。正如恩格斯指出的，这段时间里，他们不仅进一步研究了存在于印度以及受印度影响的爪哇地区的公社所有制情况，还研究了从印度到爱尔兰的一切印欧人民在低级发展阶段时的所有制状况。通过这些研究，马克思越来越确信，"亚细亚所有制"具有世界意义，其完全可以被认作是人类社会的最早形态。这时，马克思特别重视历史学家毛勒对欧洲马尔克制度所作的考察和研究。马尔克村社制度的发现及对其所作的深入研究，使得马克思更加深信，欧洲各国的"土地私有制只是后来才产生的"①，它也是在土地公有制的基础上发展起来的；而建立在土地公有基础上的农村公社的存在是一切民族的普遍现象。马克思开始把马尔克制度称为欧洲各地的亚细亚所有制形式，指出"欧洲各地的亚细亚的或印度的所有制形式都是原始形式，这个观点在这里（虽然毛勒对此毫无所知）再次得到了证实"②。可见，在马克思看来，欧洲社会的马尔克制度与东方社会的"亚细亚所有制"在本质上是相同的，"亚细亚所有制"这种形式也普遍存在于欧洲社会的早期，土地公有制是每个民族发展的必经阶段。这样，"亚细亚所有制"成为东西方社会共有的最早社会形态，五种社会形态理论进一步走向成熟。

在马克思晚年，也就是在19世纪70年代下半期和80年代初，

---

① 《马克思恩格斯文集》第10卷，人民出版社2009年版，第281页。
② 《马克思恩格斯文集》第10卷，人民出版社2009年版，第281—282页。

他阅读了大量俄文第一手资料，收集了包括摩尔根《古代社会》在内的大量关于人类史前社会与东方社会的史料，集中力量研究了史前社会和东方社会，摘录形成了有着丰富思想内容的"人类学笔记""历史学笔记"以及各种书信等一大批理论成果，最终揭开人类史前社会的秘密，阐明了五种社会形态依次演进理论中所蕴涵的丰富的辩证思想。在研究中，马克思不仅认识到社会形态在具体演进过程中的跳跃性，提出东方落后国家有可能利用"世界历史"所提供的各种条件而跨越资本主义"卡夫丁峡谷"的设想，还进一步深化了对"亚细亚所有制"的认识，即认为，"亚细亚所有制"并不是最原始的社会形式，而只是人类社会从"以公有制为基础的社会向以私有制为基础的社会的过渡"阶段，在此之前，还存在一个既无私有制，又无阶级对抗与阶级压迫现象的氏族社会阶段，马克思进而将之表述为"原生的社会形态"①。史前社会研究的新成果，特别是对摩尔根《古代社会》的研究，使马克思逐渐认识到，在人类的幼年时代，由于生产力的极度低下，生产关系还包裹在血缘关系的胞胎之中，它还不是决定和支配其他社会关系的关键，人类自身生产起着更为决定性的作用，即自然形成的血亲关系胜过经济关系而构成了整个社会制度的基础。对于这两种生产及其辩证关系，马克思认为，越往前追溯，人类自身生产作用越大，个人也就会越依附于血缘亲属关系；而随着生产力的发展，物质生产以及基于物质生产之上的经济关系作用才日益增大，并最终取代前者而在社会中发挥决定

马克思社会形态理论的逐步形成和完整表述 /

---

① 《马克思恩格斯文集》第3卷，人民出版社2009年版，第586页。

性作用。但是，在原始时代，氏族是以血缘为基础的人类社会自然形成的原始形式。可见，这时马克思对人类史前时期已经有了比较清晰的认识。

在马克思逝世后，恩格斯依据马克思的晚年研究成果和当时的史料发现，写出了《家庭、私有制和国家的起源》一书，在书中，他用"人类的原始社会"①这一概念来表述人类社会的最初形态，也就是马克思所说的"原始时代"和"原生态社会形态"。可见，称人类社会的最初形态为原始社会，是符合马克思的原意的，这一概念后来成为学术界和理论界公认的用语。至此，马克思五种社会形态理论，即原始社会、奴隶社会、封建社会、资本主义社会和未来的共产主义社会，及其发展更替规律的理论，不仅是思想内容，而且其用语都达到了成熟的程度。

从马克思社会形态理论的形成和成熟的过程来看，这个理论是马克思考察了整个世界历史，研究了大量历史资料、包括人类史前史的资料，经过多年科学研究后而确立起来的。它不是马克思的主观臆断，而是经过长期刻苦研究而得出科学结论；它不是人的思维规律，而是对社会历史发展客观规律的科学揭示；它不是仅仅适用于欧洲，而是普遍适用于世界历史的发展进程。

五种社会形态区分的标准，我们认为，是依据生产方式即生产力与生产关系结合的不同而区别开来，其最基本的划分标准是生产关系和所有制关系。马克思之所以能够创立社会形态理论，关键是他通过对人类社会的横向剖析，从一切社会关系中划分出

---

① 《马克思恩格斯选集》第4卷，人民出版社1995年版，第30页。

生产关系这个决定其他一切关系的最基本和最原始的关系，并将社会生产关系归结于生产力发展的高度，从而揭示出社会形态的性质及其矛盾运动的规律，并将社会历史进程理解为生产力推动下，生产关系不断生成与被取代的自然历史过程。如前所述，生产关系思想是马克思唯物史观和社会形态理论形成的关键所在，也是区分不同社会形态的重要依据。马克思从最早表述社会形态的思想时使用的是"所有制形式"，一直到后来也是通过研究"亚细亚的所有制""东方式的所有制"和"西方式的所有制"概念，最终确立起关于社会形态的理论。可见，在马克思思想中，生产关系和所有制关系居于至关重要的地位。从理论上讲，生产关系和所有制关系是生产力发展的结果和测量器，是生产能以进行的物质载体，它具有一种稳定性。它可以把不同性质的社会和社会形态区别开来，是不同社会和社会形态的质的规定性。

社会形态理论的科学价值就在于，它基于经济的、客观的事实去分析、研究人类历史，从客观事实的分析中，而不是从观念中得出结论，从而把人们对社会历史的认识真正建立在科学的基础之上了。正如马克思所说的，这样就"可能用自然科学的精确性指明（社会历史——作者注）的变革"，也才可能基于生产力与生产关系的辩证运动，把人类社会发展"理解为一种自然史的过程"，这是人类历史观的伟大变革。列宁将马克思的唯物史观称之为"科学思想中的最大成果"，是"唯一的科学的历史观"，就是对马克思社会形态理论的科学价值最中肯、最恰当的评价。

理解把握马克思的五种社会形态理论

　　由社会形态理论的形成过程可以看出，马克思的研究并不只局限于西欧社会，也涵盖包括东方社会在内的世界诸多民族和地区，它具有普遍意义。但是，并不是说各个国家和民族都必须按照五种社会形态的进程向前发展。历史发展既遵循一般规律，也会因不同国家、民族的特殊的历史条件而呈现跳跃式的发展。马克思正是基于不同民族和地区社会历史的深入对比研究，由具体到抽象，由个别上升到一般，形成了涵盖人类整体历史的社会形态理论。但这个理论的运用，像马克思主义的其他基本原理的运用一样，"随时随地都要以当时的历史条件为转移"①。五种社会形态理论是科学，因此，要研究它，要用马克思历史辩证方法去把握它。要正确理解马克思社会形态理论，运用这个理论具体分析、研究社会历史的发展，应当处理好以下几种辩证统一关系。

---

① 《马克思恩格斯文集》第2卷，人民出版社2009年版，第5页。

客观规律性与历史选择性的统一

所谓客观规律性，是指人类社会在发展中始终受不以人的意志为转移的规律的支配，它强调人类历史进程与社会形态的更替是一个自然历史过程。而历史选择性则是指历史发展也是一个有目的的、能动的发展过程，作为社会主体的人能够在其中发挥自己的主观能动性作用。在马克思看来，客观规律性与历史选择性的统一乃是历史演进的首要特质。

在对社会历史的研究中，马克思是从人的物质实践出发来探讨社会的矛盾运动以及经济因素在社会发展中的基础性作用。在他看来，物质生产力是人类历史发展的最终动因，人们创造历史，但他们只能在既定的历史条件下创造历史，"人们不能自由选择自己的生产力——这是他们的全部历史的基础，因为任何生产力都是一种既得的力量，是以往的活动的产物。可见，生产力是人们应用能力的结果，但是这种能力本身决定于人们所处的条件，决定于先前已经获得的生产力，决定于在他们以前已经存在、不是由他们创立而是前一代人创立的社会形式。"[①]人们只有在前人创造的物质条件的基础上，只有遵循客观规律，才能发挥创造历史的作用。人们既然不能自由地选择生产力，也不能自由地选择前人所提供的社会形式，即不能自由地选择某一种社会形态。这就是说，人们的创造性和历史的选择性，不是任意的，不是没有条件的，否则，就会陷入历史唯心主义。

---

① 《马克思恩格斯文集》第10卷，人民出版社2009年版，第43页。

当然，在探讨客观规律性的同时，马克思决没有忽视人在历史发展中的能动性，相反，他不只一次地强调人们创造历史的作用，认为历史的活动就是群众的事业。正如恩格斯所言，与自然史不同，"在社会历史领域内进行活动的，是具有意识的、经过思虑或凭激情行动的、追求某种目的的人；任何事情的发生都不是没有自觉的意图，没有预期的目的的。"①历史规律并不是外在于人的活动的孤立物；作为历史主体的人，其活动并不是为了实现历史规律，而是为了其自身生产和发展的需要才进行着活动的。因此，没有有目的的人的活动，便不可能有人类历史，从而使历史发展呈现出其合目的性的一面，即人们在遵循社会发展规律的基础上，还具有一定的历史选择性。"但是，不管这个差别对历史研究，尤其是对各个时代和各个事变的历史研究如何重要，它丝毫不能改变这样一个事实：历史进程是受内在的一般规律支配的。"②就是说，人的有目的的活动可以对社会历史发生重大影响，但它不可能改变历史规律。实际上，在探索中，马克思是既从目的性出发，探讨历史发展的客观规律；又从规律性出发，认识历史发展的目的性，并将二者有机结合起来，论证了社会形态演进乃是合规律性与合目的性的辩证统一。只有将这两者统一起来，才能正确地认识社会历史的发展。将这两者割裂开来或对立起来，就会陷入历史唯心论或历史宿命论。

---

① 《马克思恩格斯文集》第4卷，人民出版社2009年版，第302页。
② 《马克思恩格斯文集》第4卷，人民出版社2009年版，第302页。

普遍性与特殊性的统一

在这里，普遍性是指同一种社会形态在不同国家和民族之间所体现出的共性；而特殊性则是指它们在具有共性的同时又会呈现出差异性，表现出其各自的特点。按照唯物辩证法观点，普遍性与特殊性、共性与个性是辩证统一关系，普遍性寓于特殊性之中，通过特殊性表现出来，而特殊性总是与普遍性相联系而存在。在探索中，马克思正是通过对不同地区与民族社会历史的系统考察和研究，并对其进行了科学抽象，从而区分了人类社会历史先后存在的几种社会形态，形成了对各种社会形态的一般认识。他认为，就其中任何一种社会形态而言，它都存有一些普遍性的东西，有其固有的客观规定性。也正是这些规定性的存在，才使对它们的概括以及对历史发展规律的把握成为可能，而这些反映着特定社会形态本质的东西也便成为区别于其他社会形态的根本标志。

当然，在人类历史中，社会形态总是具体的，抽象的社会形态是不存在的。因此，马克思在坚持普遍性的同时，并不认为社会形态的存在及其发展在不同地区和民族中会整齐划一而毫无差别，相反，任何社会形态都会由于多种因素的作用而在不同地区和民族中呈现出其各自特点，表现出自己的差异性。在《资本论》中，马克思曾明确指出："相同的经济基础——按主要条件来说相同——可以由于无数不同的经验的情况，自然条件，种族关系，各种从外部发生作用的历史影响等等，而在现象上显示出无穷无尽的变异和色彩差异，这些变异和差异只有通过对这些经

理解把握马克思的五种社会形态理论 ∕

验上已存在的情况进行分析才可以理解。"①马克思在《资本主义生产以前的各种形式》中区分的三种不同的公社所有制："亚细亚的所有制形式""古代的所有制形式"与"日尔曼的所有制形式"。恩格斯在《家庭、私有制和国家的起源》中区分的西欧的"古代的劳动奴隶制"和"东方的家庭奴隶制"，并认为它们都是"充分发展的奴隶制"，所有这些都表明，马克思主义创始人在注重对事物的一般本质的研究同时，决不忽视对特殊事物的关注。相反，在马克思看来，对特殊事物的研究是科学研究的出发点，正如他在批判德国思辨哲学时所强调的，重要的"在于把握特殊对象的特殊逻辑"②。

鉴于社会形态在不同国家和民族呈现出的差异性，马克思还特别强调，各个国家和民族在不同社会形态中所具有的典型性也是不同的。在他看来，由于各种因素的作用和所处的历史条件的变化，并非一切民族的每一个社会形态都会在发展中表现得很典型，一些国家可能在其中某个社会形态发展得较为典型，而在其他阶段则不仅经历时间相对较短，而且其发展得也不够典型，这种现象在历史发展中也是屡见不鲜的。比如我们中国，封建社会比较典型，经历的时间也比较长，而资本主义的发展就不够典型。俄罗斯的情况也大体如此。这是社会形态在其发展中的一种差异性的表现。

在历史研究中，应当自觉地把握和运用普遍性和特殊性的辩

---

① 《马克思恩格斯文集》第7卷，人民出版社2009年版，第894—895页。
② 《马克思恩格斯全集》第1卷，人民出版社1956年版，第359页。

证方法，否则，很难正确认识复杂纷纭的社会现象及其发展规律。毛泽东曾经讲道，共性与个性、普遍性与特殊性是矛盾问题的精髓，不懂得它就等于抛弃了辩证法。正确把握两者的关系，对于社会科学研究，尤其是对历史的研究，具有非常重要的意义。

渐进性与跳跃性的统一

所谓渐进性发展，是指社会形态在历史发展中总是按照其固有规律逐渐演进，它显示历史发展有着一种客观必然的趋势。而跳跃性则是指在特定条件下，一些国家和民族因各种历史条件和因素的作用，突破常规而呈现一种跳跃式发展，从而实现对历史进程中某种社会形态的跨越。与其他特质一样，渐进性与跳跃性也是统一的，共同体现着历史发展的应有特色。

一般说来，历史发展的渐进性与客观规律性之间有着比较密切的联系，这既由于它是由历史发展"合规律性"决定的，同时又是它的重要体现。在历史进程中，一方面，物质生产力的发展、社会形态的更替都体现为一个不断"扬弃"的过程，后一种社会形态在发展中会吸收之前社会形态所积聚的成果；另一方面，"无论哪一个社会形态，在它所能容纳的全部生产力发挥出来以前，是决不会灭亡的；而新的更高的生产关系，在它的物质存在条件在旧社会的胎胞里成熟以前，是决不会出现的。"①这就决定了历史发展与社会形态的演进必然是一个渐进过程，即表现

---

① 《马克思恩格斯文集》第2卷，人民出版社2009年版，第592页。

为社会形态由低级阶段向高级阶段不断演进。

但是，马克思论及的历史渐进性，并不是要求每一个国家和民族都按部就班地进行更替，那是不符合其历史辩证法的。相反，他认为，在历史发展的具体进程中，一些国家和民族可能会利用时代发展造就的有利条件，在社会规律的可能性空间内跨越特定社会形态的整体或局部，有时甚至是几个社会形态，从而使社会形态在具体发展中呈现出跳跃性。现实中，日耳曼人、美国人的发展历史就是例证，而马克思立足于"世界历史"视角提出的俄国社会可能跨越资本主义"卡夫丁峡谷"的理论也是明证。当然，与其他内在规定性一样，顺序性与跳跃性也不是矛盾的。因为社会形态的跳跃不是无限度的，不是无条件的，它还是在社会发展一般规律之内，其并没有违背历史发展的基本趋势。马克思在创立社会形态理论时，以德意志封建国家建立为例说明了这一历史现象。他强调地指出，处于原始社会的日耳曼人，如果不依从罗马帝国已有的生产力和交往形式，就不可能建立起德意志封建国家。他说："封建制度决不是现成地从德国搬去的。它起源于征服者在进行征服时军队的战时组织，而且这种组织只是在征服之后，由于在被征服国家内遇到的生产力的影响才发展为真正的封建制度的。"① 所以，不能因为历史进程出现了跳跃性，因而便否定历史的渐进性发展，否定社会形态发展的一般规律。社会形态演进的跳跃性不是对渐进性与顺序性的否定，而是它的补充。正如列宁在论及这一点时所指出："世界历史发展的一般规

---

① 《马克思恩格斯文集》第1卷，人民出版社2009年版，第578页。

律，不仅丝毫不排斥个别发展阶段在发展的形式或顺序上表现出特殊性，反而是以此为前提的。"①现在，我们更应该防止这样一种倾向：即因某个国家和民族跨越了某一社会形态，因而便否定马克思社会形态理论的普遍性和科学性。

统一性与多样性的统一

与上述紧密联系的还有历史发展的统一性和多样性。就社会形态的演进来看，所谓统一性是指不同国家和民族在其社会形态演进过程中都会体现出一些共同性、重复性和常规性的特质。而多样性强调的则是不同国家和民族的具体社会形态演进过程的差别性，即社会形态在演进中所体现出的个别性、具体性与偶然性。

众所周知，马克思从物质生产力出发形成了关于社会形态演进的一般进程的思想。他认为，在一般情况下，一个国家或民族在历史发展中会沿着原始社会、奴隶社会、封建社会和资本主义社会循序演进，并最终进入共产主义社会，体现出人类历史发展的基本趋势。这是因为，生产力在历史发展中始终发挥着基础性作用，同样的生产力水平就会有大致相同的生产关系、经济基础以及矗立其上的上层建筑，即处于大致同一种社会形态。正如马克思所言："手推磨产生的是封建主的社会，蒸汽磨产生的是工业资本家的社会"②。虽然这个过程在不同国家和民族并不一定是

---

① 《列宁专题文集——论社会主义》，人民出版社2009年版，第357—358页。
② 《马克思恩格斯文集》第1卷，人民出版社2009年版，第602页。

同步的，但这已经证实了马克思揭示的社会发展规律的普遍意义所在。正如列宁所言："一分析物质的社会关系……立即就有可能看出重复性和常规性，把各国制度概括为社会形态这个基本概念。"①列宁在这里所说的重复性和常规性，实际上就是指不同国家和民族在社会形态演进的统一性。而马克思也正是抓住这种统一性、重复性和常规性，从而揭示出历史发展中社会形态演进的一般规律。

不过，马克思同时也认为，由于社会形态总是具体的，因而不仅同一种社会形态在不同国家和民族会表现出一定的差异，社会形态在演进中的具体轨迹也不可能是完全相同的，甚至"极为相似的事变发生在不同的历史环境中就引起了完全不同的结果"②。这除了是由于自然社会条件差异外，人的主观能动性和群众的首创精神在其中也发挥了很大的作用。由此，不同国家与民族在演进中也会呈现出一定的差别，从而表现出具体发展道路的多样性。马克思就曾研究过包括欧洲、亚洲、美洲以及非洲等地诸多民族的不同发展道路；而在晚年时期，他还结合时代发展出现的新情况，得出俄国社会发展中的"跨越"可能，进一步明示并验证了演进道路的多样性。在马克思看来，统一性与多样性也并不是矛盾的，多样性是统一性的具体表现形式，而统一性则是存在于多样性之中的，它们是辩证地结合在一起的。正是这种结合，表现出了人类历史发展的生动性和丰富多彩。

---

① 《列宁专题文集——论辩证唯物主义和历史唯物主义》，人民出版社2009年版，第161页。

② 《马克思恩格斯文集》第3卷，人民出版社2009年版，第466页。

总之，社会现象是错综复杂的，历史发展道路也不是笔直的，马克思社会形态理论只是为我们提供了一个研究社会历史的最基本的观点和方法，只有从不同国家和民族的具体历史条件出发，用唯物辩证的方法去进行研究，才能得出符合历史实际的结论。

　　这就要求人们在理解和运用时，决不能将其当作教义。对此，恩格斯曾告诫道："马克思的整个世界观不是教义，而是方法。它提供的不是现成的教条，而是进一步研究的出发点和供这种研究使用的方法。"①当然，方法总是同立场和观点结合在一起的。马克思也曾对将社会形态理论教条化、公式化倾向作过尖锐地批评，他强调指出唯物史观并不是"超历史"的"一般历史哲学理论"，而"使用一般历史哲学理论这一把万能钥匙，那是永远达不到这种目的的，这种历史哲学理论的最大长处就在于它是超历史的"②。马克思主义创始人的这些论述，已经为后人指明了对待和运用社会形态理论的科学方法，在他们看来，社会形态理论是高度抽象概括的产物，是揭示人类社会发展一般规律的科学，但它同时也是具体的，不存在脱离具体历史条件的社会形态，因此正确地对待社会形态理论，必须要结合不同国家与民族的实际作具体的分析。这样才能真正体现出马克思社会形态理论的科学价值。

　　马克思关于社会形态的理论，不仅指导我们进行历史科学的

---

① 《马克思恩格斯文集》第10卷，人民出版社2009年版，第691页。
② 《马克思恩格斯文集》第3卷，人民出版社2009年版，第467页。

研究，正确认识人类社会发展的历史进程和规律，而且给世界工人阶级和广大劳动人民指明了前进的方向，指导他们变革旧的资本主义社会形态，为实现消灭了人剥削人的、人们得以全面发展的共产主义社会而不懈奋斗。马克思社会形态理论，过去是而且将来也是广大人民认识世界和改造世界的强大的思想武器。

马克思与青年黑格尔派运动

马克思参加"博士俱乐部"还不到20岁，只是柏林大学二年级学生，他比布鲁诺·鲍威尔和科本等大多数成员小十多岁。从马克思给他父亲的信中可以看出，他是1837年秋天加入"博士俱乐部"的。是年11月10日，他在给父亲的信中写道："在生病期间，我把黑格尔从头到尾读了一遍，还看了他大多数学生的著作。由于在施特拉劳常和朋友们见面，我参加了'博士俱乐部'，在俱乐部的会员里有几个讲师和在柏林的一位最亲密的朋友鲁腾堡博士。这里的争论表现出各种不同的、相互对立的观点，而把我自己同我想避免其影响的现代世界哲学连在一起的纽带越来越紧了。"①直到1841年结束大学学习生活之前，在三年多的时间里，马克思一直都是"博士俱乐部"的成员。

这个时期，马克思积极参加了青年黑格尔运动的活动，同他

---

① 参见1956年俄文版《马克思恩格斯早期著作选》，第14页。

们一起进行战斗，与他们讨论哲学、宗教和政治问题，开始了他
的哲学、政治活动。马克思也很关注自我意识哲学问题，为了
探讨其深刻含义，他读了许多哲学书籍，如亚里士多德的《论灵
魂》、黑格尔的《自然哲学》、斯宾诺莎的书信集，以及莱布尼
茨、休谟和康德的著作。他还研究了古希腊的自我意识哲学，认
为伊壁鸠鲁主义、斯多葛主义、怀疑论对古希腊这一哲学思想的
发展具有重要意义。马克思还参加了青年黑格尔派的宗教——政
治斗争，他撰写了批判黑格尔右派、神学教授海尔梅斯神学观点
的书，并通过鲍威尔送往波恩出版，由于当时形势的变化，马克
思放弃了出版该书的打算。马克思是否参加过鲍威尔著名的《末
日宣告》的写作，研究者有不同看法，但从他 1842 年 3 月 20 日给
卢格的信看，他还是参加了一些工作。在这封回绝卢格的信中，
马克思写道："因此，在这种情况下，我不能为最近一期《轶文
集》寄去黑格尔法哲学批判了（因为这篇文章也是为《末日的宣
告》写的）。"[①] "博士俱乐部"的成员认为，马克思对鲍威尔思想
产生过重要影响，比如科本认为，鲍威尔的基本思想来自马克思；
但同时鲍威尔也影响马克思，马克思关于"宗教是人们的鸦片"，
就来自鲍威尔关于宗教是麻痹人民的工具的思想。关于宗教产生
于愚昧和贫困，以及从宗教批判走向政治的批判等观点，可以
说，他们互有影响。

　　青年马克思以其过人的才智和深刻的洞察力，很快就成为
俱乐部的精神领袖之一，获得"博士俱乐部"的高度评价和赞

---

① 《马克思恩格斯全集》第 27 卷，人民出版社 1972 年版，第 424 页。

扬。科本1841年6月3日在给已经从柏林到波恩的马克思的信中说："自从我所尊敬的'彼岸之人'去到莱茵河的彼岸时起，我才重新开始渐渐地成为'此岸之人'。我重新有了自己的、也就是所谓独立思考出来的思想，虽然我从前的一切思想也并非来自远处，而正是来自舒岑施拉斯（马克思当时的住地——引者）"。布鲁诺·鲍威尔在谈到他的思想也来自舒岑施拉斯时说，"可见，你（指马克思）是一座思想的仓库、制造厂，或者按照柏林的说法，思想的牛首"①。赫斯对马克思印象很深，评价更高，他在1841年9月2日给朋友奥艾尔巴赫的信中说："你应该准备着去会见一位最伟大的哲学家，也许是当今活着的唯一真正的哲学家，这位哲学家虽然刚刚初露头角，但很快就会把德国的眼光吸引到自己身上。""马克思博士，这个我所最崇拜的人，还是一个十分年轻的人（至多不过24岁左右）；他将给中世纪的宗教和政治以致命的打击；他既有深思熟虑、冷静、严肃的态度，又有最辛辣的机智；如果把卢梭、伏尔泰、保尔·昂利·霍尔巴赫、莱辛、海涅和黑格尔合为一人（我说的是结合，不是凑合），那么结果就是一个马克思博士。"②从上述可见，马克思的过人的才智和聪慧在学生时期已开始崭露头角，赫斯信中的见解已表露无遗。

当时还未与马克思谋面的青年恩格斯，在一首诗里这样高度

---

① 科尔纽：《马克思恩格斯传》第1卷，生活·读书·新知三联书店1963年版，第218、219页。

② 科尔纽：《马克思恩格斯传》第1卷，生活·读书·新知三联书店1963年版，第321—322页。

评价热情奔放、英勇无畏的马克思：

> 谁跟在他（鲍威尔）身后，暴风似地疾行？
> 是面色黝黑的特利尔之子，一个才智非凡的奇人。
> 他不是在走，不是在跑，而是在风驰电掣地飞奔。
> 鹰隼般的眸子，大无畏地闪烁，
> 紧握拳头的双手，愤怒地向上伸，
> 好像要把苍穹扯下尘埃。
> 不知疲倦的力士一味猛冲，
> 好似恶魔缠住了身！ ①

　　虽然马克思对青年黑格尔派运动产生了积极的、深刻的影响，但马克思独树一帜的见解和敏锐的洞察力，还是同俱乐部的成员的观点有着原则的区别。青年黑格尔派虽然在当时起了积极的作用，继法国启蒙运动后，推动了德国的思想解放运动，但他们的活动始终囿于小资产阶级知识分子的范围。他们不可能认识到当时德国社会的主要问题和主要矛盾，不能做到理论与实际的结合，而是满足于单纯理论上的批判，并且沿着自由主义和思辨唯心主义的方向越走越远。而青年马克思当时已经认识到，必须向前推进唯物主义，必须进行政治批判，对变革现存的社会制度施加积极的影响。这种分歧最终导致马克思同青年黑格尔派分子

---

① 恩格斯：《信仰的凯旋》，《马克思恩格斯全集》德文版补卷第二分册，第301页。

分道扬镳。马克思在担任《莱茵报》主编期间，拒绝发表柏林"自由人"空洞无物、高谈阔论的文章，后来马克思和恩格斯正是批判了布鲁诺·鲍威尔、麦克斯·施蒂纳和路德维希·费尔巴哈等人的哲学观点，"清算了自己从前的哲学信仰"，才从而走向历史（辩证）唯物主义和共产主义。

《资本论》与现时代

当今世界可能很多人不知道《资本论》，或者早已把它淡忘。但前几年当面对弥漫世界的金融危机、经济危机时，许多人又开始想起了《资本论》，想起了马克思当年对资本主义生产方式和经济危机的深刻论述，而且又到《资本论》中寻找问题的答案。若干年后，可能还会出现同样的情况。这是马克思理论影响世界的生动的写照。

众所周知，2008年，开始于美国的金融危机，引发了全球性经济危机，其范围之广、影响之深，历史上少见。一本百年前出版的这本书畅销各国，书的作者也再次引起世人的关注。

据不完全统计，《资本论》已被译为70多种文字，全球累计销售2亿多册。德国柏林卡尔·迪茨出版社出版的《资本论》到2008年10月已卖出1500套，是2007年全年销量的3倍。在影界，德国新电影之父亚历山大·克鲁格准备将《资本论》拍成电影；在当时政界，法国总统和德国财政部长也都把马克思的《资本论》等著作摆在办公桌上。德国左翼党下属的社会主义民主大学学生联合会，在德国30多所高校组织了《资本论》研读会。德国"马克思纪念图书馆"还专门编辑了供年轻人学习的《资本论》简读本。西方一些政要们也想从《资本论》中找出这场金融危机的答案。

《资本论》热在日本尤为突出。日本东方出版社于2008年12月推出了漫画版《资本论》，以一家奶酪工厂的故事，揭示资本与剩余价值的实质。之后以《资本论》第二、第三卷为蓝本，推出了漫画版《续资本论》。这两本书的合计销量突破了15万册。（该社也曾出版了漫画版《共产党宣言》）。日本祥传社的三卷本《超译〈资本论〉》，累计销量超10万册。此外，精英社还推出《高中生就能懂得〈资本论〉》。河出书房新社在推出《马克思〈资本论〉入门》的同时，还设讲座探讨《马克思主义如何改变世界》。更值得一提的是，原日共议长不破哲三的《资本论》讲义，连出数版，发行上万册，引人关注。

这些见诸报端的消息，从文化层面反映出马克思的《资本论》对当今世界的影响。在这里，请看一位在纽约工作的英国投资银行家对马克思经济理论的看法吧！他说，"我在华尔街待的时间越长，我就越来越相信马克思是正确的。要是有哪个经济学家能够复兴马克思的理论并使其成为完整的理论，那就有诺贝尔奖等着他了。我绝对相信马克思的方法是看待资本主义的最好方式。"[①] 只要不带偏见，每个人都可能得出这样的结论。

关于《资本论》的当代意义，英国作家弗朗西斯·惠恩的观

---

① 弗朗西斯·惠恩：《马克思〈资本论〉传》，陈越译，中央编译出版社2009年版，第184页。

点颇具代表性，他说："《资本论》对于控制我们生活的那些力量及其所产生的不稳定、异化和剥削的生动描绘，将永远不会失去其共鸣，也不会失去将世界置于焦点之下的能力。正如1997年《纽约客》上的那篇文章的结尾所写道的，'只要资本主义还存在，他的书就值得阅读。'马克思根本没有被埋葬在柏林墙的碎石之中，也许现在他正在显露他真正的意义。他仍然能够成为21世纪最有影响力的思想家。"①是的，只要资本主义制度还没有退出历史舞台，只要资本剥削还存在，《资本论》中所阐述的原理就不会过时。马克思和他的《资本论》对21世纪甚至更久远的时代的影响，非常值得我们关注和应当进行跟踪研究。

---

① 弗朗西斯·惠恩：《马克思〈资本论〉传》，陈越译，中央编译出版社2009年版，第188页。

资本主义发展到国际垄断资本主义阶段

当今时代与马克思生活的自由资本主义时代发生了很大的变化。资本主义由自由资本主义发展到垄断资本主义，而垄断资本主义也经历了私人垄断资本主义、国家垄断资本主义，发展到当今的国际垄断资本主义。资本主义在经济、政治、思想文化、社会管理和外交等方面与一百多年前相比，的确不可同日而语。垄断资本的扩张，经济全球化，经济危机的继续发生，以及工人阶级的变化等，马克思都有预见。但马克思在当时不可能对后来发生的变化做出具体阐述。当今资本主义发生了怎样的变化，资本的剥削本质是否已经改变，已成为一个世界性的研究课题。

19—20世纪之交，自由资本主义转化为垄断资本主义即帝国主义，是资本主义制度的第一次大转变。列宁于1916年出版的《帝国主义是资本主义的最高阶段》一书，对这次转变的原因和性质、内涵和过程、后果和影响等，进行了全面系统的剖析，构成了他的"帝国主义论"的核心内涵。如今，资本主义制度正经历着另一次重大转变。这就是：列宁时期那种一般性的垄断资本主义，战后经历了国家垄断资本主义，如今又进一步演变为国际垄断资本主义。但是，对于资本主义制度这种新的表现形式或新的实现方式，国内外都有不同的称谓或表述，除了"国际垄断资本主义"这一术语之外，还有诸如"跨国垄断资本主义""超国家垄断资本主义""国际金融垄断资本主义""社会资本主义""人民资本主义"等名目繁多的新概念，并为此著书立说，进行了颇为详细的论述。这些名词术语有所不同，但都是在探讨当今资本主义发生的新变化。

国际垄断资本主义的形成与资本对外扩张紧紧联系在一起。对外扩张虽然是从资本主义制度产生之日起就已开始的老现象，但由于"二战"后出现的新的因素，这种扩张在战后明显增强了。这首先表现为对外贸易大发展，其增长速度远远超过了国内生产总值的增长速度。例如，1951—1960年、1961—1970年、1971—1980年世界各国的出口额年均增长率分别为8.7%、9.4%和19.3%，而在1969—1978年间世界国民生产总值的年均增长率只为4.3%，出口额的增长率大体比国民生产总值的增长率高2—3倍[①]。发达资本主义国家出口总额1950年为363.7亿美元，1960年为838.7亿美元，1970年为2203亿美元，大体每10年翻一番，而到1980年这项指标猛增到12394亿美元，相当于1970年的5.5倍。而在1969—1978年间，发达资本主义国家国民生产总值的年均增长率只为4.3%，这些国家的出口额的增长率大体比国民生产总值

---

① 根据世界经济与政治研究所编《世界经济统计简编（1982）》第253页和世界经济与政治研究所编《国际经济和社会统计简编（1988）》第22页数据整理。

的增长率也高2—3倍①。其次，更为重要的是，这些国家的资本输出以更加惊人的速度增长。例如，美国私人对外直接投资额1950年为118亿美元，1960年为319亿美元，1970年为755亿美元，1980年为2154亿美元，1980年为1950年的近20倍；日本私人对外直接投资额1950年为3亿美元，1980年为365亿美元，增长了121.7倍；西欧的相应数据为215亿美元、1972亿美元和9.17倍②。这不仅远高于这些国家国民生产总值的增长速度，而且也远高于这些国家外贸出口的增长速度。资本输出超前增长，是西方发达资本主义国家对外经济扩张的一个突出特点。

战后以来，一方面是发达资本主义国家为了缓解国内的政治经济矛盾，进一步加强了资本和商品输出；另一方面，由于世界社会主义国家体系的形成、世界殖民主义体系瓦解，使世界资本主义统一市场破裂和更加显得狭小了。在国际市场上，发达资本主义国家商品和资本这种蜂拥而至，必然造成更加惨烈的国际竞争。资本家的市场竞争必然产生两种结果。其一是，实力单薄、经营不善的企业破产或被淘汰出局；其二是，留下来的大企业为了生存和迎接更加残酷的竞争而走向勾结和联合。这突出地表现为国际卡特尔迅猛增长。在第二次世界大战前夕，全世界缔结正式协定的国际卡特尔有大约1200个，它们在战争中绝大部分解体了。战后，由于国际竞争的加剧，一些老卡特尔得到了恢复，同

---

① 根据李琼主编《当代资本主义论》第467页和世界经济与政治研究所编《国际经济和社会统计简编（1988）》第22页数据整理。

② 根据李琼主编《当代资本主义论》第463、465页和世界经济与政治研究所编《世界经济统计简编（1982）》第326页数据整理。

时又新建了一大批卡特尔。据统计，仅在1957—1962年间，仅欧洲共同体就签订了3000多国际卡特尔协定。它们大多在钢铁、电力、机器制造、航空、汽车、军火等在这些国家经济恢复和发展中起重要作用、竞争最激烈的部门活动。在战后国际卡特尔中，最著名的是号称"七姐妹"的石油卡特尔。它的参加者有美英荷三国的埃克森石油公司、加利福尼亚美孚石油公司、莫比尔公司、德士古公司、海湾石油公司、英国石油公司和英荷壳牌石油公司。它们通过一系列专门协定，瓜分世界石油资源，垄断石油运输，划分市场范围，操纵石油价格，乃至规定石油生产和销售限额。在它们的发展到达顶峰的1973年，控制了资本主义世界原油产量的68.6%、石油提炼和销售量的56%[1]。此后，由于发展中国家的石油输出国的不懈斗争，这个石油帝国的势力才有所削弱。此后，国际卡特尔在国际垄断中的地位和作用又逐渐被新兴起的跨国公司所取代。

20世纪80年代是西方发达资本主义国家已跨入了国际垄断资本主义的成形阶段。在这一阶段，不仅前面我们提到的那些因素仍继续发展，而且世界形势和格局又发生了一系列新的重大变化。这包括：在发达资本主义国家，在私有化和自由化风潮的冲击下，国家垄断资本主义的地位和作用大大削弱，国际垄断资本在国家经济乃至政治生活中逐渐占据了支配地位；在苏联东欧国家发生了社会动荡和社会剧变，实现了资本主义制度的复辟或回

---

[1] 参见宋则行，樊亢主编：《世界经济史》（修订版）下册，经济科学出版社1998年版，第67—68页。

归，从而明显扩大了国际垄断资本的活动和势力范围；中国和越南等社会主义国家在坚持社会主义基本原则的前提下，实行了深刻的经济改革开放政策，国内市场与国际市场接轨，国民经济的国际联系日益增强；发展中国家在发达资本主义国家私有化和自由化浪潮的影响下，也大多实行这"两化"政策，世界上出现了所谓"后发资本主义"国家体系；在新的科技进步高潮的推动下，世界经济出现了信息化、知识经济大发展的浪潮，世界各国产业结构进入了一种新的调整和升级的过程，出现了世界范围的产业和技术转移的高潮；在上述所有因素特别是高新科技和产业发展高潮和产业转移高潮的推动下，经济全球化的过程有了更大的进展，形成了不可阻挡的趋势；等等。所有这些因素又都为发达资本主义国家的资本输出和跨国公司的大发展创造了条件，发达国家的跨国投资和国际化经营达到了新水平。

上述诸方面的变化，都是推动国际垄断资本主义发展的重要因素，正是这些因素的综合作用，为国际垄断资本主义阶段的形成创造了新条件。巴西著名的马克思主义经济学家特奥托尼奥·多斯桑托斯的《帝国主义与依附》一书在阐述这一过程时提出："二次大战以后，特别是50年代末和60年代初，资本主义逐渐由金融垄断资本主义过渡到以跨国公司为支柱的跨国垄断资本主义阶段。"[①] 很显然，该书所说的"跨国垄断资本主义阶段"，与我们所说的"国际垄断资本主义阶段"并没有实质性的区别。

---

① 特奥托尼奥·多斯桑托斯：《帝国主义与依附》，社会科学文献出版社1999年版，第4页。

国际垄断资本主义的基本特征，是同其性质和实质有机联系在一起的。特征无非是其本质的具体的体现和展开，它使人们能够更深刻地认识国际垄断资本主义及其历史的暂时性。列宁把帝国主义定义为"资本主义的垄断阶段"①，他特别强调垄断和金融资本是帝国主义的最重要特征。并且具体地指出了以下的五个特征："（1）生产和资本的集中发展到这样高的程度，以致造成了在经济生活中起决定作用的垄断组织；（2）银行资本和工业资本已经融合起来，在这个'金融资本的'基础上形成了金融寡头；（3）和商品输出不同的资本输出具有特别重要的意义；（4）瓜分世界的资本家国际垄断同盟已经形成；（5）最大资本主义大国已把世界上的领土瓜分完毕。"②除了"把世界上的领土瓜分完毕"以外，其他几点都依然存在，并且在今天每个方面都发展到了极端。"二战"后，随着社会主义运动和民族解放运动的高涨，帝国主义殖民体系已经彻底瓦解，占领别国领土、直接压迫和剥削殖民地人民的现象已不复存在。但代之而起的是通过经济的、政治的甚至是军事的手段去征服弱小国家，掠夺他国的资源，特别是能源，剥削不发达国家的人民，在这方面帝国主义本性不仅没有改变，而且变本加厉。至于其他四个特征，通过前面的阐发和数据可以清楚地看出，国际垄断资本主义把这些特征不论在规模还是深度上，都发展到很高的程度。

---

① 《列宁专题文集——论资本主义》，人民出版社2009年版，第175页。
② 《列宁专题文集——论资本主义》，人民出版社2009年版，第176页。

资本主义基本矛盾在当今的新的表现和趋势

  资本主义由国家垄断加速向国际金融资本垄断过渡，不仅提高了生产社会化的程度，同时在更大的范围内实现了生产资料的私人占有，这无疑进一步加剧了资本主义制度所固有的基本矛盾及其主要矛盾。

  "二战"后，在新科技革命和经济全球化浪潮的推动下，资本主义生产方式得到了世界性的扩张，资本主义世界经济体系最终形成，资本主义的基本矛盾已经成为资本主义世界经济体系的基本矛盾，并在资本主义世界经济体系的整体性危机中表现出来。除了资本主义基本矛盾在资本主义国家内的传统的表现形式外，当代资本主义基本矛盾还表现为：跨国公司内部的高度计划性与世界市场无政府状态之间的矛盾、世界生产能力无限扩大趋势与世界范围内有效需求不足之间的矛盾、资本主义生产的无限性与地球资源和生态环境调节的有限性之间的矛盾、跨国垄断资本家阶级的统治与世界范围内劳工之间的对立，以及由资本主义基本矛盾演绎出来的各种新老危机，如金融危机、经济危机、生态危机、社会危机、国际恐怖主义等。下面主要列举几个方面。

首先，资本主义经济危机不可避免。资本主义经济在生产社会化与生产资料私人占有这一基本矛盾的支配下，一方面是生产、物资供给具有无限制增长的趋势；另一方面是因资本盘剥的加重广大劳动者的贫困加深，有支付能力的社会购买力增长缓慢，导致相对过剩的经济危机周期性发生。在经济全球化时代，实体经济中生产力过剩，而金融资本成为全球经济的驱动力，通过货币来追逐货币，"以概念化的资本流动"来赚钱，大有虚拟资本取代实体资本之势。目前，国际资本市场每天的交易额高达近2万亿美元，其中用于生产的仅有10%。随着虚拟经济与实体经济的严重脱节，金融泡沫持续膨胀，一旦泡沫爆裂，经济危机就会发生。

资本主义基本矛盾，也就是国际垄断资本主义的基本矛盾，它与金融资本垄断的发展与扩张紧紧联系在一起。2007年7月在美国发生的"次贷危机"，进而引发的全球性经济危机，在一定意义上也可说是生产相对过剩引起的，但深入分析，这不过是爆发金融危机的"导火索"而已。真正引发近百年最为严重的金融危机的深层原因，正如我们在前面已经指出的，是近年来，美国的国际金融资本垄断集团为"圈钱"，在新自由主义理论、政策主导之下，构建的以经济金融化、金融虚拟化和泡沫化、金融资本流动及金融运作自由化为基本特征的掠夺性金融体制。只要这种集骗（诈骗）、赌（高杠杆操作，将资本、债券市场变为脱离实体经济的大赌场）、毒（泡沫化的有毒金融衍生产品）于一身的制度性、体制性弊端不革除，金融危机就不可能从根本上得到治理。具体地说，要从根本上治理金融危机，至少要解决以下三个方面的问题：一是摒弃新自由主义的理论，特别是摒弃金融自由化理念、政策，结束国际金融资本垄断集团对美国经济、政治权力的垄断；二是彻底改变国民经济金融化的畸形经济结构，终结"G—G"这种"圈钱"的货币循环体制；三是从根本上改革现有金融运行机制，加强对金融资本流动和金融运作的监管，废止金融虚拟化，逐步挤掉金融衍生产品泡沫，特别是剔除巨额有毒的金融衍生产品及其他有毒的金融资产。但是，这些问题与资本的本质紧紧联系在一起，在资本主义制度下是不可能解决的。所以，西方政要们从《资本论》中可以看到经济危机发生的原因，但他们不可能接受其提出的根本解决方法。

现代资本主义经济危机与一百多年前，在表现形式上和发生的周期律上有所不同，但它并没有消失，而且会越演越烈。一是危机发生的次数减少，平均每9年发生一次，间隔时间比过去长。二是危机的严重性和破坏性相对减弱。三是战后资本主义经济周期的波动性减弱，经济周期运动仿佛是轻微的下降和逐步的上升相互交替，萧条的时间长，复苏缓慢无力，有的还没有明显的高涨阶段。四是由于各资本主义国家的具体情况的不同，经济危机的周期也并非是同步的等[①]。当代经济危机出现的这些特点，并不能改变全球经济危机的周期性的发生。

其次，国际垄断资本主义加深了两极分化。两极分化是资本

[①]　靳辉明，罗文东：《当代资本主义新论》，四川人民出版社2005年版，第516—523页。

主义私有制的必然结果和本质表现。从资本主义产生起就存在，并且愈演愈烈。就以美国这个当今最发达的资本主义国家为例，贫富分化和分配不公，不仅得不到控制，而且在不断加剧。根据美国人口普查局提供的数据，美国居民户收入基尼系数1980年为0.403，到1999年已上升为0.457，升幅为13.4%。同期，收入最低的20%的人在总收入中所占比例，从4.3%下降到3.6%，而收入最高的20%的人所占比例，则从43.7%上升到49.4%。20世纪末的30年中，不平等程度明显扩大。再据《福布斯》杂志的调查，1995年，美国最富的1%居民户拥有全国近40%的财富，而80%的居民户只拥有16%的财富。可见，美国的财富在迅速向少数富人手里集中。20世纪末的二十年间，收入差距也在迅速扩大。再比如，公司高级管理人员与工人的工资差距，从1980年的42∶1上升到1998年的419∶1，这还不包括股票期权的价值。同时，还应该看到，在发达资本主义国家，美国收入不平等的增长还不是最快的。数据显示，1980年到1995年，英国的不平等程度年均增长2%；瑞典、丹麦、荷兰和澳大利亚年均增长1.5%；美国、瑞士、法国、德国、日本等国家，年均增长0.5%到1%[1]。

就连《21世纪资本论》的作者也认为全球财富不公平程度十分严重："最富的0.1%人群大约拥有全球财富总额的20%，最富的1%拥有约50%，而最富的10%则拥有总额的80%—90%。在全球财富分布图上处于下半段的一半人口所拥有的财富额绝对在

---

[1]　王荣军：《现今美国贫富分化状况及原因分析》，《美国研究》2001年第4期，第29-42+4页。

全球财富总额的5%以下。"①这位作者还说，"现有的数据依然可以表明，在全球财富分布的顶端，差距扩大的力量已十分强大。这种趋势不仅在《福布斯》10亿级豪富榜上表现明显，在1000万美元至1亿美元级别的富豪群里也有所体现。"②作者还认为"创业者会变成食利者"。对于这些较新的数据的确值得关注和研究。

从这些材料可以清楚看出，资本主义制度不仅解决不了社会贫富不均，而且在资本的作用下，特别是在新自由主义市场经济的推动下，社会两极分化还会加剧。根本原因就在于资本主义的私有制。就连三大空想社会主义者也看到了这一点，他们已经把私有制视为资本主义社会一切弊端的"祸根"，并开始从理论上探讨和论证消灭生产资料私有制等社会主义的重大原则。所以，恩格斯称，共产主义的思想微光终于点燃起"直接共产主义的理论"③的火炬。

与上述相联系，穷国与富国之间的差距也在不断扩大。据统计，自20世纪80年代后期，发达资本主义国家仅通过投资、外债和对外贸易三个方面，对发展中国家年剥削量就达2500亿—3000亿美元，几乎相当于全部发展中国家国内生产总值的10%左右。在西方跨国公司的财富急剧膨胀的同时，大量发展中国家则由于不对等贸易和严重的债务危机陷入贫困的深渊，世界上有相

---

① 托马斯·皮凯蒂：《21世纪资本论》，巴曙松译，中信出版社2014年版，第347页。

② 托马斯·皮凯蒂：《21世纪资本论》，巴曙松译，中信出版社2014年版，第348、352页。

③ 《马克思恩格斯文集》第3卷，人民出版社2009年版，第525页。

当一部分人绝对贫困化。1980—1997年间，世界富国和穷国人均国民生产总值之比从12.9：1扩大到21.1：1。在此期间，世界上最不发达国家的人均国民生产总值非但没有增长，反而从640美元下降到510美元，它们与发达国家的差距从16.3：1扩大到51.7：1。联合国一项调查显示，在20世纪末，世界上20%的最富有的人消费着86%的产品，其余80%的人口只消费14%的产品。再比如，在1993年，世界国内生产总值为230000亿美元，其中发达工业国家为180000亿美元，第三世界国家仅为50000亿美元，而第三世界国家的人口却占世界总人口的80%。穷国与富国之间的实际差距是十分惊人的，而且还在呈不断扩大的趋势。发达国家与第三世界国家差距的扩大，是由多种因素造成的，但资本主义制度的存在和国际金融垄断资本的盘剥是最主要的原因。

最后，资本主义的过度消费带来全球性问题，造成极大生态灾难。人类社会伴随着空前强大的科学技术力量而进入新的时代，但它同时面临着社会和经济的、政治和民族的、文化和道德的冲突。在资本主义条件下，世界经济的发展是建立在疯狂的消费竞争和毫无节制的消耗自然资源并使其接近枯竭的基础之上。人类生存环境被破坏、资源危机的增长和掠夺资源与能源产地的残酷斗争日趋激烈。这种情况已经引起世界人民的高度关注和强烈不满，波及全球的"绿色运动""红绿色运动"以及"生态社会主义"，就是对资本主义破坏生态环境，疯狂掠夺自然资源的一种抗争。

国内外学者对此进行了很多研究，取得了不小的成果。在此对俄国学者从研究中得出的颇有新意的见解再作以论述。其中特别突出地反映了当前出现的严重的生态危机，并以此论证了社会主义取代资本主义的历史必然性。如今占据大半个地球的资本主义是这样一种社会，那里的物质和精神生产从属于最大限度地搜刮利润、积累资本、追求无限膨胀的市场法则。一切都已变为商品，一切事物的唯一准则是挣钱。这就决定了资本主义特殊的、消费的性质。它把生产看作是对人的全面剥削和对自然资源的全面掠夺，而不考虑社会的耗费，不考虑对下一代人生活与环境的有害后果。首先，资本主义虽然发生了很大变化，但其剥削本性并没有改变，资本与劳动、剥削与被剥削的矛盾越出了发达资本主义的国界，扩展到世界不同国家和地区。虽然发达资本主义国家内部存在的阶级矛盾因此得到一定程度的缓和，但就全球而言，这一矛盾更为广泛、更为深刻，这些国家和其他国家的关系具有了阶级剥削的性质。其次，这种过度消费，推动了工业生产的毫无节制的发展，其结果造成了严重的生态问题、发展问题、资源问题等全球性问题。正是这样严重的后果，决定了资本主义社会的必然灭亡。"资产阶级式的社会生活已濒临其可能的极限。连最狂热的拥护者也承认，资本主义生产方式不仅已到了其内部的临界线，而且到了自然的临界线。"① 如果全世界都按照发达资本主义国家这种生活方式去生活，那么地球将不堪重负，人类将无法生存。这种人与人、人与自然的关系是何等的不平等！人类必须抛弃资本主义的价值追求和社会制度，必须对社会生活加以

---

① 靳辉明，罗文东：《当代资本主义新论》，四川人民出版社2005年版，第14—15页。

全面的有计划的控制，把人自身的完善和发展放在首位，而这也就是社会主义的实现，是向共产主义的前进。这里从生态和资源的角度，十分清楚地揭露了资本主义生产方式的本质和历史局限性，对于认识当代资本主义会有启迪意义。

资本主义的本质没有改变。从上述内容中可以清楚地看到，时代发生了很大变化，但资本主义矛盾并未消失，资本的本质没有改变，而且变本加厉。当今的时代仍是资本主义占主导的时代。

我们应当结合上述新的事实，对列宁在《帝国主义是资本主义的最高阶段》中对垄断资本主义的本质特征和历史地位的分析作进一步的思考。列宁在该书的"帝国主义的历史地位"部分，在论述了垄断资本主义四种主要表现以后得出这样的结论："垄断，寡头统治，统治趋向代替了自由趋向，极少数最富强的国家剥削愈来愈多的弱小国家，——这一切产生了帝国主义的这样一些特点，这些特点使人必须说帝国主义是寄生的或腐朽的资本主义。帝国主义的趋势之一，即形成'食利国'、高利贷国的趋势愈来愈显著，这种国家的资产阶级愈来愈依靠输出资本和'剪息票'为生。"[①]他接着指出，"根据以上对帝国主义的经济实质的全部论述可以得出一个结论，即应当说帝国主义是过渡的资本主义，或者更确切些说，是垂死的资本主义。"[②]列宁所指出的帝国主义的寄生性、腐朽性和垂死性这些特征，不仅没有改变，而且表现得更为突出，更为尖锐。从我们前面所列举的数字已经看得

---

① 《列宁专题文集——论资本主义》，人民出版社2009年版，第210页。
② 《列宁专题文集——论资本主义》，人民出版社2009年版，第211页。

十分清楚，大资本家和寡头们通过金融垄断、资本输出、高额利润从世界各国和各地区攫取了数额惊人的财富，他们还通过股市交易、金融市场和房地产等灰色经济获取暴利。资本的这种趋势就使得世界上贫富差距、穷国与富国的差距达到了空前尖锐的程度。西班牙《起义报》2004年7月9日载文说：所谓七国集团，美国、加拿大、德国、英国、法国、意大利和日本占世界总人口的11%，而国内生产总值却占世界65%；但世界其余国家和地区人口占世界的89%，而国内生产总值仅占35%，差距最大的亚太地区，人口占世界的52%，而国内生产总值只占8%。该报的结论是，只要世界上继续推行新自由主义模式，穷国的发展就没有希望。事实上，国际垄断资本主义已经成为世界上大多数国家走向富强和广大人民获得幸福生活与自由发展的桎梏。

生产力和生产关系的辩证运动规律

生产力和生产关系科学概念的形成，为揭示生产力和生产关系的辩证运动规律提供了思想前提。但要揭明两者的内在联系，必须深入考察物质生产的内在结构及其运动过程。

在《1844年经济学—哲学手稿》中，马克思已经认识到人类改造自然的物质生产活动是一种社会的活动，人们只有在社会中，结成一定形式的社会关系，才能同自然界发生关系和从事有目的的生产活动。然而，马克思并未就此止步，而是把它作为坚定不移的前提，沿着这个方向继续进行探讨。

在《形态》中，马克思和恩格斯通过对劳动活动的两重性和社会分工在生产力与交往形式之间的中介作用的分析，明确地认识到生产力和生产关系之间的相互关系，揭示了作为这两者统一的生产本身的内在结构，阐明了生产的这两个方面的基本联系及其发展的辩证法。

物质生产活动是"第一个历史活动"，它指的是人同自然界的关系，即人们借助于某些手段和工具改造自然对象以满足自己的各种物质需要。但是，生产活动在任何历史条件下都不是孤立地进行的。实际上，人们在同自然界发生关系的同时，就已经与其他人发生关系。没有人们的合作，生产便不可能进行。生产的这种性质，正是人之区别于动物的最本质的特性。正如《形态》所阐明的，生活的生产"立即表现为双重关系：一方面是自然关系，另一方面是社会关系；社会关系的含义在这里是指许多个人的共同活动，不管这种共同活动是在什么条件下、用什么方式和为了什么目的而进行的"[①]。问题在于，必须发生这种合作关系，这是生产得以进行的先决条件。基于这种认识，马克思和恩格斯对两者的关系作了如下明确规定："生产本身又是以个人彼此之间的交往为前提的。这种交往的形式又是由生产决定的。"[②]可见，生产和交往是同一生产过程的两个不同方面，它们同时并存，相互作用。

通过对社会分工的分析，他们对两者关系的认识更加具体化和明确化。分工在生产力和生产关系之间起着结合两者的"中介"作用。一方面，分工是生产力发展的表现和结果；另一方面，它又是形成和制约生产关系和各种社会关系的现实基础。分工和所有制关系对生产力的发展也发生着影响，但归根结底它们是由生产力发展所决定的。通过对分工的研究，他们终于揭示出生产力和以所有制为基础的生产关系之间的辩证联系，从而表明他的思想已经达到成熟的境界。

---

① 《马克思恩格斯文集》第1卷，人民出版社2009年版，第532页。
② 《马克思恩格斯文集》第1卷，人民出版社2009年版，第520页。

如上所述，生产力和生产关系是同一生产过程的两个相互依存的方面，两者既相联系，又相区别。生产力制约着生产关系，生产关系反过来也制约着生产力。因此，不论在哪个时代，都不能离开生产力来考察生产关系，也不能离开生产关系来考察生产力的发展，就是说，必须将两者看成矛盾的统一体。但也不能将两者的作用简单并列、等量齐观。在生产力和生产关系的相互制约的关系中，生产力起着最终的决定作用。生产力的发展决定着生产关系的变化和发展。正如马克思所指出的，在工业发展到一定阶段上必然会产生私有制，同样，也只有在大工业的条件下才有可能消灭私有制。同时，生产力的发展也决定着生产关系的性质。不同历史发展阶段上交往形式之间的区别，正是由生产力发展的不同水平决定的。马克思在《哲学的贫困》一书中，以更为精确的语言表述了上述思想，他说："社会关系和生产力密切相连，随着新生产力的获得，人们改变自己的生产方式，随着生产方式即谋生的方式的改变，人们也就会改变自己的一切社会关系。手推磨产生的是封建主的社会，蒸汽磨产生的是工业资本家的社会。"① 所以，生产力与生产关系的统一，是一个基于生产力发展之上的矛盾的、历史的过程。旧的统一体破裂，又必然会在生产力进一步发展的基础上形成新的统一体。这就是马克思主义创始人所揭示的人类社会发展的最根本的历史辩证法。

这一历史辩证法，集中地凝结在关于生产关系要适合生产力发展状况和性质的规律中。这个基本思想在《形态》中已经得到

---

① 《马克思恩格斯文集》第 1 卷，人民出版社 2009 年版，第 602 页。

明确的表述：交往形式，即生产关系，随着生产力的发展而不断地发生变化。"起初是自主活动的条件，后来却变成了自主活动的桎梏，这些条件在整个历史发展过程中构成各种交往形式的相互联系的序列，各种交往形式的联系就在于：已成为桎梏的旧交往形式被适应于比较发达的生产力，因而也适应于进步的个人自主活动方式的新交往形式所代替……由于这些条件在历史发展的每一阶段都是与同一时期的生产力的发展相适应的，所以它们的历史同时也是发展着的、由每一个新的一代所承受下来的生产力的历史，从而也是个人本身力量发展的历史。"① 由此可见，马克思的历史唯物主义关于生产力与生产关系辩证运动规律的基本思想，在这里已经形成并得到科学的阐明，后来，马克思在1859年的《政治经济学批判》"序言"中对这一原理的经典性表述，正是对这个基本思想的进一步精确化和发挥。

生产力和生产关系的矛盾运动这一历史辩证法的揭示，就为正确认识社会历史现象，阐明社会形态及其发展规律，奠定了坚实的理论基础。

---

① 《马克思恩格斯文集》第1卷，人民出版社2009年版，第575—576页。

马克思的历史观和自然观

　　这里，很有必要把马克思对他的新的历史观的完整表述展示出来，这就是大家已经熟知的《政治经济学批判》"序言"中对唯物史观的经典性表述。马克思说，"我所得到的，并且一经得到就用于指导我的研究工作的总的结果，可以简要地表述如下：人们在自己生活的社会生产中发生一定的、必然的、不以他们的意志为转移的关系，即同他们的物质生产力的一定发展阶段相适合的生产关系。这些生产关系的总和构成社会的经济结构，即有法律的和政治的上层建筑竖立其上并有一定的社会意识形式与之相适应的现实基础。物质生活的生产方式制约着整个社会生活、政治生活和精神生活的过程。不是人们的意识决定人们的存在，相反，是人们的社会存在决定人们的意识。社会的物质生产力发展到一定阶段，便同它们一直在其中运动的现存生产关系或财产关系（这只是生产关系的法律用语）发生矛盾。于是这些关系便由生产力的发展形式变成生产力的桎梏。那时社会革命的时代就到来了。随着经济基础的变更，全部庞大的上层建筑也或慢或快地发生变革。……无论哪一个社会形态，在它所能容纳的全部生产力发挥出来以前，是决不会灭亡的；而新的更高的生产关系，在它的物质存在条件在旧社会的胎胞里成熟以前，是决不会出现的。所以人类只提出自己能够解决的任务，因为只要仔细考察就可以发现，任务本身，只有在解决它的物质条件已经存在或者至少是在生成过程中的时候，才会产生。大体说来，亚细亚、古希腊罗马的、封建的和现代资产阶级的生产方式可以看做是经济的社会形态演进的几个时代。"①至此，我们可以对马克思主义创始人阐明的唯物主义历史观有一个完整的了解和准确的把握。当然，随着人类历史的发展，马克思揭明的唯物主义历史观也会不断地丰富和发展，还必然会增添新的内容，然而，这里奠定的基本原理是"源"，是"根"，是必须要坚持的。

在这里，笔者还需要说明马克思新的历史观与它由以立足的自然观又是什么关系，并且澄清当时德国哲学在这方面的一些混乱观念。

在马克思主义理论体系中，历史观与自然观是内在地统一在一起的，两者紧密联系，互为作用。自然观是对整个自然界及其发展规律的认识，历史观是对人类社会生活本质及其运动规律的揭示。涉及的时空范围有差异，但两者不可分割地联系在一起。自然界的客观存在是人类社会存在和发展的客观基础，人类社会是大自然长期发展的产物，是自然界长期演变的结晶。从广义来讲，人类社会是自然界的一个有机的组成部分。从认识上讲，人

---

① 《马克思恩格斯文集》第2卷，人民出版社2009年版，第591—592页。

们在长期的生产实践中，在认识自己作用的对象的同时，也开始认识人自身和人的社会，以及它们的关系。这两者在发展过程中紧紧地交织在一起。解决人与自然、人与社会的关系，是社会实践的永恒主题，也是人们认识的永恒主题。马克思在创立科学历史观时，一刻也没有忽视自然界的存在，而始终把自然的"优先存在"作为研究社会历史的客观基础。他当时面临的主要任务是把唯物主义推广到社会历史领域，创立唯物主义历史观，但同时对人与自然的矛盾关系，对人化自然，也作了透辟的阐明，而且在不同时期对两者的关系都有不同的论述。

马克思主义创始人在其活动的早期，就尖锐地批判了思辨唯心主义哲学把自然界视为精神的外化，否认自然界的客观存在，或者对自然界作抽象化的理解，就开始研究人与自然、人与社会之间的关系，并且把解决"人类与自然的和解以及人类本身的和解"，看成是"我们这个世纪面临的大转变"[1]。就是说，不仅要从理论上阐明人与自然、人与社会的关系，而且要从实践上使这两个方面存在的问题得以真正的解决，达到真正的和谐。可以说，这是马克思终生所面临的历史任务。

马克思在《1844年经济学—哲学手稿》中，针对思辨唯心主义指出，"没有自然界，没有感性的外部世界，工人什么也不能创造。自然界是工人的劳动得以实现、工人的劳动在其中活动、工人的劳动从中生产出和借以生产出自己的产品的材料。"[2]但是，

---

① 《马克思恩格斯文集》第1卷，人民出版社2009年版，第63页。
② 《马克思恩格斯文集》第1卷，人民出版社2009年版，第158页。

违反人性的私有制的存在，"使自然界同人相异化"。马克思当时还受着费尔巴哈人的"类本质"观点的影响，从"自然主义—人道主义—共产主义"三位一体的角度来思考自然、人、社会的关系。指出："这种共产主义，作为完成了的自然主义，等于人道主义，而作为完成了的人道主义，等于自然主义，它是人和自然界之间、人和人之间的矛盾的真正解决，是存在和本质、对象化和自我确证、自由和必然、个体和类之间的斗争的真正解决。"①在马克思看来，共产主义作为人类所追求的理想目标，就是要最终消除人的自我异化，即人与自己的劳动产品、与自身的劳动活动、与人的类本质、与自然界以及与他人的异化，使人从自己的创造物（私有财产）的奴役中解放出来，把"物"（商品、货币、资本）的独立性和个性变为人的独立性和个性，实现人对自己本质的真正占有，从而克服人与自然、人与人、人与自身的对立，达到自然主义和人道主义的统一，完成人与自然以及人与社会矛盾的和解。十分显然，马克思这时还受着费尔巴哈人本主义思想的影响，但是，他已不是囿于用费尔巴哈的哲学范围，而是用他关于人的本质的异化的观点，说明如何扬弃私有制，如何解决人与自然、人与社会的矛盾，最终实现共产主义的理想社会。

接着，在《德意志意识形态》中，马克思彻底地清算了费尔巴哈脱离实践的直观唯物主义，对人与自然的关系，对何为自然，作了科学的阐发，论证了马克思的新的历史观与自然观的关系。马克思指出："历史可以从两方面来考察，可以把它划分为

---

① 《马克思恩格斯文集》第1卷，人民出版社2009年版，第185页。

自然史和人类史。但这两方面是密切相连的；只要有人存在，自然史和人类史就彼此相互制约。"自然史也就是自然科学，它不是马克思要研究的课题，他要研究的是几乎被当时整个意识形态所曲解或完全排除的人类史、社会历史观，但研究人类史并不是孤立的，它必须与自然史紧密相连，或者说必须以自然史为立足点。

人的实践活动是连接人与自然的纽带，生产劳动就是人用劳动工具作用于客观对象的活动，是人改造自然的活动，人类社会也正是在实践活动中逐渐形成起来的。"社会生活在本质上是实践的。"费尔巴哈的致命缺陷恰恰在于把人类的实践活动排除在哲学之外，他甚至根本不知实践为何物。正如马克思所指出的，费尔巴哈与唯心主义不同，他"想要研究跟思想客体确实不同的感性客体，但是他没有把人的活动本身理解为对象性的活动"[①]。但他根本不了解"革命的""实践批判的"活动的意义。所以，费尔巴哈在历史观上必然陷入唯心主义，就是对他口口声声颂扬的自然界也不可能做出正确的理解。

在马克思看来，自然界包括两个部分：自在的自然，即人类活动尚未作用过的自然界；人化自然，即已经被人类实践活动改造过、打上主体意志印记的那部分自然界。自在的自然，指人类世界出现之前的自然界和虽然与人类是同时存在但尚未被人类活动触及的那部分自然界，例如原始森林、未开垦的土地和未开采的矿藏等。人化自然，是指已经被人类实践活动改造过、打上主

---

① 《马克思恩格斯文集》第1卷，人民出版社2009年版，第503页。

体意志印记的那部分自然界，例如，人造森林、人工河、人工湖、已被开垦的土地和已被开采的矿藏等。这就是我们所谓的作为客观存在的自然界。

通过实践，自在自然日益转化为满足人的需要的合目的性的"为我之物"。这一过程就是自然的人化过程，其结果就是从自在自然中分化出人化自然。"自然的人化"就是"自然界对人来说的生成过程"，即自然界在人的实践过程中不断获得属人的性质，不断地被改造成人的存在和发展的条件，成为人的本质力量的确证和展现。马克思指出："在人类历史中即在人类社会的形成过程中生成的自然界，是人的现实的自然界；因此，通过工业——尽管以异化的形式——形成的自然界，是真正的、人本学的自然界。"[1]

物质生产是人类历史的发源地。但"一切生产都是个人在一定社会形式中并借这种社会形式而进行的对自然的占有"[2]。由于人们实践活动的社会性，就必然使人在对自然打上人的烙印的同时，也打上了社会的烙印。所以，人化自然是人的自然，也即是社会的自然。自然人化和人化自然的过程也是社会形成和发展的过程。人们在进行物质生产改造自然的同时，也在创建和改造着自己的社会结构和社会关系。没有人与人之间的社会关系，也就不可能有人与自然之间的现实关系。自然的人化和人化自然过程，正是在社会之中实现的，只有在社会中，自然界才是人自己的人的存在的基础。所以，人与自然、人与社会的关系，是辩证

---

① 《马克思恩格斯文集》第1卷，人民出版社2009年版，第193页。
② 《马克思恩格斯选集》第2卷，人民出版社1995年版，第90页。

统一的关系，是彼此制约、互为作用的关系。

针对费尔巴哈的"感性世界的直观"的观点，马克思指出，费尔巴哈根本不理解他周围世界所发生的变化，"他没有看到，他周围的感性世界决不是某种开天辟地以来就直接存在的、始终如一的东西，而是工业和社会状况的产物，是历史的产物，是世世代代活动的结果，其中每一代都立足于前一代所奠定的基础上，继续发展前一代的工业和交往，并随着需要的改变而改变他们的社会制度"①。这种生产活动的延续，就构成了人类史和自然史。人在这个过程中，不仅改造客观世界，也使自身发生变化。"人创造环境，同样环境也创造人。"

费尔巴哈戴着"单纯的直观"的眼镜来看事物，来谈"人"，他谈的人只是"自然人"，是"人自身"，而"不是现实的历史的人"，他更不了解现实中发生的真正的变化。在生产活动中，会产生这样那样的矛盾和冲突，"这些东西扰乱了他所假定的感性世界的一切部分的和谐，特别是人与自然界的和谐。"②这时，费尔巴哈不懂得通过实践去解决问题，而是诉诸他的能看出事物"真正本质"的"高级的哲学直观"，用简单的排除矛盾的方法，消除不和谐，回归到"人的本质"。在这里，马克思强调了一个"在工业中向来就有那个很著名的'人和自然的统一'"③问题。这个问题随着工商业的发展会不断地产生，这是不可避免的历史现象，这种矛盾只能由产生它的那个时代的社会实践去解决。

---

① 《马克思恩格斯文集》第1卷，人民出版社2009年版，第528页。
② 《马克思恩格斯文集》第1卷，人民出版社2009年版，第528页。
③ 《马克思恩格斯文集》第1卷，人民出版社2009年版，第529页。

马克思当时还处于工业革命的早期，那时由资本主义工商业带来的人与自然的矛盾，人的活动对自然环境的破坏，还远未达到资本主义工商业高度发展阶段的状况，所以，马克思还不可能对人与自然的和谐，以及如何保护生态环境，作出更充分的阐明。但是，在阐发新历史观的过程中，他已经对人与自然、人与社会的关系进行了初步的探讨，已提出要关注人与自然的和谐，提出"人和自然的统一性"问题，并且指明这些由实践产生的问题，只能由实践的发展去加以解决。马克思的上述思想，进一步阐释了现实的自然界、人们的社会存在的深刻内涵，大大丰富了唯物主义历史观，同时，也促使人们去研究人与自然的关系，关注人与自然的和谐，和保护人们赖以生存的自然环境。这些思想对后来的研究无疑具有奠基的意义。

马克思的历史观和自然观　/

对历史唯物主义基本原理的精确阐述

　　马克思、恩格斯在《德意志意识形态》中系统阐述了唯物主义历史观的基本内容，确立了马克思主义哲学的基础。然而，毋庸讳言，这一著作在阐述作为一个哲学理论体系的新世界观时，其中的一些表述还有不够精确之处，并且仍然沿用了一些旧的术语。马克思主义哲学的形成过程与其他事物的形成过程一样，内容的发展总是先于形式的发展，往往思想达到了某种高度，但文字的表述以及术语概念的使用却落在后面，这是认识的一个普遍规律。恩格斯说："一门科学提出的每一种新见解，都包含着这门科学的术语的革命。"[①] 这种"术语革命"并不仅仅是一种文字表达形式上的变化，它同时也是一个新的理论体系以及一些新的范畴、概念的形成过程。当1847年马克思写作《哲学的贫困》时，历史唯物主义的一些基本概念和范畴较前有了更确切的表达方式，整个理论体系也更为完善和严谨了。正因如此，马克思才

---

① 《马克思恩格斯全集》第23卷，人民出版社1972年版，第34页。

说："我们见解中有决定意义的论点，在我的1847年出版的为反对蒲鲁东而写的著作《哲学的贫困》中第一次作了科学的、虽然只是论战性的概述。"①

经济范畴是社会经济关系的理论表现。蒲鲁东的哲学唯心主义体现在他的整个思想体系之中。当他在《什么是所有权》中论及财产权时，它表现为法学唯心主义；当他在《贫困的哲学》中论及政治经济学时，它又表现为经济学上的唯心主义。蒲鲁东自称是黑格尔的信徒，但他从黑格尔那里没有汲取任何有价值的东西，却不折不扣地继承了黑格尔的唯心主义。当蒲鲁东研究政治经济学时，他首先看到的不是现实的社会经济关系，而是一系列观念形态的经济学范畴。他把经济范畴看成是"原始的原因"，而实在的社会经济关系不过是这些抽象经济范畴的体现。蒲鲁东将一系列经济范畴生硬地凑在一起，排列成一定的顺序，例如分工、机器、竞争、垄断、税收或警察、贸易平衡、信贷、所有制，在他看来，他的这些范畴总合起来就构成所谓所有制的社会关系，现实的社会经济关系之所以有运动和变化，恰恰是由于他的理论体系中的一系列范畴依据一定的排列顺序不断运动变化的结果。

马克思的历史唯物主义与这种彻头彻尾的哲学唯心主义是完全不相容的。马克思尖锐地批判了蒲鲁东的唯心主义观点，通过批判，马克思不仅把政治经济学完全奠定在新唯物主义哲学的基础上，从而确立了政治经济学的研究对象，而且更为深刻地阐明

① 《马克思恩格斯文集》第2卷，人民出版社2009年版，第593页。

了历史唯物主义基本原则。

马克思指出，蒲鲁东神秘地颠倒了经济关系与经济范畴的关系。他不是把政治经济学的范畴看作实在的、暂时的、历史的社会关系的抽象，而是"把事物颠倒了，他认为现实的关系只是一些原理和范畴的化身"。在蒲鲁东眼中，"这些原理和范畴过去曾睡在'无人身的人类理性'的怀抱里"①。因此，他探讨的并不是社会经济关系的历史，也不是世俗的人类的历史，而是神圣的观念的历史。他提供的经济范畴的发展顺序不过是这些范畴在他头脑中排列的次序。在他看来，人不过是观念或永恒理性为了自身的发展而使用的工具。

蒲鲁东不是从现代社会制度的联结中去了解现代社会制度，而是从"普遍理性""人类的无人身的理性"出发去探讨经济关系的运动，因而给人们提供的仅是一种"可笑的哲学"。他的那些关于历史的议论是在想象的云雾中发生并高高超越于时间和空间之上的，因此，它们不过是"黑格尔式的废物"。说穿了，他不过是想"借软弱的黑格尔主义来把自己装扮成坚强的思想家"。马克思明确指出，蒲鲁东的这些思想完全是黑格尔主义的翻版。"黑格尔为宗教、法等做过的事情，蒲鲁东先生也想在政治经济学上如法炮制。"②他从黑格尔那里找到了一种"绝对方法"，这就是把一切存在物都经过抽象而归结为逻辑范畴，把"整个现实世界都淹没在抽象世界之中，即淹没在逻辑范畴的世界之中"③。它

---

① 《马克思恩格斯文集》第1卷，人民出版社2009年版，第602页。
② 《马克思恩格斯文集》第1卷，人民出版社2009年版，第601页。
③ 《马克思恩格斯文集》第1卷，人民出版社2009年版，第600页。

所说的运动不过是运动的抽象或抽象形态的运动，不过是"运动的纯粹逻辑公式或者纯理性的运动"。蒲鲁东并没有真正学会黑格尔的辩证方法，却把他的哲学降低到了极可怜的程度。他像黑格尔一样，认为世界上过去和现在发生的一切就是他自己的思维中发生的一切；在他看来，没有适应时间次序的历史，只有观念在理性中的顺序。他妄自尊大地自以为他是在通过思想的运动来建设世界；而实际上，"他只是根据绝对方法把所有人们头脑中的思想加以系统的改组和排列而已"①。

马克思揭示了蒲鲁东的这种唯心主义观点的认识根源和阶级根源。他指出，蒲鲁东确实看到了实现历史的进步，但他同时也发现，人们作为个人来说并不知道他们在做什么事情，他们的社会发展初看起来似乎是和他们的个人发展不同、分离和毫不相干的。蒲鲁东无法解释这些事实，只好假设它们是一种普遍理性的自我表现。因为"发明一些神秘的原因即不合常理的空话，那是最容易不过的了"②。蒲鲁东沉湎于唯心主义的幻想，这并不是偶然的。因为他是一个彻头彻尾的小资产阶级的哲学家和经济学家。小资产者由于本身所处的社会地位，必然既迷恋于大资产阶级的豪华，又同情人民的苦难。他们本身就是社会矛盾的体现。他们信奉的是所谓不偏不倚的中庸之道和"真正的平衡"。他们一方面渴望现实的改变；另一方面又本能地惧怕这种改变。所以，他们很自然地倾向和赞同那种主张只要改变思想和范畴就能

---

① 《马克思恩格斯文集》第1卷，人民出版社2009年版，第602页。
② 《马克思恩格斯全集》第27卷，人民出版社1972年版，第477页。

改变现实生活的哲学。这就是作为小资产者的蒲鲁东之所以沉迷于作为软弱的资产阶级思想代表的黑格尔的唯心主义的原因。

马克思在批判蒲鲁东的唯心主义观点的同时，实际上阐述了历史唯物主义的一项基本原则。这就是，在社会存在与社会意识的相互关系上，只能是前者决定后者，而不能是相反。在历史唯物主义看来，"人们按照自己的物质生产率建立相应的社会关系，正是这些人又按照自己的社会关系创造了相应的原理、观念和范畴"①。"经济范畴只不过是生产的社会关系的理论表现，即其抽象。"②这些道理，蒲鲁东是一概不了解的。根据他的意见，创造历史的，正是抽象、范畴，而不是人。这样，在蒲鲁东那里，当作范畴形式来看的经济关系，就成了既无起源，又无发展的永恒公式。马克思指出，蒲鲁东实际上是间接地肯定了资产阶级生活的永恒性。因为他神化了以观念形式表现资产阶级关系的范畴，他将资产阶级社会的产物想象为范畴和观念的形式，实际上是把这些产物视为自行产生、具有自己的生命的、永恒的东西了。而在历史唯物主义看来，"这些观念、范畴也同它们所表现的关系一样，不是永恒的。它们是历史的、暂时的产物"③。资产阶级的社会关系同历史上的一切其他的具体形态的社会关系一样，都会随着生产力的发展而不断变化，而作为这种社会关系或社会存在的反映的观念形态的范畴、理论等，同样也会相应地发生变化。"生产力的增长、社会关系的破坏、观念的形成都是不断变动的，

①《马克思恩格斯文集》第1卷，人民出版社2009年版，第603页。
②《马克思恩格斯文集》第1卷，人民出版社2009年版，第602页。
③《马克思恩格斯文集》第1卷，人民出版社2009年版，第603页。

只有运动的抽象即'不死的死'才是停滞不动的。"①

对生产力与生产关系原理的科学表述。生产力和生产关系是历史唯物主义的核心范畴。毫无疑问，马克思主义创始人在《德意志意识形态》中，对这一对范畴在理论上已经作了阐明。但是，由于当时尚未完全从旧的术语的影响中摆脱出来，因而这一对范畴的制定工作严格说来并未结束。在《哲学的贫困》中，唯物史观的理论内容和表述形式达到了统一，马克思完全是以一种独有的科学术语来阐述他的崭新的历史哲学。生产力和生产关系这一对重要范畴，在理论内容和表达形式上也得到了更准确、更科学的规定。

在《德意志意识形态》中，马克思和恩格斯大量使用了"生产力"这一概念，对于它在历史唯物主义理论中所具有的特定含义也做了详细的说明。他们论述了生产力是人同自然之间的关系的一种表现，强调了生产力的客观性和它在历史发展中的基础作用，同时对构成生产力的诸要素（作为直接劳动的人的要素和作为劳动材料的工具、土地、水力等物的要素）也做了分析；当他们将生产工具区分为"自然产生的生产工具"和"由文明创造的生产工具"时，实际上已经把科学技术的因素考虑在生产力的概念之中了。然而，马克思恩格斯这时使用生产力概念时，也有一些不够确切之处。例如，他们往往是将"生产力"与"物质生产""生产方式""分工"等相提并论；对于构成生产力的诸种要素的地位和作用也缺乏分析。而在《哲学的贫困》中，这些不足

---

① 《马克思恩格斯文集》第1卷，人民出版社2009年版，第603页。

对历史唯物主义基本原理的精确阐述 /

之处得到了弥补，生产力这一概念变得更为精确了。

　　当马克思在《哲学的贫困》中使用"生产力"这一概念时，它已完全变成了历史唯物主义特有的一个理论术语。这时，他所指的"生产力"，是指那种相对于"生产方式"和"生产关系"而言的、人类改变自然的能力。对于构成生产力的人的要素和物的要素的不同地位和作用，马克思也做了专门的分析。他强调了作为能动的直接劳动的人的要素在生产力中的基础性作用。无论将出现何种生产工具，无论生产力以何种历史水平表现出来，作为直接劳动力的人都永远是生产力中最重要的基本因素；离开了处于特定社会关系中的人，一切生产工具和劳动材料都将会变为被动因素。因此，"在一切生产工具中，最强大的一种生产力是革命阶级本身"①。另外，马克思对于生产力中的物的要素，尤其是生产工具的作用也作了充分的肯定。正如他在《德意志意识形态》中已经指出的那样，生产工具形成生产力的物质前提，每一历史时代的生产力的水平总是以生产工具发展的水平为标志的。在《哲学的贫困》中，马克思在此基础上进一步指出，生产工具不仅标志着某一时代生产力的水平，而且也标志着某一时代的生产关系和社会形态。"手推磨产生的是封建主的社会，蒸汽磨产生的是工业资本家的社会。"②可以看出，社会发展的最基本原因在这里被归结为生产力（生产工具）的高度，生产力在历史上的作用在这里得到了最明确的说明。马克思还指出："人们不能自

---

① 《马克思恩格斯文集》第1卷，人民出版社2009年版，第655页。
② 《马克思恩格斯文集》第1卷，人民出版社2009年版，第602页。

由选择自己的生产力——这是他们的全部历史的基础，因为任何生产力都是一种既得的力量，是以往的活动的产物。可见，生产力是人们应用能力的结果，但是这种能力本身决定于人们所处的条件，决定于先前已经获得的生产力，决定于在他们以前已经存在、不是由他们创立而是由前一代人创立的社会形式。后来的每一代人都得到前一代人已经取得的生产力并当做原料来为自己新的生产服务，由于这一简单的事实，就形成人们的历史中的联系，就形成人类的历史，这个历史随着人们的生产力以及人们的社会关系的愈益发展而愈益成为人类的历史。"①马克思的这段话应该是迄今为止对生产力及其历史作用所作的最透辟的阐释了。

在《德意志意识形态》中，几乎没有使用"生产关系"这一概念，其含义也并未确定，主要是用"交往关系"或"交往形式"来表述生产关系的思想。

在《哲学的贫困》中，"生产关系"这一概念进一步精确化了，可以说，它已作为唯物史观的核心范畴而被确定下来了。正如列宁后来评价的，这本书谈及的一切问题"都是援引生产关系的"。在这里，"交往形式"已被"生产关系"所代替，"社会关系"与"生产关系"两个概念的内涵和外延已作了明确的界定。当马克思在准备写作《哲学的贫困》而致书巴·瓦·安年柯夫时，曾有这样来说明唯物史观的："社会——不管其形式如何——是什么呢？是人们交互活动的产物。人们能否自由选择某一社会形式呢？决不能。在人们的生产力发展的一定状况下，就

---

① 《马克思恩格斯文集》第10卷，人民出版社2009年版，第43页。

会有一定的交换［commerce］和消费形式。在生产、交换和消费发展的一定阶段上，就会有相应的社会制度形式、相应的家庭、等级或阶级组织，一句话，就会有相应的市民社会。有一定的市民社会，就会有不过是市民社会的正式表现的相应的政治国家。"①马克思这段话的本意是阐释唯物史观的历史决定论的，但从中不难看出，人与人之间的相互关系已经被马克思进行了区分。社会以及社会关系是人们在交往或交互作用中形成的最宽泛、含义最广的一种关系，它不仅包括物质生产中人与人的关系，也包括经济活动、政治活动等方面人与人的关系。而生产关系不过是一种与一定的生产力发展状况相适应的物质生产关系，它主要包括交换关系和消费关系。这种说法与马克思日后在《〈政治经济学批判〉导言》（1857—1858年）中从生产、消费、分配、交换（流通）四方面来解释生产关系固然仍有差距，但从中不难看到，"生产关系"已经被明确地规定为人们在物质生产中形成的相互关系。正如马克思在《哲学的贫困》中指出的："人们是在一定的生产关系中制造呢绒、麻布和丝织品的。……这些一定的社会关系同麻布、亚麻等一样，也是人们生产出来的。"②人们的物质的生产关系是人们的物质的生产活动的产物，同时也是人们的物质生产活动借以实现的必然形式。不管人们是否意识到这一点，人们的物质生产关系"形成他们的一切关系的基础"③。离开了生产关系，其他的一切社会关系都只能是空中

---

① 《马克思恩格斯文集》第10卷，人民出版社2009年版，第42—43页。

② 《马克思恩格斯文集》第1卷，人民出版社2009年版，第602页。

③ 《马克思恩格斯文集》第10卷，人民出版社2009年版，第43页。

楼阁。

由于这时"生产力""生产关系"的概念得到了更为明确的规定，当论及二者的相互关系时就不必再像在《德意志意识形态》中那样只是论述生产力与"交往形式"之间的关系了，马克思这时都是直接地谈论生产力与生产关系的矛盾，论及二者之间的辩证运动，并由此而论述历史过程及其动力的。

当论及生产力与生产关系的辩证关系时，马克思首先强调的是生产力的能动作用，认为生产力的变化是导致生产关系和整个社会变化的首要原因。可以说，历史的发展已被最终归结到生产力的高度。马克思一方面指出，人们如果不以一定的方式结合起来共同活动和交换其活动，就不能进行生产。只有在一定的生产关系中，才会有人们对自然界的关系，才会有生产；但马克思另一方面又强调："各个人借以进行生产的社会关系，即社会生产关系，是随着物质生产资料、生产力的变化和发展而变化和改变的。"① 人类历史发展就是生产力与生产关系的矛盾运动过程，而生产力是最终的动力。

总之，正像马克思在《哲学的贫困》中明确阐明的那样，生产关系和生产力密切相连。随着新生产力的获得，人们改变自己的生产关系，随着生产关系的改变，人们也就会改变自己的一切社会关系。生产关系是物质生产借以实现的条件和前提，而生产力的变化则是引起生产关系乃至整个社会关系发生变化的根本原因。"生产力在其中发展的那些关系，并不是永恒的规律，而是

---

① 《马克思恩格斯文集》第1卷，人民出版社2009年版，第724页。

同人们及其生产力的一定发展相适应的东西，人们生产力的一切变化必然引起他们的生产关系的变化"①。

马克思在此基础上批驳了古典经济学家将资本主义生产关系美化为"自然的、因而是永恒的资产阶级社会生产关系"的观点，具体分析了无论是封建生产关系还是资本主义生产关系，都是生产力发展和生产力与生产关系辩证运动的必然结果，都是历史过程的暂时产物。他指出，为了正确地判断封建的和资本主义的生产，"必须把它当做以对抗为基础的生产方式来考察"②。在这种对抗的生产方式下，生产力与生产关系的矛盾必然表现为一种阶级的对抗式关系。事实上，"当文明一开始的时候，生产就开始建立在级别、等级和阶级的对抗上……没有对抗就没有进步。这是文明直到今天所遵循的规律。到目前为止，生产力就是由于这种阶级对抗的规律而发展起来的"③。在阶级对抗的社会中，被压迫阶级的存在是这个社会得以存在的必要条件，同时也是促使社会发生变化的革命因素。这个作为革命因素的被压迫阶级，一般说来总是与生产力相联系着的，成为生产力的代表，即是说，"革命因素之组成为阶级，是以旧社会的怀抱中所能产生的全部生产力的存在为前提的"④。另外，现存的社会关系和生产关系，一般来说总是与占统治地位的统治阶级相联系的。随着生产力的变化，旧的生产关系将会变为不再适应生产力的社会关系，从而

---

① 《马克思恩格斯文集》第1卷，人民出版社2009年版，第613页。
② 《马克思恩格斯文集》第1卷，人民出版社2009年版，第613页。
③ 《马克思恩格斯全集》第4卷，人民出版社1958年版，第104页。
④ 《马克思恩格斯文集》第1卷，人民出版社2009年版，第655页。

必然导致分别代表生产力与生产关系的不同阶级的对抗的发展，"要使被压迫阶级能够解放自己，就必须使既得的生产力和现存的社会关系不再能够继续并存"①。也就是说，必须改变陈旧的生产关系，"必须粉碎生产力在其中产生的那些传统形式"②。马克思具体分析了封建生产中两个对抗因素而导致的阶级斗争，指出封建社会的灭亡正是这种对抗和斗争的必然结果。而当资产阶级得势以后，"资产阶级把它在封建主义统治下发展起来的生产力掌握起来。一切旧的经济形式、一切与之相适应的市民关系以及作为旧日市民社会的正式表现的政治制度都被粉碎了"③。

马克思接着指出，从此以后，从前的革命阶级将成为保守阶级。资产阶级运动在其中进行的那些生产关系的性质是两重的，"在产生财富的那些关系中也产生贫困；在发展生产力的那些关系中也发展一种产生压迫的力量"④，这就是说，资产阶级在其历史发展过程中不可避免地要发展它的对抗性质。随着资本主义的发展，现代无产阶级在它内部发展起来；而随着生产力与生产关系矛盾的日益加剧，资产阶级与无产阶级的阶级斗争也就日益剧烈化了。这种斗争最初是表现为局部的暂时的冲突，局限在经济斗争（维护工资等）领域；随着斗争的开展，工人们逐渐联合起来，孤立的同盟开始组成为集团，工人阶级开始成为一个"自为的阶级"，使阶级斗争具有了政治斗争的性质。无产阶级与资产

---

① 《马克思恩格斯文集》第1卷，人民出版社2009年版，第655页。
② 《马克思恩格斯文集》第1卷，人民出版社2009年版，第613—614页。
③ 《马克思恩格斯文集》第1卷，人民出版社2009年版，第613页。
④ 《马克思恩格斯文集》第1卷，人民出版社2009年版，第614页。

阶级的斗争一旦达到最紧张的地步，就将成为"全面的革命"。"因为政权正是市民社会内部阶级对抗的正式表现。"①所以一切革命的矛头首先是指向旧的统治政权。从这个意义上说，这种作为社会运动的革命绝不排斥政治运动，它必然是一场政治革命。马克思指出，正是这种政治革命导致了社会的进化，导致了对资产阶级社会的全盘改造。他从当时的社会状况出发预言："建筑在阶级对立上面的社会最终将导致剧烈的矛盾、人们的肉搏。"在一场无产阶级与资产阶级的"血战"之后，资本主义的生产关系和整个社会关系将被彻底清除。

---

① 《马克思恩格斯文集》第1卷，人民出版社2009年版，第655页。

《共产党宣言》与当今时代

　　《共产党宣言》是1848年2月在伦敦出版的。《宣言》出版以来，至今用200多种文字，出版了数百种版本，其影响波及全世界。这在世界学术理论领域是绝无仅有的。恩格斯在1890年德文版序言中说："《宣言》的历史在某种程度上反映着1848年以来现代工人运动的历史。现在，它无疑是全部社会主义文献中传播最广和最具有国际性的著作，是从西伯利亚到加利福尼亚的所有国家的千百万工人的共同纲领。"① 在20世纪，由《宣言》奠定的马克思主义学说，由理论变成实践，建立了世界上第一个社会主义制度，并曾经出现了一个让资本主义世界胆战心惊的社会主义阵营。《宣言》也必将对21世纪世界社会主义产生重大影响。

　　在我国，从20世纪初一些进步人士就开始向国人介绍《宣言》，并且多次翻译出版了《宣言》的部分内容，宣传其重要思想。直到1920年8月才全文出版了由陈望道翻译的《宣言》中文

---

① 《马克思恩格斯文集》第2卷，人民出版社2009年版，第21页。

版。以毛泽东为代表的我国老一辈革命家，就是通过这个最早的中译本《宣言》接受马克思主义的。周恩来曾经回忆道："我最早读到的陈望道翻译的《共产党宣言》，这个译本虽然有些缺点，但基本原理大体是正确的。"在他病重期间还向陈望道询问《宣言》第一版出版的情况。《宣言》在我国先后出了十几种版本。1964年，中央编译局参照《宣言》的德文版和恩格斯亲自审阅过的英文和法文本，对《宣言》的中译本进行了较大的、周详的校译，这个版本成为在我国流传最广和影响最大的译本。同时还出版了多种少数民族文字的译本。没有《共产党宣言》就不会有国际共产主义运动，也就不会有我国社会主义革命与建设，更不会有中国特色社会主义。

《共产党宣言》尽管发表170年了，但它在今天仍有重要理论价值和现实意义。今天纪念《共产党宣言》的发表，最重要的是，应该认真地研读《宣言》文本，结合新的时代特征和社会实践，理解和把握它所包含的深刻的思想内容，以及马克思主义创始人研究分析问题的立场、观点和方法，并用《宣言》的精神激励和指导我们的行动，为实现共产主义的远大理想而不懈奋斗！

学习和研究《宣言》，不仅要了解我国学者的研究情况，还应当了解国外学者，特别是左翼学者对《宣言》的研究和评价。因为《宣言》本来就是世界性的作品，是国际共产主义运动的产物，他们的研究无疑对我们有重要的借鉴意义。

在1998年，为纪念《共产党宣言》发表150周年，许多国家纷纷举行各种形式的纪念活动和理论研讨会。其中最隆重、规模和影响最大的国际性活动，是当年五月中旬在巴黎召开的"纪念

《共产党宣言》发表150周年国际大会"。它既是一次具有重要意义的纪念活动，又是一次内容广泛的马克思主义国际学术讨论会。这次会议由法国"马克思园地"主办，有60多个国家和地区的1500多名专家学者参加。笔者作为中国学者参加了这次盛会，深受大会的气氛和学者们的深邃的见解所感染，现在回想起来，当时的情景还历历在目。这次大会的主题是，《宣言》发表一个半世纪以来，当代资本主义的变化和如何实现人类的解放。大会组委会主任、法共政治局委员、马克思主义研究所前所长弗·拉扎尔夫人在致开幕词时动情地说："《共产党宣言》不是一般的书。它不是冰，而是碳，放在锅里能使水沸腾起来。我们为什么不使历史重新沸腾起来呢？"她最后讲道："取代资本主义的选择是什么？人类解放的前景是什么？这两个问题值得在世界范围展开最广泛、最深入和最富创造性的讨论。因为在马克思提出解放全人类口号150年后的今天，《宣言》依然具有伟大意义。马克思揭示了资本主义给人类带来的灾难。150年来，为着人类的解放，各国人民和无数志士仁人雄心勃勃地进行了众多的探索和尝试，但也经历了许多苦难、悲剧和失败。值此世纪之交之际，面对社会生活的新挑战，我们认为，所有的进步力量应在保持各自特性的同时，摈弃几十年间形成的分歧，共同思考，一起工作和进行讨论。这就是本次大会的意义。"她的发言指明了《宣言》的重要精神，表达了与会学者的共同心声。

这次会议着重讨论了以下的问题：《宣言》发表以来时代发生的变化和当今世界面临的重大问题；《宣言》的历史地位和重要意义；当代资本主义和经济全球化；当代资本主义阶级关系的

新变化和革命问题；民主和社会主义的内在统一关系问题；市场和社会主义的关系问题；关于科技革命、生态环境和可持续发展问题；等等。与会学者对以上问题都进行了深入的讨论，发表了很有见地的看法。比如，关于可持续发展问题，有的学者强调，生态问题已经成为当今世界面临的巨大挑战，必须以马克思人与社会、人与自然相和谐的思想来重新审视科技革命、生产力发展和消费问题，必须把生态战略和社会问题联系起来加以考虑，也就是解决生态问题必须同解决社会问题相结合。有的学者认为，当前全球严重的生态问题是发达资本主义的无节制的生产和无节制的消费造成的。为超额利润而生产和为过度消费而生产是资本主义生产方式的两根支柱，资本主义制度是不可能解决当今面临的生态灾难问题的。可见，这些观点对于当前我们建设社会主义生态文明，是有启发意义的。这次会议气势恢宏，理论层次高，反映了苏东剧变后国际上出现研究马克思主义的新的热潮。

2005年7月英国广播公司（BBC）"在我们这个时代"栏目中开展一项调查，题目是"谁是现今英国人心目中最伟大的哲学家"。7月14日公布的调查结果显示：共产主义理论奠基人卡尔·马克思以27.93%的得票率排在第一位。休谟、柏拉图、康德、苏格拉底、亚里士多德和黑格尔等远远落在其后。该栏目主持人布拉格认为，"马克思当选为最伟大哲学家有诸多因素，但是能够解释一切的理论是他夺冠的最重要原因。"这里所说的"能够解释一切的理论"，指的就是马克思的唯物主义历史观。因为，只有用历史唯物主义的观点和方法，才能科学地说明社会现象的本质和历史发展的规律，才能对历史的趋势做出正确预测。

对这次调查，剑桥大学政治系教授加里斯特·琼斯发表评论说："如果你读《共产党宣言》你不得不承认它是一个很有力、很了不起的文件。虽然出版于1848年，但我们现在经常谈到的全球化、裁员、跨国公司、世界经济朝这个或那个方向发展，所有这些内容书中都能找到，它有令人惊讶的现实意义，任何其他文件都没有这个力量。"①

同年9月，德国《明镜》周刊也作了类似的调查，结果公布后，不来梅大学和柏林自由大学的学者发表评论说："作为社会理论家，马克思揭示了历史唯物主义的发展规律，以及物质基础–上层建筑模式，并勾画出现代社会发展的历史远景。这些在过去都非常吸引人，现在仍然令人神往。"这两位学者都认为，"马克思改变了世界"。"21世纪初，我们需要像马克思这样的思想家以令人信服的方式分析资本主义的形势。"

从上述可见，《共产党宣言》对当今世界依然发生着重大的影响，就像巴黎大会的中心口号一样："马克思还活着"，"当今世界仍然需要马克思主义"！只要当今资本主义制度还存在，只要严重的社会问题和生态问题得不到解决，马克思创立的科学原理就仍然具有现实的指导意义。

应当指出，共产主义理想社会的实现是一个长期的历史过程，不可能一蹴而就，但决不是"渺茫的"。共产主义是由一系列相互衔接的发展阶段构成的"消灭现存状况的现实运动"。千里之行，始于足下，共产主义是未来，也在当下。正如《宣言》

---

① 引自2005年7月27日的《新华每日电讯》。

所说，"共产党人为工人阶级的最近的目的和利益而斗争，但是他们在当前的运动中同时代表运动的未来。"① 工人阶级的最高纲领和最低纲领、长远利益和当前利益是有机统一的，将两者割裂开来或对立起来，在理论上是错误的，在实践上是有害的。根本问题在于，要正确地理解和把握《宣言》阐发的科学原理，结合不同发展阶段的实际加以创造性的运用，并取得实际的成效。

---

① 《马克思恩格斯选集》第1卷，人民出版社1995年版，第284页。

《共产党宣言》的核心思想和深远影响

　　科学社会主义奠基之作《共产党宣言》问世已经150年了。150年来，没有哪一本书传播得如此广泛，引起世人如此巨大的关注，也没有哪一本书像《宣言》那样对世界历史发生如此深刻的影响，并将继续深深地改变着世界历史发展的进程。《宣言》虽然篇幅不大，但它却是划时代的传世巨著。因为它预示着，在人类历史长河中，一种旧的社会形态将逐渐退出历史舞台，另一种新的社会形态像磅礴欲出的太阳，将冉冉升起。这不是乌托邦，而是历史的真理。今天，纪念《宣言》发表150周年，莫过于继承《宣言》的精神，掌握马克思、恩格斯这两位思想巨匠为世界无产阶级和劳动人民锻造的这个强大的理论武器，把150年来无数革命先烈和志士仁人，经过流血牺牲、艰苦奋斗取得的社会主义成果继续下去，把邓小平同志开创的建设有中国特色的社会主义事业卓有成效地推进到21世纪。

　　《宣言》的问世不是偶然的，也不是某个天才人物的臆想，而是社会实践的要求，是时代的产物。

　　从社会实践来看，19世纪40年代下半期，无产阶级作为独立的政治力量已经登上世界历史的舞台，并且面临着革命的形势。1847年在伦敦成立的共产主义同盟，是历史上第一个建立在科学社会主义基础之上的无产阶级政党。它标志着，工人运动从分散的活动变成有组织的运动。它比任何时候都更加需要完备的、科学的理论作为指导。同盟委托马克思、恩格斯起草同盟的纲领，并且很快以《共产党宣言》的形式于1848年2月问世，就是这种客观形势所使然。这种革命形势自然在《宣言》得到了反映。

　　从理论方面来看，正值时代需要思想巨匠的时候，历史把特利尔青年卡尔·马克思推上了政治舞台，同时也出现了他的天才战友弗·恩格斯。他们两人珠联璧合，殊途同归，在1843年几乎同时完成了从革命民主主义到共产主义、从唯心主义到唯物主义的转变。这里所谓唯物主义，已经不是费尔巴哈所代表的旧唯物主义，列宁将它确切地表述为"历史（和辩证）唯物主义"[1]。接着，他们便开始了两人终生的合作和战斗的友谊，并且很快产生了他们合作的最初成果：《神圣家族》和《德意志意识形态》。特别是《德意志意识形态》，成为他们新世界观即唯物主义历史观的问世之作。这里，有些地方几乎用《宣言》使用的语言阐述了他们新的世界观。并且立即从中引出了共产主义的重要结论。同时，尖锐地批判了费尔巴哈的人本主义和以此为哲学基础的德国"真正的社会主义"。从而使人们摆脱了抽象的思辨。从现实的社会关系和阶级关系去研究现实的社会主义运动。可以说，没有

---

① 《列宁全集》第55卷，人民出版社1990年版，第293页。

《德意志意识形态》，就没有《共产党宣言》。前者是后者的思想准备，后者是前者的进一步深化、最集中地表述和实际地运用。了解这一过程，就会使我们认识到，《宣言》的每个思想都是有根据的，它不是偶然产生的，而是马克思、恩格斯多年科学研究的结果。

《宣言》的基本思想在作者后来为它写的几个序言中，不只一次地作过表述。下面引用的是恩格斯1888年英文版序言中的一段话。这里写道，构成《宣言》核心的基本思想就是："每一个时代主要的经济生产方式和交换方式以及必然由此产生的社会结构，是该时代政治的和精神的历史所赖以确立的基础，并且只有从这个基础出发，这一历史才能得到说明；因此人类的全部历史（从土地公有的原始氏族社会解体以来）都是阶级斗争的历史，即剥削阶级和被剥削阶级之间、统治阶级和被统治阶级之间斗争的历史；这个阶级斗争的历史包括有一系列发展阶段，现在已经达到这样一个发展阶段，即被剥削被压迫的阶级（无产阶级），如果不同时使整个社会一劳永逸地摆脱一切剥削、压迫以及阶级差别和阶级斗争，就不能使自己从进行剥削和统治的那个阶级（资产阶级）的奴役下解放出来。"[1] 恩格斯认为，这个思想对历史学必定会起到像达尔文学说对生物学所起的那样的作用。列宁曾指出，"这部著作以天才的透彻而鲜明的语言描述了新的世界观，即把社会生活领域也包括在内的彻底的唯物主义，作为最全面最深刻的发展学说的辩证法、以及关于阶级斗争和共产主义新社会

---

① 《马克思恩格斯选集》第1卷，人民出版社1995年版，第257页

创造者无产阶级肩负的世界历史性的革命使命的理论。"他认为，《宣言》是"每个觉悟工人必读的书籍"。上面的论述，对《宣言》的基本思想、科学价值和巨大的实践意义，阐述得是再清楚不过了。

　　在这里，我只想强调地说明一下唯物主义历史观同科学社会主义内在的、不可分割的联系。彻底地发挥唯物主义观点，必然导致科学社会主义的结论。所以，恩格斯把它视为科学社会主义的理论基石之一。马克思以前的唯物主义者，在自然观上是唯物的，但在历史观上却是唯心的。他们不是用社会存在去说明社会意识，相反地用社会精神现象去说明物质生活；不是把物质生产看作历史的发源地，而是把理性的东西视为历史的动力，或者用人性去附会人类历史。所以，他们既不能说明社会生活的本质，也不可能揭示历史运动的规律。这并不完全是过去的思想家们的过错，而是难以避免的历史的局限性。因为，人们总是首先认识自己周围的比较简单的自然现象，然后深入到认识比较复杂的、自己生活其中的社会历史现象。这也是人类认识发展的进程。马克思、恩格斯划时代的历史贡献，首先就在于实现了人类历史观的伟大变革，把唯物主义从对自然的认识推广到社会历史领域，破天荒第一次从物质生产出发，用一定的生产方式及与其相适应的经济结构，去说明该历史阶段的社会关系、政治制度和意识形态，从而把对社会历史的认识置于科学的基础之上。恩格斯把这一伟大发现同达尔文在生物学上完成的变革相比，是毫不过分的。过去的空想社会主义之所以是空想，其认识根源就在于认识与实际生活脱节，他们的社会主义学说是建立在历史唯心主义之上的。所以，他们片面地夸大理性、人性和个别人物的作用，否定现实的阶级关系和阶级斗争，也就不足为奇了。社会主义历史必然性的结论，完全是从现代社会的经济的运动规律得出的。总结历史和现实的斗争经验，可以得出这样的结论，脱离开《宣言》所阐明的唯物主义历史观这一核心思想，便不可能坚持科学社会主义学说。

阶级的观点是历史唯物主义的基本观点，是用彻底唯物主义方法研究社会历史、特别是研究近代资本主义社会历史而得出的必然结论。其实，阶级和阶级斗争的存在，马克思以前的历史学家和经济学家们已经发现了，并一定程度地用它来解释一些历史事件。马克思的伟大贡献，只在于科学地阐明了阶级斗争同物质生产发展的一定阶段相联系，认识到阶级斗争必然导致无产阶级专政，以及这个专政不过是达到消灭一切阶级和进入无产阶级社会的过渡。毫无疑义，这个认识在当时已经是一个了不起的发现了。

关于阶级这一历史现象，马克思把它放在生产力发展的一定历史阶段上加以考察，也就是说，第一次给它以科学地解释。在谈到人的自由发展的时候，他阐明了如下的重要思想：人们每次都不是在他们关于人的理想所决定和所容许的范围之内，而是在现有的生产力所决定和所容许的范围之内取得自由的。但是，作为过去取得的一切自由的基础是有限的生产力，受这种生产力所制约的、不能满足整个社会的生产，使得人们的发展只能具有这样的形式：一些人靠另一些人来满足自己的需要，少数掌握生产资料的人取得支配权，而大多数失去生产资料的人只能处于被剥削的屈从地位，他们暂时丧失任何发展的可能性，因此，"到现在为止，社会一直是在对立的范围内发展的，在古代是自由民和奴隶之间的对立，在中世纪是贵族和农奴之间的对立，近代是资产阶级和无产阶级之间的对立。"①《德意志意识形态》阐明的这一思想，在《宣言》中精辟地概括为"至今一切社会的历史都是阶级斗争的历史。"②可见，马克思关于阶级和阶级斗争的学说，决不是随意杜撰的，而是建立在对生产力和生产关系的矛盾分析的基础之上，是对历史和现实经验的科学总结。这里告诉人们一个普遍的真理：阶级和阶级斗争的存在，完全是一个客观的、自然的现象，是社会生产力和生产关系矛盾发展的结果。考察人的自由发展，既不能脱离开生产力和生产关系的发展，也不能无视阶级关系对它的制约。否则，就又会陷入马克思所尖锐批判过的德国思辨唯心主义和"真正的社会主义"的泥沼中去。对于马克思主义阶级学说，必须采取科学的态度，尤其在实际社会生活中的理解和运用，一定要符合历史唯物主义。片面地夸大它，或简单地处理它，肯定是错误的，会给社会主义事业造成严重的后果，这已经为社会实践所证明了。但也不能无视它，不能因过去的错误而否定这一学说的真理性。这也会有害于社会主义事业。总之，应该用科学审慎的态度去研究它，对待它。

《宣言》一系列重要理论观点。比如，资产阶级的灭亡和无产阶级胜利是同样不可避免的观点，无产阶级历史使命的观点，

---

① 《马克思恩格斯全集》第3卷，人民出版社1960年版，第507页

② 《马克思恩格斯选集》第1卷，人民出版社1995年版，第272页

尽快发展生产力的观点，消灭私有制的观点，同传统的所有制关系和传统的观念实行最彻底的决裂的观点，无产阶级政党的观点，以及在未来社会联合体中，每一个人的自由发展是一切人的自由发展的条件的观点等等，都是上述核心思想的体现和展开。

马克思和恩格斯不仅阐明了科学社会主义的基本原理，而且还阐明了理解和运用这些基本原理的方法，即唯物辩证的方法，特别是指明了对这些原理的实际运用。"随时随地都要以当时的历史条件为转移"[①]。这实际上就是后来列宁和毛泽东所倡导的把马克思主义同具体革命实际相结合的原则。马克思主义决不是教条主义的代名词，它的革命的、批判的精神体现在马克思主义整个理论体系之中，并且是这一科学的理论体系的活的灵魂。

《宣言》不仅是一部不朽的科学巨著，而且是工人运动的行动纲领，是无产阶级和广大劳动人民改造世界的犀利的思想武器。《宣言》对20世纪的深刻影响，概括地讲，就是它由理论变为实践，从此开辟了以俄国十月社会主义革命为发端的、从资本主义向社会主义过渡的人类历史的新纪元。不论是十月社会主义革命，还是后来其他国家的社会主义革命，都是在《宣言》思想指导下进行的，是《宣言》思想的伟大实践。毛泽东曾高度地评价它的巨大的历史意义，指出："十月社会主义革命不只是开创了俄国历史的新纪元，而且开创了世界历史的新纪元。"它"改变了整个世界历史的方向，划分了整个世界历史的时代。"这些论断，科学地界定了在《宣言》的巨大而深远的影响，以及在它

---

① 《马克思恩格斯选集》第1卷，人民出版社1995年版，第248页

的思想指导下进行的十月革命在人类历史上的重要地位。

　　毋庸讳言，社会主义在20世纪进行了胜利的长征，同时也犯有严重的错误，甚至出现了像苏联和东欧一批社会主义国家垮台这样的挫折。在这样的情况下，《宣言》的思想遭到怀疑、非议和攻击，是很自然的。反思20世纪社会主义实践，笔者认为，它的主要失误是教条主义地理解《宣言》的精神，没有很好地把马克思主义基本原理同不同国家、不同时期的实际相结合，创造性地运用和发展马克思主义，找到社会主义实现的具体形式；也没有及时地总结经验与教训，把失败变为成功之母，不失时机地调整理论与政策，致使存在的问题越来越多，积重难返，造成了严重的后果。一句话，在指导思想上，违背了辩证唯物主义和历史唯物主义。造成错误的原因主要有两条：其一是缺乏经验。因为社会主义是前无古人的伟大事业，没有现成的经验可以借鉴，只能从实践探索，从经验与教训中去进行总结。应当说这方面是有缺陷的。我在同西方学者（如伊林·费切尔等人）接触中，他们都把不善于学习，特别是不善于从实践经验中学习，充实和改进自己，看作是社会主义缺乏活力和造成失误的重要原因之一。这不无道理。其二是，20世纪社会主义实践家们普遍都存在急于求成的思想，总想尽快地进入共产主义。其愿望是好的，但违背客观规律，最终还是事与愿违。社会主义在实践上出现的一系列问题，都是与此有关的。这表明，社会主义还处于幼年时期，它在理论和实践上都还是不成熟的。就连马克思、恩格斯在估计欧洲革命时机很快就要到来和革命很快就能胜利这一点上，也往往犯有急于求成的错误。用列宁的话来说，他们"有很多错误，常常犯错误。"但列宁紧接着指出，这两位思想家同官气十足的自由派的平庸智慧比较起来，要千百倍地高尚，千百倍地伟大，千百倍地有历史价值。这里为我们提供了重要的启示，就是在总结社会主义实践中的错误时，要有清醒的头脑，要分清问题的性质，不能使那些平庸的"自由派"幸灾乐祸。但是，对这种错误教训，是必须认真汲取的。

无论20世纪社会主义实践犯有什么样错误，出现了怎样的曲折，第一个社会主义制度能以产生、并轰轰烈烈地存在了70多年，这一事实及其伟大意义是任何人也否定不了的。研究20世纪的社会发展史，离开社会主义这个客观存在，是不可思议的。

我们中国共产党人始终都以历史唯物主义观点，审视百年来世界历史发生的这些重大事件。早在1956年党的第八次代表大会的政治报告中就明确指出："尽管我国的革命有自己的许多特点，可是中国共产党人把自己所干的事业看成是伟大的十月革命的继续。"《宣言》的伟大思想，十月革命的基本经验，始终都是我们党的宝贵的精神财富，指导着我们向着共产主义方向迈进。正因为如此，我们党十分重视对《宣言》思想的研究和宣传。众所周知，早在1920年，中国共产党的创始人之一毛泽东读的第一本马克思、恩格斯著作就是《宣言》。1945年，毛泽东在党的第七次全国代表大会上特别提出要读五本马列主义著作。第一本也是《宣言》。1949年党的七届二中全会决定干部要学习的12本马列主义著作，1963年毛泽东提出学习30本马列主义著作，《宣言》都被列为首位。邓小平也把《宣言》看成是自己的"入门老师"。

中国共产党就是在《宣言》思想指导下组建起来的。《宣言》哺育了中国的几代革命者，并继续指导着中国社会主义建设和现代化事业。

党的十一届三中全会以来，在邓小平理论指导下，我国实行改革开放，建设有中国特色的社会主义，既坚持社会主义一般原理，又具有中国特色，找到了社会主义实现的具体形式，在中国的历史条件下把马克思主义推进到一个新的阶段。《宣言》的思想并没有泯灭，而是在经济、文化落后的中国得到了具体的体现。比如，无产阶级利用自己的政治统治，"尽可能快地增加生产力的总量"，我们今天强调发展生产力，以经济建设为中心，增强综合国力，与《宣言》的思想是完全一致的。马克思、恩格斯曾指出，生产力的巨大增长和高度发展是消除资本主义"异化"，实现共产主义的"绝对必需的实际前提"。没有生产力的高度发展，既不可能消灭贫困，又不可能为共产主义奠定物质基础。在我们这样经济落后国家建设社会主义，尤其应当注重生产力的发展。再比如，《宣言》特别强调消灭私有制，把生产资料集中在无产阶级的国家的手里。这无疑是社会主义的一个最基本的原则。而实现这一任务是同高度发展的社会生产力相适应的。就我国现阶段生产力发展状况来看，只能实行以公有制为主体，多种所有制共同发展。否则，不仅不能促进生产力的发展，反而会破坏生产力的发展。当前只能以公有制为主体，随着生产力的不断发展，逐步提高所有制关系的层次和水平，最后才能达到《宣言》所设想的理想境界。

"共产党人为工人阶级的最近的目的和利益而斗争，但是他们在当前的运动中同时代表运动的未来。"①这一格言式的论断，最集中地体现了《宣言》精神实质，对当今社会主义事业有着现实的指导意义。社会主义的建成和共产主义的实现，是一个由一系列相互衔接的阶段构成的过程。前一阶段是后一阶段的前提和基础，后一阶段是前一阶段发展的趋势和结果。关键在于，要善于从战略和策略、从理论和政策上，解决好各个阶段之间辩证关系。既要从现实出发，完成每一阶段的任务，又要始终坚持共产主义理想，沿着正确的方向向前发展。现在，不论是建设社会主义的国家，还是正在为社会主义事业而斗争的工人阶级政党，起点都很低，处理好近期利益和长远利益的关系尤为重要。党的十五大报告关于"社会主义是共产主义的初级阶段，而中国又处在社会主义的初级阶段"的论断，就是《宣言》上述思想的生动体现。今天，纪念《宣言》，就要把建设有中国特色的社会主义宏伟事业，胜利地推向21世纪。

---

① 《马克思恩格斯选集》第1卷，人民出版社1995年版，第306页

重温《关于建国以来
党的若干历史问题的决议》

　　九年前，党的十一届六中全会通过的《关于建国以来党的若干历史问题的决议》，是我党发展史上具有划时代意义的重要文献。这篇光辉文献，总结了历史经验，科学地评价了毛泽东思想的伟大意义和毛泽东同志的历史地位，完成了党在指导思想上拨乱反正的历史任务，不仅早已载入史册，而且对于在新形势下如何坚持社会主义现代化建设和改革开放的正确方向，仍然具有巨大的指导作用。随着社会主义实践的不断推进，特别是经历去年春夏之交的政治风波，今天，人们已经愈来愈充分认识到《决议》所阐述的基本思想的正确性和深刻性。

　　在粉碎"四人帮"之后，我们党面临的十分迫切的任务，是坚决纠正长期存在的、"文化大革命"发展到顶点的"左"倾严重错误，在马克思主义指导下进行解放思想，拨乱反正，实现工作重点的转移，也即从"以阶级斗争为纲"转移到社会主义现代化建设上来，大力发展社会生产力。这是党的指导思想的一个重大转变，是党的第八次代表大会提出而未能解决的课题。《决议》从指导思想上进一步明确解决了这个问题，重申我国所要解决的主要矛盾，是人民日益增长的物质文化需要同落后的社会生产之间的矛盾。强调在不发生大规模外敌入侵的情况下，我们的根本任务就是以经济建设为中心，"党的各项工作都必须服从和服务于经济建设这个中心。"不这样做，我们就会更加落后于世界形势，犯更大的历史性错误。

但是，历史的经验表明，在纠正一种主要错误倾向时，必须注意防止掩盖另一种错误倾向。邓小平同志在当时敏锐地指出："重点是纠正指导思想上'左'的倾向，但只是这样还不能完全解决问题，同时也要纠正右的倾向。"①《决议》充分体现了这一精神，强调正确地贯彻解放思想的方针，搞社会主义现代化，必须坚持社会主义道路，坚持人民民主专政即无产阶级专政，坚持共产党的领导，坚持马克思列宁主义、毛泽东思想这四项基本原则，重申民主与集中不可偏废的原理，并指明剥削阶级作为阶级已经消灭，但阶级斗争仍在一定范围内继续存在的事实，指出"既要反对把阶级斗争扩大化的观点，又要反对认为阶级斗争已经熄灭的观点。"这是对我国政治生活领域最重要问题的全面、辩证的概括。

《决议》特别突出地强调了坚持社会主义道路和共产党领导的极端重要性。只有社会主义才能救中国，也只有社会主义才能发展中国，这是中国各族人民从100多年来的切身体验中得出的不可动摇的结论，也是新中国成立以来最基本的历史经验。"尽

---

① 《邓小平文选》第二卷，人民出版社1983年版，第379页。

管我们的社会主义制度还是处于初级的阶段，但是毫无疑问，我国已经建立了社会主义制度，进入了社会主义社会，任何否定这个基本事实的观点都是错误的。"正是由于我国社会主义还处于初级的阶段，因此，社会主义优越性的充分发挥，社会主义制度从比较不完善进到比较完善，必然要经历一个长久的过程。"这就要求我们在坚持社会主义基本制度的前提下，努力改革那些不适应生产力发展需要和人民利益的具体制度，并且坚决地同一切破坏社会主义的活动作斗争。"这里，不仅提出了改革的迫切任务，而且也指明坚持改革的社会主义性质和方向。

社会主义现代化必须坚持共产党的领导。《决议》强调，"没有中国共产党就没有新中国，同样，没有中国共产党也就不会有现代化的社会主义中国。"这是一个已经为历史所证明、并将继续得到证明的客观真理。在当代中国，没有任何一种政治力量能像我们党这样，制定正确的路线、方针、政策，全心全意为人民服务；也没有任何一种政治力量能像我们党如此深受人民的信赖和拥护，把全民族的意志和力量凝聚起来，进行伟大的改革和建设大业。人民离不开党的领导，这是任何力量都不能改变的。当然，为了坚持党的领导，必须改善党的领导，包括改进其思想作风、组织状况、领导制度，以及消除党内存在的腐败现象，密切党与人民群众的联系，等等。只要我们认真坚持和不断改善党的领导，我们党就一定能够更好地担负起历史所赋予的巨大责任。但是，改善党的领导，决不是要"改造"党，决不是要削弱和否定党的领导，正如《决议》所明确指出的，"削弱、摆脱和破坏党的领导，只会犯更大的错误，并且招致严重的灾难"。《决议》

所阐明的这个论断，不幸而言中了！从去年的政治风波中看出，削弱党的领导，放松了党自身的建设，后果是很严重的。

九年来的实践，反复证明了《决议》所阐明的基本道理："四项基本原则，是全党团结和全国各族人民团结的共同的政治基础，也是社会主义现代化事业顺利进行的根本保证。"违背党的四项基本原则，不仅现代化会偏离社会主义方向，而且也不可能有一个现代化建设和改革开放赖以进行的安定的社会环境。九年来，我国社会主义现代化建设和改革开放事业，的确取得了举世瞩目的巨大成就。这些成就的取得，是由于我们遵循《决议》所阐明的以经济建设为中心，坚持四项基本原则和坚持改革开放这一有中国特色的社会主义道路。但是，在这期间确实也出现了一些失误，忽视一定范围内的阶级斗争，淡化意识形态，削弱党的思想政治工作，放松四项基本原则的教育和社会主义精神文明的建设，致使资产阶级自由化思潮严重泛滥，破坏了社会安定的环境，严重地干扰了社会主义现代化建设和改革开放。这一教训，应当说是极其深刻、极其沉痛的，付出的代价也是极为高昂的。今天，我们总结历史的经验教训，克服过去的失误，依然要遵循《决议》的精神和它阐明的基本原则，把被资产阶级自由化歪曲和否定了的东西，重新恢复和纠正过来，并在实践中不断加以发扬光大，使我们党在指导思想上和理论上更臻成熟和完善。

《决议》科学地评价毛泽东思想是一大历史性功绩

《决议》的核心部分乃是对毛泽东同志和毛泽东思想的评价。

在《决议》起草过程中，围绕对毛泽东同志和毛泽东思想的评价曾经有过激烈的争论。有的人不主张将这个内容写进《决议》里去，有的人公然贬低、诋毁，甚至完全否定毛泽东同志的历史功绩和毛泽东思想的伟大意义。针对这种错误倾向，邓小平同志明确指出："毛泽东思想这个旗帜不能丢。丢掉了这个旗帜，实际上就否定了我们党的光辉历史。对毛泽东同志的评价，对毛泽东思想的阐述，不是仅仅涉及毛泽东同志个人的问题，这同我们党、我们国家的整个历史是分不开的。要看到这个全局。"并且严肃提出，"不写或不坚持毛泽东思想，我们要犯历史性的大错误。"现在看得很清楚，小平同志的论断是完全正确的，是远见卓识之论。

《决议》充分肯定了毛泽东同志的历史地位，指出他是伟大的马克思主义者，是伟大的无产阶级革命家、战略家和理论家。他为中国革命事业建立了不可磨灭的功勋。同时，科学地阐明了毛泽东思想的基本理论内容，和贯穿于其中的立场、观点和方法，指出"毛泽东思想是马克思列宁主义在中国的运用和发展，是被实践证明了的关于中国革命的正确的理论原则和经验总结，是中国共产党集体智慧的结晶。"毛泽东同志晚年犯了错误，有的错误也是严重的。但是，与他的伟大功绩相比，"错误是第二位的"。对于这些错误，一定要毫不含糊地进行批评，但不能以此而全盘否定毛泽东思想的科学价值。《决议》明确地指出，要"把经过长期历史考验形成为科学理论的毛泽东思想，同毛泽东同志晚年所犯的错误区别开来"，他晚年的错误正在于违反了他自己正确的东西。因为毛泽东同志晚年犯了错误，就企图否认毛泽东思想的科学价值，否认毛泽东思想对我国革命和建设的指导作用，这种态度是完全错误的。

长期以来，搞资产阶级自由化的人，正是借批判毛泽东同志晚年错误之机，全盘否定毛泽东同志和毛泽东思想，把毛泽东思想污蔑为是在马克思主义名义下的封建意识形态，提出"不彻底否定毛泽东思想的指导作用，改革就没有实际意义"。这完全是奇谈怪论。其险恶目的，是要从否定毛泽东思想入手，否定我们党几十年来的革命和建设的历史，瓦解维系我们民族和国家统一的重要精神支柱，搞乱人们的思想，从根本上取消我们党的指导思想和理论基础，推翻现实的社会主义制度。这股反毛泽东思想的逆流，自十一届三中全会以来的十余年间，在意识形态领域时有表现，有时斗争十分激烈，在去年春夏之交达到了登峰造极的地步。他们的阴谋之所以不能得逞，根本原因是由于我们党的强大和人民民主专政的威力，但也不能不看到，《决议》从总体上统一了人们的思想，对我国政治生活产生了极其重大的深远影响。

今天，在新的历史时期，我们仍要继续高举毛泽东思想这面旗帜，用毛泽东思想来指导我国社会主义现代化建设和改革开放的实践。"坚持和发展"是我们对待毛泽东思想的根本态度，二者是辩证统一的。坚持是发展的前提和基础，发展是坚持的必然结果。只有对毛泽东思想抱坚定信念的人，才有可能在坚持中发展毛泽东思想。而对毛泽东思想产生动摇以至怀疑的态度，是不可能把毛泽东思想向前推进的。十一届三中全会以来，以邓小平同志为代表的中国共产党人，提出并逐渐形成完整的建设有中国特色的社会主义科学理论，这是在新时期对马克思主义作出的创造性贡献，是对毛泽东思想的坚持和发展。

要像《决议》那样善于总结历史经验

无产阶级政党永葆强大生命力的奥妙，不仅在于以马克思主义这一科学的世界观为指导，而且还在于善于从理论上不断地总结成功的经验和失误的教训，勇于经受正反两方面经验的考验和锻炼。《决议》对新中国成立以来我党的实践活动作了深刻的系统的理论反思，充分体现共产党人坚持真理、修正错误的根本立场。它运用马克思主义的辩证唯物论和历史唯物论，对建国32年来党的重大历史事件，特别是"文化大革命"作出了正确的总结，科学地分析了在这些事件中党的指导思想的正确和错误，剖析了产生错误的主观因素和社会原因，也肯定了十一届三中全会以来逐步确立的适合我国情况的建设社会主义现代化的道路。《决议》指出："从历史发展的长远观点看问题，我们党的错误和挫折终究只是一时的现象，而我们党和人民由此得到的锻炼，我们党经过长期斗争形成的骨干队伍的更加成熟，我国社会主义制度优越性的更加显著，要求祖国兴盛起来的党心、军心、民心的更加奋发，则是长远起作用的决定性的因素。我们的社会主义事业具有伟大的前途。"今天，我们应当学习、运用《决议》这种体现共产党人敢于、善于总结经验的科学态度和方法，像《决议》倡导的那样"继续保持崇高的革命理想和旺盛的革命斗志"，坚定"胜利前进的航道已经打通"的必胜信念，来正确看待社会主义发展过程中的问题和困难。

近几十年来，一些国际反动势力利用共产主义运动的曲折和社会主义国家建设过程中的困难，渲染社会主义的所谓"危机"。国内一些人公开宣称社会主义的尝试和失败是20世纪的一大遗产。面临着挑战、事变、困难等严酷事实，关键在于我们自己要有清醒的头脑，站稳立场，排除种种困惑和疑虑。与已经建立了几百年历史的资本主义制度相比，社会主义制度建立的时间还不长。社会主义事业遭到局部的暂时的挫折，既遮盖不了它所创造的光辉业绩，也改变不了它所代表的历史潮流和发展趋势。但要把社会主义发展的大趋势变成现实，则需要进行不懈的艰苦努力。社会主义的性质和历史地位，以及建设社会主义的国际环境和国内条件，决定了社会主义的建成必然要经历一个长期的、艰巨的、曲折的过程，也即经历一个困难与顺利、前进和曲折、成功和失误彼此交织，相互作用的辩证进程。这个新生的社会制度，也只有经过复杂、艰巨、曲折的斗争，不断积累经验，才能逐步走向成熟和完善。列宁也指出："谁害怕社会主义建设中的困难，谁被这些困难吓倒，谁见了这些困难就悲观起来或者惊慌失措起来，谁就不是社会主义者。"因而重要的问题在于要有信心和战胜困难的勇气，善于总结、吸取成功的经验和失误的教训，避免更大的错误，这样可以使共产党人永远立于不败之地。

驳"恩格斯宣布放弃共产主义理论"谬说

前不久，有人在一个座谈会上讲了许多令人惊讶之论。他说："从《共产党宣言》起到《哥达纲领批判》，马克思恩格斯是宣传共产主义的。马克思于1883年去世。到了1886年，恩格斯宣布放弃共产主义理论。他在《英国工人阶级状况》美国版附录中写下了一段令他的追随者们目瞪口呆的话：共产主义不是一种单纯的工人阶级的党派性学说，而是一种目的在于把连同资本家阶级在内的整个社会从现存关系的狭小范围中解放出来的理论。这在抽象的意义上是正确的，然而在实践中却是绝对无益的，有时还要更坏。"这位同志接着说："一切马克思主义的信奉者，实践者和研究者，都不可轻视或忽略这93个字，没读过或没读懂这93个字，就没有弄通马克思主义。上了西天，没取得真经。如果在这以前你读过许多篇马克思和恩格斯的著作，读过《共产党宣言》《法兰西内战》和《哥达纲领批判》这些名篇，你就更要记牢这93个字，因为这93个字把这三大名篇否定了，把关于无产阶级革命和无产阶级专政的理论否定了，把整个共产主义理论体系否定了。"这位同志的所谓"真经"就是，恩格斯1886年写的这一段话，完全否定了马克思、恩格斯以前的著作，以及在其中所阐发的"整个共产主义理论体系"。事实果真如此吗？当然不是。只要对《英国工人阶级状况》的美国版附录和1887年序言稍作分析，就可以戳穿其伪造恩格斯观点的实质和拙劣手法。

为了解恩格斯观点的本意，我们把恩格斯这段话完整地引述如下。恩格斯在讲了马克思和他的社会主义思想形成和发展过程后写道："我这本书只是它的胚胎发展的一个阶段。正如人的胚胎在其发展的最初阶段还要再现出我们的祖先鱼类的鳃弧一样，在本书中到处都可以发现现代社会主义从它的祖先之一即德国哲学起源的痕迹。例如，本书很强调这样一个论点：共产主义不是一种单纯的工人阶级的党派性学说，而是一种目的在于把连同资本家阶级在内的整个社会从现存关系的狭小范围中解放出来的理论。这在抽象的意义上是正确的，然而在实践中却是绝对无益的，有时还要更坏。既然有产阶级不但自己不感到有任何解放的需要，而且全力反对工人阶级的自我解放，所以工人阶级就应当单独地准备和实现社会革命。"以后恩格斯在《英国工人阶级状况》1892年英文版序言和1892年德文第二版序言中，都把这段话写了进去。这表明，恩格斯是多么看重这段话所反映出来的问题，更表明作为无产阶级理论家的恩格斯是多么严肃认真地反思自己的过去和"修正"自己的错误。这位同志所说的"93个字"，恩格斯恰恰认为是错误的、需要纠正的观点，是旧哲学的"痕迹"，而不是肯定这个说法，更不是用它来否定《共产党宣言》等著作和"整个共产主义理论体系"。不需要多少理论素养，只

驳『恩格斯宣布放弃共产主义理论』谬说 ∕

255

要有一点阅读能力，都会读懂恩格斯在这里所说的意思。可是，这位同志却伪造恩格斯的观点，来误导群众，这才真令人"目瞪口呆"。下面对这位同志的观点作进一步分析。

第一，用附录的观点否定《英国工人阶级状况》基本思想。《英国工人阶级状况》是恩格斯通过对英国工人阶级经济状况实地考察，阅读了当时能够找到的关于英国工人阶级状况的一切著作和官方文件写成的一部共产主义的重要著作。其中不仅描述了英国工人阶级所遭受的难以想象的苦难，而且揭示了这种苦难的根源在于资本主义制度；不仅说明了工人阶级是一个备受苦难的阶级，而且还阐明了正是由于这种低贱的经济地位，决定了它在争取本阶级的最终解放中会有何种作为。这些重要思想，进一步阐明了马克思也已经达到的关于无产阶级历史使命的学说。正如列宁在评价《英国工人阶级状况》时所指出的："恩格斯第一个指出，无产阶级不只是一个受苦的阶级，正是它所处的那种低贱的经济地位，无可遏止地推动它前进，迫使它去争取本身的最终解放。而战斗中的无产阶级是能够自己帮助自己的。工人阶级的政治运动必然会使工人认识到，除了社会主义，他们没有别的出路。另一方面，社会主义只有成为工人阶级的政治斗争的目标时，才会成为一种力量。这就是恩格斯的关于英国工人阶级状况的一书的基本思想。"所以，谈论这部著作，首先必须把握这些重要思想，离开这些思想去任意引申，都不可能正确把握恩格斯的观点。

第二，用恩格斯不成熟的观点否定其成熟的思想。马克思主义创始人的思想发展，经历了一个从唯心主义到唯物主义、从革命民主主义到共产主义的转变过程。在这个基础上创立了自己的理论学说，并且逐渐形成了一个严整的科学体系。由于他们是在德国的精神环境中开始自己理论活动的，而德国又是一个"哲学的民族"，所以，在他们思想发展初期不能不受德国哲学的影响，同时在他们创立自己学说的过程中，也不能不逐步"清算"他们"从前的哲学信仰"。列宁这样概括马克思主义创始人这段思想的发展："马克思在1844—1847年离开黑格尔走向费尔巴哈，又超过费尔巴哈走向历史（和辩证）唯物主义。"而1844年正是他们"离开黑格尔走向费尔巴哈"的时期，也就是受费尔巴哈人本主义哲学影响的时期。马克思的《1844年经济学哲学手稿》和恩格斯1844年的《英国工人阶级状况》，就是这个时期即"胚胎"阶段的代表作品。恩格斯所说的"德国哲学起源的痕迹"，指的就是费尔巴哈人本主义哲学的影响；那种"企图把两个互相斗争的阶级的利益调和于更高的人道之中的社会主义"，就是马克思、恩格斯在《德意志意识形态》第二卷和《共产党宣言》第三节中批判的以费尔巴哈人本主义为哲学基础的德国的"真正的社会主义"。他们尖锐地指出，"真正的社会主义者"们，用一种抽象的人的观点来理解社会主义，"他们不代表真实的要求，而代表真理的要求，不代表无产者的利益，而代表人的本质的利益，即一般人的利益，这种人不属于任何阶级，根本不存在于现实界，而只存在于云雾弥漫的哲学幻想的太空"。正是针对"真正的社会主义者"格律恩任意剽窃和曲解法国社会主义的文献和论战性著作，马克思引用了海涅骂他的应声虫的一句话："我播下的是龙种，而收获的却是跳蚤。"《英国工人阶级状况》美国版附录也引用了这句话。

在马克思主义创始人的思想中寻找"差异"，然后制造对立，用不成熟的思想否定其成熟的思想，从而否定整个马克思主义，也不是现在才有的。早在1932年德国右翼社会民主党人首次发表马克思的《1844年经济学哲学手稿》时，在他们写的序言中就把这部早期著作说成是"新的福音书"，是"马克思的中心著作"，是马克思"成就的顶点"，相反，马克思成熟著作《资本论》等却被贬为马克思创作能力的"衰退和减弱"。他们自称是"新的马克思主义"，究竟"新"在什么地方？"新"就新在把早期马克思同晚期马克思对立起来，认为早期马克思是"人道主义者马克思"，晚期马克思是"唯物主义者马克思"。他们不是把马克思主义的形成看作是一个由不成熟到成熟的演进过程，而是认为老年马克思背弃了他年轻时的"初衷"。

第三，恩格斯晚年否定《共产党宣言》和其中阐发的共产主义理论了吗？当然不会。马克思逝世以后，正是恩格斯捍卫和发展了共产主义思想，这在他的许多著作中看得十分清楚，这里不再赘述。美国版附录原是恩格斯为在美国出版的《英国工人阶级状况》写的序言，后因出版时间推迟，他就又写了一篇新的序言，前者作为附录单独发表了。恩格斯在《英国工人阶级状况》美国版序言中，不仅阐述了《共产党宣言》的基本思想，而且还直接作了引证。他在分析了美国工人运动的各种情况后，引用了《共产党宣言》中所阐述的共产主义原则和策略思想，特别指出，"共产党人"，"这是我们当时采用的、而且在现在也决不想放弃的名称"。在引用了上述思想后，恩格斯最后特别强调说，"这就是现代社会主义伟大创始人卡尔·马克思、还有我以及同我们一起工作的各国社会主义者四十多年来所遵循的策略"。这怎么能说晚年恩格斯否定了《共产党宣言》、放弃了共产主义原则呢？这位同志是否读过这篇《英国工人阶级状况》序言的全文，笔者深表怀疑，如果没有读过，又怎么敢于对马克思主义创始人的思想作如此大胆的曲解，怎么敢于说恩格斯1886年以后否定了《共产党宣言》等经典著作呢？

这位同志对恩格斯"93个字"观点的伪造，是一种一定条件下出现的、有明确政治诉求的、企图主导社会舆论的思想政治倾向。在思想上集中攻击马克思主义，"消解"和"疏离"社会主义主流意识形态；在政治上鼓吹颇能迷惑群众的民主社会主义，走资本主义道路；在实践上，抓住当前出现的某些社会问题，或者是过去社会主义实践中出现的某些失误，离开具体环境，无限加以放大，给我国社会主义制度抹黑。

当前一些人的学风存在比较严重的问题，特别是不读马克思主义经典原著，企图走捷径，想仅靠读别人的讲话、文章或辅导材料来学习马克思主义。这样不可靠，还可能在重大理论问题上上当。

推动马克思主义理论学科上新台阶

马克思主义特别是中国化的马克思主义，是我国的主流意识形态。我们党历来十分重视主流意识形态建设，始终坚持马克思主义在意识形态领域的指导地位。中央实施马克思主义理论研究和建设工程，以及作为其重要组成部分的马克思主义理论一级学科的确立，就是我们党重视主流意识形态建设、坚持马克思主义指导地位的突出表现。这些重大举措，必将对我们坚持和发展马克思主义、对推进中国特色社会主义建设、对培育广大人民特别是青年学生的社会主义精神文明和道德情操产生深远影响。

今年是马克思主义理论一级学科建立10周年。这一重大举措实施10年来，进一步加强了高校马克思主义理论研究和思想政治教育，巩固和扩大了马克思主义思想阵地，稳定和壮大了马克思主义理论队伍，促进了马克思主义理论学科建设。当前和今后一个时期，我们应把握正确发展方向，敢于改革、勇于创新，推动马克思主义理论学科建设迈上新台阶。

把取得学科授权点与加强学科建设有机统一起来

在高校开设马克思主义理论教育和思想政治教育课，是我国社会主义制度性质和经济社会发展的必然要求。马克思主义理论一级学科的建立，使我国高校学科体系更加合理、更加完整，能有效提升高校马克思主义理论研究水平，提高高校马克思主义理论教育和思想政治教育的质量，推动马克思主义理论学科不断发展。过去，我国高校思想政治教育在教学质量上与预期目标存在差距，主要原因之一是没有学科建设作为支撑。马克思主义理论一级学科的建立，就是为了更好服务高校马克思主义理论研究和思想政治教育，把理论研究成果用于教学和教材编写，不断提高教学水平和学生培养质量。

建设好马克思主义理论学科，要走出"把取得学科授权点作为目的，而不是把建设符合中央要求的马克思主义理论学科作为目标"的误区。应该说，拿到学科授权点相对容易，但把它真正建设好却比较困难。建设好马克思主义理论学科有许多工作要做，关键是高校领导要高度重视和关心。当前存在的主要问题是，有的高校领导对马克思主义理论学科建设重视不够，甚至片面理解、误解和曲解这个学科。这是十分有害和危险的。建设好马克思主义理论学科，高校领导必须思想上高度重视、行动上认真负责。

进一步稳定壮大高校马克思主义理论研究和教学队伍

我国高校有一支庞大的马克思主义理论研究和教学队伍，他们为加强高校马克思主义理论研究和思想政治教育作出了重要贡献。新形势下，由于存在体制机制不够完善等问题，一些高校出现了马克思主义理论研究和教学队伍不够稳定的现象。马克思主义理论一级学科的建立，不仅有利于稳定和巩固这支队伍，而且有利于补充新的力量，使马克思主义理论研究和教学队伍不断发展壮大。特别是一批马克思主义理论学科的硕士生、博士生充实到队伍中，高校马克思主义理论研究和思想政治教育就会有质的飞跃，高校马克思主义思想理论阵地就会进一步巩固和扩大。今年出台的《关于进一步加强和改进新形势下高校宣传思想工作的意见》提出，要重点建好一批马克思主义理论研究和建设创新基地，编写一批马克思主义理论学科研究生核心教材，培养一批马克思主义理论学科带头人，造就一批马克思主义理论教育家，重点建设一批有示范影响的马克思主义学院。这有利于进一步稳定高校马克思主义理论研究和教学队伍，巩固和扩大高校马克思主义思想理论阵地。

进一步稳定壮大高校马克思主义理论研究和教学队伍，一项重要工作是教育引导这支队伍树立坚定的马克思主义信仰。马克思主义信仰是马克思主义理论学科建设的灵魂。习近平总书记强调，对马克思主义要真学、真懂、真信、真用，其核心是真信。这表明，坚定对马克思主义的信仰至关重要，在当前尤其如此。从国际上讲，敌对势力对我国的西化分化仍在继续，西方各种学术思潮纷纷涌入，呈现良莠不齐、泥沙俱下的态势；从国内来说，社会意识和思想观念日益多样化，如果不能正确把握，对坚定人们的马克思主义信仰就会带来冲击。因此，新形势下教育引导人们树立马克思主义信仰、中国特色社会主义信念，是高校马克思主义理论教育和思想政治教育的重要内容，也是整个人文社会科学的重要任务。完成这一重要任务，首先要求高校任课教师自身树立坚定的马克思主义信仰。

推进马克思主义理论学科规范化、制度化建设

2012年国务院学位委员会印发的《关于进一步加强马克思主义理论学科建设的意见》指出："新形势下深入推进马克思主义理论学科建设，需要进一步提升学科建设质量"，"促进学科规范化、制度化建设"。马克思主义理论学科是一个新学科，不像其他哲学社会科学学科那样历史长、建设经验丰富、对象范围比较清楚。马克思主义理论学科从一级学科的表述到二级学科的设计都是全新的，没有现成经验可资借鉴，不进行规范化、制度化建设，不严格要求，就难以达到其他哲学社会科学学科的水平，更谈不上"使马克思主义理论学科成为我国哲学社会科学领域的优势学科"的要求。

推进马克思主义理论学科规范化、制度化建设，应遵循马克思主义学科发展规律和思想政治教育规律，认真贯彻落实中央有关文件精神，杜绝背离马克思主义理论学科建设要求的一些做法。比如，利用马克思主义理论学科点培养不属于本学科的研究生；在遴选博士研究生导师时，把其他学科的教师选为本学科的导师；一些学位论文选题偏离马克思主义理论学科方向；等等。这些问题如果得不到有效解决，马克思主义理论学科是不可能建

设好的。当前，应大力推进一批学位授权点、重点学科和重点基地建设，严格遵循学科建设标准和有关要求，进一步完善学位授权学科专业布局，进一步加强马克思主义理论国家重点学科建设，使其规范化、制度化。

加强对马克思主义的整体性研究和建设

注重对马克思主义的整体性研究，是马克思主义理论学科建设的基本原则之一。从整体性、综合性上把握马克思主义理论学科，也是其不同于马克思主义其他专门学科的质的规定性。与其他科学一样，马克思主义也有综合性学科和分支学科。我国把马克思主义分为马克思主义哲学、马克思主义政治经济学、科学社会主义三个组成部分是正确的，这些方面的研究和学科建设都取得了显著成绩。但问题在于，长期以来一些专家学者忽视了对马克思主义的整体性研究和建设，影响了马克思主义理论研究水平和思想政治教育功能的发挥。

加强对马克思主义的整体性研究和建设，关键是加强对马克思主义各主要组成部分内在关系的研究和把握，加强对马克思列宁主义、毛泽东思想和中国特色社会主义理论体系内在关系的研究和把握。同时应看到，马克思主义理论学科建设不仅要从整体性上着眼，处理好它与其他马克思主义具体学科的关系，即整体与部分、一般与个别的关系；而且要从整体性的角度研究马克思主义基本理论和基本原理，进行教学和教材编写，从而更好地体现马克思主义理论研究和思想政治教育的基本定位与功能。

科学把握运用马克思主义基本原理

关于马克思主义基本原理，经典作家在不同时期有过不同表述。马克思、恩格斯用一般原理、基本思想来表述，列宁用基本原理、基本原则来表述，毛泽东同志更多用普遍真理、基本原理来表述。这些用语属于同等意义的范畴，均用以表述马克思主义基本原理。显然，马克思主义基本原理是在历史上形成并为人们所认同的科学概念，应科学把握和运用它。

马克思主义经典作家不仅继承了先辈们创造的有价值的思想成果，而且超越了他们，把人类思想推进到一个新的发展阶段。在人类历史上，无数的思想先驱，如中国的孔子、老子，西方的柏拉图、亚里士多德，以及古典经济学家、哲学家、空想社会主义思想家等，他们的思想创造丰富了人类精神宝库，具有很高价值。但不可否认，他们也都具有历史和阶级的局限性。而马克思主义基本原理之所以能超越他们的思想，就在于其创始人站在新的时代高度，代表先进生产力和先进阶级（工人阶级）的根本利益，同人类历史发展方向是一致的。

马克思主义基本原理具有以下特征：其一，充分体现马克思主义的根本性质和整体功能，是科学性和革命性高度统一的世界观和方法论。其二，相对于个别原理和特殊原理而言，是对更为广阔时空领域的事物本质和发展规律的概括。其三，更具稳定性和有效性，不会因为具体条件的变化而发生质的改变。其四，对于人们的实践活动具有普遍和根本的指导意义。可以说，马克思主义基本原理是对客观事物本质和规律的高度概括，是一种抽象的理论形态；但它又寓于个别事物之中，只有与不同领域、不同阶段的具体实际紧密结合，才能发挥指导功能。正如马克思、恩格斯所说，"这些原理的实际运用……随时随地都要以当时的历史条件为转移"。因此，必须防止两种倾向：脱离当时变化了的条件，机械搬用马克思主义基本原理的教条主义倾向；借口历史条件变化，宣扬马克思主义"过时论"的错误倾向。这两种倾向将长期存在，在不同时期会有不同的表现形式。

马克思主义基本原理是有层次的，大致说来包括两个层次：一是揭示客观世界最一般规律的原理；二是揭示人类社会发展和社会形态更替规律的原理。我们是立足于当代中国具体实际来探讨马克思主义的，因此要研究中国化马克思主义的基本原理，即中国特色社会主义的基本原理、基本原则。它具有中国特色，是马克思主义基本原理的具体体现。这些原理是在中国具体历史条件下产生的，适用于中国实际，同时对经济文化落后国家进行社会主义革命和建设也有重要借鉴意义。

学习和研究马克思主义基本原理全在于运用。马克思主义活的灵魂就在于与实际结合，在于指导实践并在实践中发展和完善自己。把马克思主义基本原理成功地用于指导实践，是一个十分困难、极其复杂的过程，会出现各种各样的偏差。应当看到，马克思主义作为一种理论体系转化为现实政策和实践活动，有许多中间环节需要研究、论证和再创造，不能把马克思主义基本原理直接等同于现实政策。毛泽东同志有句话讲得很深刻：马克思主义是我们指导思想的理论基础。如果把马克思主义的真理性和意识形态性简单化、庸俗化，就会损害其科学性，使一些人对马克思主义的正确性产生怀疑。因此，科学把握和正确运用马克思主义基本原理，还应深入研究马克思主义真理性和意识形态性的关系，作出令人信服的阐释。

光辉的一生　不朽的贡献

　　5月5日是一个非常值得纪念的日子！200年前的这一天，无产阶级的伟大思想家、革命家马克思诞生在德国西南部的古城特里尔。

　　马克思出生于一个犹太人家庭，父亲是当地著名的律师，学识渊博，思想开明。马克思从小就受到良好的教育，受着进步思想的熏陶，闪烁着理想主义的煦煦光辉。他同情劳苦群众，立志为人类的福祉而献身。正如他在中学毕业作文《青年在选择职业时的考虑》中所说："在选择职业时，我们应该遵循的主要指针是人类的幸福和我们自身的完美。""如果我们选择了最能为人类福利而劳动的职业，那么，重担就不能把我们压倒，因为这是为大家而献身；那时我们所感到的就不是可怜的、有限的、自私的乐趣，我们的幸福将属于千百万人，我们的事业将默默地、但是永恒发挥作用地存在下去，而面对我们的骨灰，高尚的人们将洒下热泪。"这时，马克思仅仅17岁，已表达了他决心为全人类的幸福而不惜牺牲自己的崇高理想和远大抱负。

1841年，马克思大学毕业后投入社会生活，参加《莱茵报》的工作，并担任该报的主编。从《莱茵报》到在巴黎创办《德法年鉴》，这期间，马克思从唯心主义转到唯物主义、从革命民主主义转到共产主义。马克思"成为马克思"，并立志为共产主义提供"理论论证"。1844年8月28日是一个非同凡响的日子。这一天，马克思与恩格斯在巴黎会见，从此开始了他们终生的战斗友谊和共同的理论创作。他们发表在《德法年鉴》的文章和合著的《神圣家族》，触犯了当权者的利益，遭到反动政府的迫害。马克思从此被剥夺了德国国籍，先后流亡来到巴黎、布鲁塞尔。从1849年8月开始流亡伦敦，直到他1883年3月14日逝世。由于他的思想和活动违背有产者及其当权者的利益，当时的欧洲国家都拒绝给马克思国籍，马克思真正成为一个没有任何国籍的世界公民。这在历史上也是极罕见的。

　　在长期流亡期间，在贫病交加的状况下，马克思与恩格斯合著《德意志意识形态》《共产党宣言》。在新创立的唯物主义历史观的指导下，马克思研究政治经济学，写出了他一生最重要的著作《资本论》。他与恩格斯创立了历史上第一个无产阶级政党——共产主义者同盟，参与建立了国际工人协会即第一国际，并成为其领袖和灵魂。他亲自参加了1848年的革命，对革命经验作了深刻的理论总结。马克思积极支持巴黎公社，写作《法兰西内战——国际工人协会总委员会宣言》，总结了巴黎公社的经验教训，用实践丰富了关于阶级斗争、无产阶级革命和无产阶级专政的理论。马克思即使在晚年也没有停止科学研究，他继续研究世界历史，探讨东方社会和俄国农村公社的历史与现状，甚至涉猎数学的多个领域，并在这些研究领域有独到见解。

马克思虽然逝世135年了，但是，他的学说依然响彻云霄，影响着当今世界和人类的未来。马克思的学说之所以有如此巨大的影响力，就是因为它正确，它是科学真理。马克思对人类思想作出的最大贡献，首先是揭示了人类社会生活的本质和发展规律，把对社会历史的认识奠定在科学的基础之上，实现了哲学社会科学的伟大变革。其核心思想是社会形态理论。它使人们正确地理解社会的经济、政治、思想文化，以及经济基础与上层建筑的内在联系，特别是指明社会形态的历史暂时性，即都有一个形成、发展和消亡的过程，从而得出非常革命的结论。其次是马克思运用唯物主义历史观，通过研究资本主义社会的商品、货币、资本，以及雇佣劳动与资本的关系，揭露了资本剥削的秘密，揭示了资本主义社会的基本矛盾及其运动的规律。他尖锐地指出："生产资料的集中和劳动的社会化，达到了同它们的资本主义外壳不能相容的地步。这个外壳就要炸毁了。资本主义私有制的丧钟就要响了。剥夺者就要被剥夺了。"这两个伟大发现，使已存在数百年的社会主义从空想变成科学，马克思也最终完成了对共产主义进行"理论论证"的夙愿。关于剩余价值理论与科学社会主义的关系，正如恩格斯所说，它是"马克思著作的划时代的功绩。它使社会主义者早先像资产阶级经济学者一样在深沉的黑暗中摸索的经济领域，得到了明亮的阳光的照耀。科学社会主义就是从此开始，以此为中心发展起来的"。毫无疑问，正是唯物史观和剩余价值学说为科学社会主义奠定了坚实的理论基础。

马克思主义的理论价值就在于，它揭示了人类社会发展的规律和资本主义社会运动的特殊规律，科学地预测了人类历史发展的总趋势，为工人阶级摆脱剥削和压迫，实现人类解放指明了正确方向。这是历史上任何思想家都可望而不可即的。

马克思是怎样的一位历史伟人，他的品格特征是什么？笔者试图作以下简要的概括：

马克思是亘古罕见的思想巨人。他一生都在思想，可谓是生命不息，思想不止。青年时期被称为"思想牛首""思想库""思想加工厂"，他逝世后，恩格斯说"当代最伟大的思想家停止思想了"。他通过思想，结合对当时的社会实践的研究，发现了现存理论与社会现实的矛盾，在汲取人类历史创造的优秀思想成果的基础上，创造了新的世界观、历史观和科学社会主义理论。他通过思想，超越了历史上和当时的一个又一个思想家，把人类精神推进到一个新的历史阶段。马克思的学说是历史的产物，而他的理论源于他卓越的思想和智慧。

马克思是不畏惧任何艰险的真理的探索者。在阶级对抗的社会，意识形态总是直接或间接地反映某种社会阶级的利益。自然科学和社会科学皆是如此。众所周知，哥白尼和伽利略的日心说触犯了宗教神学，遭受到宗教裁判所的残酷迫害。而发展日心说、主张宇宙无限论的意大利科学家、哲学家布鲁诺，被宗教裁判所判刑8年，最后被烧死在罗马菊花广场。在资本主义社会的环境里，揭露资产阶级剥削的秘密，研究资本主义产生、发展及其必然灭亡的规律，更是一条荆棘丛生的道路，随时都会遇到风险。马克思十分清楚，真正的科学研究道路充满着艰险，他说："在科学上没有平坦的大道，只有不畏劳苦沿着陡峭山路攀登的人，才有希望达到光辉的顶点。"为了探求真理，马克思奋不顾身，勇往直前。他在《政治经济学批判》序言最后，引用被恩格斯誉为新时代第一诗人但丁的诗——在科学的入口处，正像在地狱的入口处一样，必须提出这样的要求："这里必须根绝一切犹豫；这里任何怯懦都无济于事。"可以说，这也是马克思一生的座右铭。

　　马克思是不屈不挠的无产阶级的革命战士。马克思"首先是一个革命家"，他不仅以理论研究的方式，参加推翻资本主义社会及其所建立的国家制度，用自己的理论武装广大的无产阶级和革命群众，而且一旦革命形势成熟，他便毅然决然地离开书房，投入革命的实践。在革命斗争中，他既反对向反动政权和敌对势力屈服的机会主义，又反对在不具备革命条件时进行鲁莽行动的冒险主义。我们知道，在巴黎公社起义之初，马克思担心工人群众面对强大的敌人遭受到无谓的牺牲，并不主张工人们武装起义，但是，巴黎工人一旦举行武装起义，成立了巴黎公社，他便毫不犹豫地领导第一国际支持巴黎公社的革命斗争。在公社存在的日子里，马克思写了几百封信给住在各国的朋友和第一国际的成员，把巴黎发生的真实情况告诉他们，使他们了解公社的国际意义。他呼吁英国、德国等国的工人们开展示威活动和支援活动，以表示对巴黎阶级兄弟的同情和支持。这一期间，马克思还经常和恩格斯商量，和他讨论巴黎发生的事件，商议提出些什么建议，并辗转地送给熟识的公社委员。在巴黎最后一个街垒失守的两天之后，他就写成了《法兰西内战——国际工人协会总委员会宣言》。

马克思是不向任何困难险阻屈服而英勇向前的历史伟人。马克思一生都是在反动派的迫害和贫困的压力下度过的，他经历了常人难以想象的苦难而进行理论创造和革命工作，并取得了辉煌的业绩。在苦难和压力面前，马克思从不向反动当局屈服。普鲁士政府曾经派人询问马克思愿不愿意在政府工作，在流亡伦敦时英国政府也派人找过马克思，但都被他拒绝了。马克思清楚地意识到，如果到这些政府部门去工作，他和家人会生活无忧，但必然失去自由，不能自由地进行理论研究和参加革命活动。马克思告诉友人，决不做反动政府的"摇钱树"。《德法年鉴》的出版激怒了德国政府。德国政府下了驱逐令并表示，只要悔过，保证不再反对德国政府，驱逐令可以收回。卢格屈服了，向德国政府递交了悔过书，而马克思宁愿被驱逐，也不愿向德国反动当局做出保证。马克思不论是面对反动当局的迫害，面对科学研究遇到的艰难险阻，还是家庭遭遇到的种种不幸，都从不退缩，而是勇敢地面对。

马克思的生平警示后人，只有不怕任何艰险的人，才能攀登科学的高峰，只有勤奋并毫无畏惧的人，才能获得真知，造福于人类。马克思就是这样的一个人，一位千年伟人。马克思的这种思想和精神应当永远传承，发扬光大。

中国哲学社会科学六十年回顾与反思

　　中华人民共和国在风风雨雨中经历了六十年的发展历程。六十年，弹指一挥间。抚今追昔，新中国以其辉煌的成就在中国历史上投写了重重的一笔，她的伟大业绩，为中华民族这一东方古国的重新崛起，为在21世纪再展宏图，奠定了坚实的基础。不管曾经出现过怎样的曲折，当人们回忆20世纪下半叶新中国所创造的奇迹时，无不为之而自豪！与此而相伴随的新中国的社会科学，历尽半个世纪的风雨沧桑，也取得了长足的发展，特别是近十年来发展更是迅猛。它为新中国的成立，为社会主义改造和建设，为我国改革开放和现代化事业，提供了强大的思想武器和智力支持。同时，在这个过程中，也推动了社会科学各学科自身的发展和完善。谈及新中国六十年所取得的光辉成绩，社会科学功不可没。今天，认真反思新中国社会科学六十年走过的道路，正确地总结其成功的经验和失误的教训，对于面临新世纪的社会科学开拓前进，对于建设有中国特色的社会主义事业，都有着十分重要的意义。

新中国成立前的中国社会科学

谈论新中国的社会科学，不能也不应该忘记旧中国社会科学的发展情况和取得的进展，因为思想文化的发展具有一种延续性，不尊重自己的历史，割断历史，不是科学的态度。新中国的社会科学虽然发生了质的变化，但它毕竟是从旧中国的社会科学发展而来的。

在新中国成立前，我国社会科学的思想纷争，派别林立，但从性质上来讲，基本上是两个方面：一是与半封建半殖民地和脆弱的资本主义经济政治相联系的旧的社会科学，二是五四运动后在马克思主义的影响下形成发展起来的、为新民主主义革命和民族解放斗争服务的新的社会科学。这两个方面，在某些领域都有所建树。而后者直接为新中国的社会科学的奠立准备了充分条件。

我国有着悠久的历史文化，千百年来都以灿烂的东方文明而著称于世。近百年来虽然落后了，但在继承和发展我国古代优秀文化、在社会科学的某些领域、特别是文史哲方面，依然成绩斐然。20世纪上半叶，尽管处于长期战乱之中，知识分子颠沛流离、生活清苦，但仍然有大批科研成果问世，有些精湛之作迄今还在发生着它的影响。20世纪初，中国发现了一大批震动中外学术界的珍贵史料，包括殷墟文字、敦煌和新疆的汉晋简牍、敦煌莫高窟的六朝及唐人写本、内阁大清的明清档案，以及考古学的其他发现，这为历史学、文学、哲学等学科的研究提供了宝贵的资料。这个时期，在甲骨文、金文、青铜器铭文和古典文学，以及在商周史、秦汉史、隋唐史、西域民族史、边疆地方史和宗教史等诸多领域，都取得了丰硕成果，涌现出了一批像王国维、陈寅恪、顾颉刚、傅斯年和胡适这样的学术大师。值得注意的是，他们也非常注重研究方法的探讨，甚至有的学者已认识到历史唯物主义方法对科学研究的指导作用。后来，在抗日战争时期接受马克思主义影响的学者越来越多。

五四运动的一个直接结果就是推动了马克思主义在中国的传播。一大批具有共产主义思想的先进知识分子，不仅在介绍唯物史观方面做了许多工作，而且开始用唯物史观来研究现实，观察历史，重新思考一些学术问题。李大钊在1924年出版的《史学要论》和《由经济上解释中国近代思想变动的原因》，稍后出版的蔡和森《社会进化史》和邓初民《社会进化史纲》等，都是试图用唯物史观来阐明人类社会发展的最初著作。在这方面最突出的代表是郭沫若，他在1930年出版的《中国古代社会研究》，用马克思主义社会经济形态理论对中国历史发展阶段进行了探讨。这种用历史唯物主义方法研究中国古代史而得出的结论，使人们耳目为之一新。同时，中国学术理论界开展了一场中国社会史问题论战，各派学者对中国社会发展阶段、中国社会的性质和革命性质，以及马克思所说的亚细亚生产方式等问题，都发表了各自的看法。接着，吕振羽在《史前期中国社会研究》和《殷周时代的中国社会》两书中，从土地所有制形态、直接生产者的身份和剥削方式等方面阐明西周是封建社会，从而为西周封建论奠定了理论基础。

20世纪30、40年代，以马克思主义为指导对社会科学的研究，在各个方面都取得了丰硕的成果。在史学领域，有郭沫若的《十批判书》和《青铜时代》，范文澜主编的《中国通史简编》，吕振羽的《中国社会史诸问题》，翦伯赞的《中国史论集》，侯外庐的《中国古典社会史论》《中国古代思想学说史》和《中国近世思想学说史》，何干之的《近代中国启蒙运动史》等。在哲学领域，有艾思奇的《大众哲学》、胡绳的《理性与自由》、翦伯赞的《历史哲学教程》、杜国庠的《先秦诸子思想概要》等。此外，关于法国哲学思想家的著作和德国古典哲学著作，也开始翻译出版并向我国学术界进行介绍。在文学领域，"五四"新文学兴起，短短几十年间，名家辈出，灿若繁星，各种文学作品出版量尤其巨大。产生了像鲁迅、郭沫若、茅盾、叶圣陶、郁达夫、闻一多、田汉、夏衍、老舍、巴金、丁玲、曹禺等影响深远的文学大家。毛泽东称鲁迅是"这个文化新军的最伟大和最英勇的旗手"，"是中国文化革命的主将"。"鲁迅的方向，就是中华民族新文化的方向。"①

在回顾新中国成立前我国学术界理论发展时，决不能忘记毛泽东这个时期对哲学社会科学所作的巨大贡献。他在领导中国革命和抗日战争过程中，把马克思主义普遍真理同中国革命的具体实际相结合，研究中国革命面临的种种社会问题和社会矛盾。写出了许多极具影响力的理论著作，如《实践论》《矛盾论》《战争和战略问题》《中国革命和中国共产党》《论持久战》《新民主主义论》和《论人民民主专政》等，此外，还谱写了气势恢宏的诗

① 《毛泽东选集》第二卷，人民出版社1991年版，第698页。

词。这些著作，涵盖了哲学、文学、历史、经济、政治、军事等各方面的内容，其知识广博，思想精深，具有极高的学术理论价值，在我国哲学社会科学中占有重要地位。

从以上几个方面看，在新中国成立前，我国社会科学、特别是以马克思主义为指导的社会科学，已经有了相当的发展，它们是当时经济和政治的产物，又极大地反作用于当时的经济和政治。我国资本主义的不发达和资产阶级固有的软弱性，决定了中国资产阶级社会科学的软弱无力，它在外国帝国主义的奴化思想和中国封建主义的复古思想的反动同盟的进攻下，节节败退，无所作为。只有"五四"后在马克思主义的影响下产生的中国新文化、新的社会科学，才能战胜帝国主义的奴化思想和封建主义的旧文化，成为中国思想文化发展的主流。毛泽东在《新民主主义论》中指出"在'五四'以后，中国产生了完全崭新的文化生力军，这就是中国共产党人所领导的共产主义的文化思想，即共产主义的宇宙观和社会革命论。""这支生力军在社会科学领域和文学艺术领域中，不论在哲学方面，在经济学方面，在政治学方面，在军事学方面，在历史学方面，在文学方面，在艺术方面……都有了极大的发展。二十年来，这个文化新军的锋芒所向，从思想到形式（文字等），无不起了极大的革命。其声势之浩大，威力之猛烈，简直是所向无敌的。"[1]这里，正确地阐述了"五四"后在马克思主义影响下，中国社会科学发展的形势及其在当时所起的革命作用。新中国成立前的社会科学的发展和取得

---

[1] 《毛泽东选集》第二卷，人民出版社1991年版，第697—698页。

的重大成果，为新中国社会科学的奠立了准备思想材料，并成为其进一步发展的思想前提。

新中国社会科学发展道路和主要成绩

1949年中华人民共和国成立，祖国大地发生了天翻地覆的变化。国家独立，人民当家作主，中华民族结束了屈辱的历史，巍然屹立于世界的东方。中国社会科学从此也翻开新的一页，展现出广阔的发展前景。新中国的哲学社会科学必须沿着社会主义方向向前发展，为中国特色社会主义事业服务，为我国社会主义现代化建设提供智力支持和理论指导。

首先，新中国是经过长期战争在旧中国的废墟上建立起来的，百废待兴，一切都要重新建设。政治上，中华人民共和国须建立新型的人民当家作主的国家政权，即工人阶级领导的以工农联盟为基础的人民民主专政，建立和完善各种国家制度。经济上，迅速恢复被战争严重破坏的国民经济，逐步实现国家对农业、对手工业和对资本主义工商业的社会主义改造，逐步实现国家的社会主义工业化和现代化，为新中国奠定经济基础。与此相适应，思想文化方面也需要有大的发展。正如毛泽东所指出的，"随着经济建设的高潮的到来，不可避免地将要出现一个文化建设的高潮。中国人被人认为不文明的时代已经过去了，我们将以一个具有高度文化的民族出现于世界。"[1]哲学社会科学是文化建

---

[1] 《毛泽东著作选读》下册，人民出版社1986年版，第692页。

设的基础部分，新的社会实践不仅向哲学社会科学提出了课题和任务，而且也向它提供了大量实证材料和可供研究的问题。实践呼唤并推动着理论的发展。新中国的成立，中国社会主义现代化建设事业，使社会科学面临大发展的局面。

其次，新中国的社会科学不仅要有量的发展，更要有质的变化。新中国的政治制度和经济制度同旧中国相比发生了根本性变化，它面临的是社会主义改造和社会主义建设这一新的实践任务和时代课题。新中国社会科学就其实质而言，正是这种新的政治和经济的反映，又给这种新的政治和经济以巨大影响和反作用。因此，新中国的社会科学应是社会主义性质的，它是社会主义的思想文化。新中国成立后，中国社会思想文化领域处于除旧创新、构建新的社会意识形态的历史时期。思想文化领域面临的一个艰巨任务，是既要吸收和改造旧的社会科学，又要在此基础上通过科学研究和对新的实践经验的总结，创建和发展新的社会科学，以保证社会主义意识形态在思想文化领域居统治地位。

再次，新中国社会科学要沿着社会主义方向发展，为社会主义现代化建设服务，就必须坚持马克思主义的指导。否则，就会偏离正确的发展轨道。新中国的成立为学习、研究马克思主义创造了有利条件，这种学习、研究活动，有利于巩固马克思主义的指导地位，直接推动了中国社会科学的发展。在新中国成立前，只是一部分进步学者和革命理论家开始接受马克思主义，并用以指导自己的研究工作，在社会科学的总体上，马克思主义是处于被排斥的地位。尽管如此，一部分马克思主义学者在社会科学研究上还是取得了许多重要成果。新中国成立，不仅要求和倡导社会科学研究要以马克思主义为指导，而且马克思主义成为学习研究的对象。中国人民政治协商会议第一届全体会议通过的《共同纲领》规定，"提倡用科学的历史观点，研究和解释历史、经济、政治文化及国际事务"。马克思主义哲学、经济学、政治学，以及马克思主义发展史等，都成为一门独立学科得到研究，并迅速发展。学习和研究马克思主义蔚然成风。众所周知，50年代初，在思想文化界掀起了学习马克思主义的热潮，学习社会发展史，学习唯物史观，使人们精神为之振奋，思想豁然开朗，研究积极性得到调动。当时，已届古稀之年的陈垣先生在给朋友的一封信中，热切表示："一切从头学起。年老就衰，时感不足，为可恨事。"①。表达了许多学者要求学习马克思主义的真诚愿望。这种情况表明，新中国的社会科学从一开始就受着马克思主义的深刻影响，并规定着它发展的方向。六十年来，在我们党和政府的有关文件中，不断强调马克思主义和中国化马克思主义对哲学社会科学的指导作用，强调要坚持党的四项基本原则和"二为"方向，从而保证了我国社会科学的健康发展，并取得了巨大成绩。可以说，这是新中国社会科学的一大优点和特点。

社会科学关系到民族素质的提高，国家精神的培育和社会主义中国的繁荣富强，所以，我们党始终都把哲学社会科学看成是社会主义事业的不可或缺的、有机的组成部分，并极力推动社会科学的发展。在建国之初，我们党就提出和组织学习社会

---

① 参见白寿彝《要继承这份遗产》,《励耘书屋问学记》代序, 生活·读书·新知三联书店1982年版。

发展史，毛泽东倡导"让哲学从哲学家的课堂上和书本里解放出来，变为群众手里的尖锐武器"①。1955年，中国科学院设立哲学社会科学部。1956年，党和国家组织制定包括哲学社会科学在内的12年（1956—1967）科学发展远景规划。为推动社会科学的教学，20世纪60年代初，在中宣部直接领导下进行了文科教材编写工作，编写和出版了一批以马克思主义为指导、在当时居于学术最高水平的教材，如《辩证唯物主义和历史唯物主义》《政治经济学》（资本主义部分）和《文学基本原理》等。这些教材的出版和使用，提高了高校的教学和研究水平。不可否认的是，十年"文革"严重冲击了我国的文教事业，影响了社会科学的发展。党的十一届三中全会，开启了建设中国特色社会主义新时期，我们党重新强调哲学社会科学的重要地位，并且把科学和教育提到战略的高度。我国哲学社会科学进入一个新的发展阶段。广大哲学社会科学工作者，围绕中国特色社会主义理论和实践，从经济、政治、思想文化、社会建设等各个方面进行了大量的探讨，同时对各个学科建设问题也进行了深入研究，发表了大量有价值的理论成果，对中国特色社会主义实践和理论体系形成起了重要作用。特别是党的十六大以来，党中央赋予哲学社会科学以新的定位和使命，颁布了《中共中央关于进一步繁荣发展哲学社会科学的意见》，组织实施马克思主义理论研究和建设工程，并且提出要鼓励哲学社会科学界为党和人民事业发挥思想库作用。这极大地调动了广大哲学社会科学工作者的积极性，有力地推动了

---

① 《毛泽东文集》第八卷，人民出版社1999年版，第323页。

哲学社会科学的繁荣发展。我国哲学社会科学迎来了大发展的春天！

六十年过去了，中国社会科学取得了长足的发展，对社会科学的许多学科来讲，经历了从无到有、从小到大的发展过程。现在，我国的社会科学门类齐全、学科繁多，基础理论、应用研究、前沿、前瞻和新兴学科，应有尽有，同国外社会科学相比，毫不逊色。同任何事物的发展一样，新中国社会科学走过的道路也是不平坦的，其间有辉煌的成就，也有失误的教训。但是，瑕不掩瑜，六十年来社会科学的成就是巨大的，影响是深远的。下面仅列举一些主要成绩。

第一，社会科学工作者队伍不断发展，机构逐渐完善。新中国成立后不久，在国家还处于很困难的时候，党和政府就十分关心社会科学的建设。1950年，中国科学院成立，其中包括社会科学。1955年中国科学院成立了哲学社会科学部。相继成立了文、史、哲、经、政、法等15个研究所，集中了一批全国知名的学术大家进行研究，并培养出一批新中国哲学社会科学研究人才。同时，在各省、市、自治区也相继建立了社会科学研究机构。"文革"后，社会科学研究机构和队伍的建设有了更大的发展。1977年，党中央、国务院决定在原中国科学院哲学社会科学部的基础上组建全国哲学社会科学的研究中心——中国社会科学院。现在，中国社会科学院有36个实体研究机构（包括研究所和研究中心），有各类非实体研究中心150余个。主管全国性学会100多个，出版学术期刊70多种，院属出版社每年出版哲学社会科学类图书1600余种。现有在职人员3900余人，其中专业人员3100

余人，具有高级职称的专业人员1600余人。它不仅在中国、亚洲，就是在全世界也是最大、最齐全的社会科学研究机构。与此同时，全国29个省市自治区也都相继建立了自己的社会科学院，地方社科院总人数已超过万人。社会科学教学与研究比较集中的高等院校，改革开放后也有了大发展，建立了许多新的社会科学院系，成立了一批教学和科研紧密结合的研究所，教学和科研人数更是几十倍地增长。截至2007年底，全国高校文科教师总数已达38万人左右，其中教授3.98万人、副教授9.81万人，教师总量较改革开放初期增加了5倍，高级职称人数增加了25倍。在中央党校及各地区党校、在中央和地方各级党和政府机关、在军队系统，也都建立了许多社会科学方面的研究机构。

上述"五大系统"，是我国哲学社会科学研究的五大主力军。现在，全国从事哲学社会科学教学和研究工作的人员近40多万人，其中有高级职称的10多万人，专职研究人员3万多人。同时，全国社会科学的主要学科，还成立了自己的学会，这些学会团结了一大批哲学社会科学工作者从事学术活动，组织和协调研究工作，成为社会科学的一支重要力量。六十年来，陆续创办了一大批哲学社会科学学术刊物。这些科研机构和学术刊物，成为我国哲学社会科学理论研究的重要阵地，为我国社会主义精神文明建设和思想文化建设作出了重要贡献。

第二，对马列著作的翻译、出版和研究方面成绩卓著。马克思主义是指导我们事业的理论基础，我们党和国家从来都非常重视对马列著作的翻译、出版和研究工作。早在民主革命时期，就翻译出版了《共产党宣言》《国家与革命》等多种马列著作单行本。新中国成立以后，于1953年，成立了中共中央编译局，开始有计划、有组织地系统翻译出版马克思主义经典著作。很快就出版了《列宁全集》《斯大林全集》《马克思恩格斯全集》，以及包括《共产党宣言》《资本论》《反杜林论》等重要著作的单行本。在近三十年来，马列著作的翻译出版更加系统、完整，提高到一个新的水平。除《马克思恩格斯全集》50卷全部出齐以外，还出版了我国自行编辑的60卷本的《列宁全集》第二版。这是当今世界上收载列宁文献最齐全的版本。同时在原有的基础上，重新出版了《马克思恩格斯选集》《列宁选集》和《斯大林选集》(上下卷)。随着国际上百卷本《马克思恩格斯全集》(国际版)的出版，中央编译局也在陆续编译和出版新版《马克思恩格斯全集》，到现在为止，已经出版了30卷。其余数十卷的编译和出版工作也在加紧进行中。为了配合马克思主义理论研究与建设工程，中央编译局承担编译的10卷本《马克思恩格斯文选》和5卷本《列宁专题文集》，这两部经典著作也正在出版中，很快便可以投入使用。

中央文献研究室除重新出版了《毛泽东选集》外，还出版了《建国以来毛泽东文稿》《毛泽东文集》《毛泽东书信集》《毛泽东传》和即将出版的《毛泽东年谱》等一批重要著作。同时，还出版了《邓小平文选》3卷本和《邓小平年谱》，以及其他中央和国家领导人的文集和传记。同时，还陆续出版了我们党历届代表大会和重要会议通过的文献。这些马克思主义经典著作和我国领导人的文集和文献的出版，为我们学习、研究和宣传马克思主义和中国特色社会主义，奠定了经典著作的基础，同时，也必将会对世界社会主义运动发生深远的影响。

六十年来，特别是最近三十年来，随着马克思主义经典著作的出版，由于中国特色社会主义事业的需要，在中国社会科学院、高等院校和中央党校等相继建立了一批马克思主义研究院、马克思主义学院和邓小平理论研究中心，开展了对马克思主义经典著作和基本原理，对马克思主义中国化和中国特色社会主义理论的系统地研究，出版了大量科学研究成果。其中有些成果，已经对我国改革开放和中国特色社会主义实践发生了积极的影响。

第三，广大社会科学工作者坚持理论联系实际的原则，为推进我国社会主义现代化建设，探索有中国特色的社会主义发展规律，为丰富和发展马克思主义作出了重大的贡献。在我国社会主义建设初始阶段，哲学社会科学工作者就围绕经济建设，对商品经济、价值规律、人口问题，以及哲学上的一些重大现实问题开展了研究和讨论，出版了一批有影响的论著，但由于"左"的影响，这些研究受到了很大的干扰。"文革"结束不久，全党全国面临拨乱反正、解放思想的任务，在邓小平、陈云等老一辈革命家支持下，社会科学理论界围绕改革开放和社会主义现代化建设，从经济、政治、思想文化等各个方面进行了多角度、多学科的深入研究，成果斐然。

——社会科学界推动了全国范围的关于真理标准的讨论。南京大学教师胡福明首先提出了"实践是检验真理的唯一标准"的命题，随之在全国形成了一场大讨论。这场讨论冲破了"两个凡是"的束缚，推动了全国性的马克思主义思想解放运动，为具有划时代意义的党的十一届三中全会作了重要的思想准备，对我国改革开放和中国特色社会主义建设事业产生了重大而深远的影响。

——在人道主义和异化问题的讨论中，中国社会科学院和高校的学者撰写了大量文章，用马克思主义立场、观点和方法，对人道主义和异化的历史演变和理论内涵，从理论和现实的角度，进行了深入地探讨和系统地阐明。胡乔木《关于人道主义和异化》的文章，提出了人道主义的两种含义："一个是作为世界观和历史观；一个是作为伦理原则和道德规范。"这是研究人道主义理论的一个重大突破，也澄清了在这个问题上的思想混乱。这场讨论有助于正确理解和坚持马克思主义，在实践上，由于戈尔巴乔夫的"人道的民主的社会主义"直接导致苏联社会主义制度的垮台，其意义也是不言自明的。

——在社会主义商品经济和市场经济研究方面，理论界贡献突出。1979年，中国社会科学院学者于祖尧在《试论社会主义市场经济》一文中率先提出了"社会主义市场经济"概念，并展开加以论证。1982年，刘国光在《坚持经济体制改革的基本方向》中提出，社会主义商品具有商品经济条件下商品的属性。马洪、于光远、刘国光等在1984年党的十二届三中全会确认"社会主义经济是有计划的商品经济"以前，就明确提出社会主义条件下不仅要保留和发展商品货币关系，而且社会主义经济就是商品经济和市场经济，价值规律起调节作用，竞争是社会主义经济的内在机制等一系列新的观点。进入20世纪90年代，理论界学者围绕建立和完善社会主义市场经济的各种问题，进行了大量深入的探讨，中国社会科学院提交了《关于社会主义市场经济的大思路、大原则和大框架》和《建立社会主义市场经济体制的理论思考和政策选择》等研究报告，其中许多观点被中央文件采纳。中央领导同志曾赞誉："社科院在社会主义市场经济体制方面做出了贡献"。

——在我国民主法制建设的各个重要阶段，法学工作者都不失时机地提出并组织了对若干重大理论问题的研究。十一届三中全会前后，中国社会科学院的学者组织推动了法学界开展"人治与法治""法律面前人人平等"等重大问题的讨论，提出并阐发了"以法治国""独立行使审判权"等观点，这些都为"依法治国"方略的提出和实施提供了理论准备。"以法治国"以后写进了党的十五大文件，接着又写入国家宪法。法学所提交了《建立社会主义市场经济法律体系的理论思考和对策建议》，从我国国情出发，以社会主义市场经济应成为法治经济为目标，对建立社会主义市场经济法律体系所必须解决的重大问题进行了探讨，从法律部门的构成和法律规范类别的构成两个角度对我国市场经济法律体系的基本构架进行了设计，并对我国市场经济法律的制定和实施提出具体政策建议。该报告受到中央领导同志的重视，成为国家制定立法规划时的重要参考。

——理论界对中国特色社会主义理论和科学体系的形成进行了大量研究，作了有益的工作。中国特色社会主义理论体系的形成是马克思主义中国化的最大成果。在中国特色社会主义实践的推动下，我国社会科学工作者从马克思主义的经典论述和我国处于社会主义初级阶段的现实，从经济、政治、思想文化等各个方面进行了深入地研究，发表了大量的论著。在20世纪80年代主要是从某个角度和侧面进行专题研究，随着实践的发展，从90

年代中期以后，比较注重从整体上研究中国特色社会主义理论体系。其中，具有代表性的是中国社会科学院马列所学者，1998年出版了《中国特色社会主义理论体系》专著，系统阐明了中国特色社会主义理论体系的哲学基础、理论基石、基本原理和基本范畴等基本问题。该书出版后在理论界产生较大影响，许多高校将其列为教学参考书。并且获得1999年中宣部"五个一工程"奖。十七大第一次把"中国特色社会主义理论体系"写进党的文件中，并对其作了全面、系统和科学的阐明。中国特色社会主义理论体系成为指导我国社会今后一切发展的坚实的理论基础。

　　——理论界对当代资本主义新变化、本质特征和发展趋势，以及对世界社会主义运动的影响进行了深入探讨，发表了一批成果，提出了许多新的见解。经过潜心研究，中国社会科学院学者出版了《当代资本主义论》《当代资本主义与世界社会主义》《当代资本主义新变化》《当代资本主义新论》《国际垄断资本主义时代——世界经济与政治的最新发展》等著作，对第二次世界大战后资本主义的新发展作了比较全面、深入的研究，特别是在全球化时代背景下，强调了金融资本和国际垄断资本对当代资本主义变化所起的巨大推动作用。这些论著帮助广大读者正确认识资本主义的新变化，增强对社会主义的信心，产生了积极的社会效果。在东欧剧变后，世界社会主义向何处去成为人们关注的焦点。中国社会科学院世界社会主义研究中心，组织全国学者对国外社会主义进行了长期的跟踪研究，写出了一大批专题报告和最新动态资料，得到中央领导的肯定，有些材料被中央有关部门所采纳。包括世界社会主义在内的国际问题的研究，仅2005年，社科院就有27篇研究报告得到中央领导同志批示，另有47份研究成果和重要信息被中办和国办刊物采用。理论界多年前就开始研究新自由主义及其对我国产生的影响。中国社会科学院"新自由主义研究"课题组，在2003年10月就完成了《新自由主义及其本质》的综合研究报告，发表后引起中央领导同志的重视，获得理论界的赞同，推动了对新自由主义的研究。结合这一研究，有的学者在资本主义金融危机发生前就发出了关于世界金融存在危机和我国金融安全的预警。并且断言"美国金融垄断泡沫已经显现"，"美国经济潜伏着严重的危机，极有可能已步入'康德拉季耶夫'收缩期中的衰退"。这些见解是很有价值的，而且有着十分重要的现实意义。

从以上简要列举中就可以看出，我国社会科学工作者结合实践进行的理论研究和前沿问题的探讨，不仅对马克思主义中国化的深入发展，而且对我国改革开放和中国特色社会主义事业发生了积极的影响，直接推动了我国社会主义现代化建设的全面发展。

第四，六十年来，哲学社会科学研究硕果累累，成绩斐然。在党和国家的重视支持下，广大社会科学工作者按照"双百"方针的精神，在社会科学的各个领域都作出了卓越的成绩。早在五六十年代，在文化基本建设和基础理论研究方面就取得很大进展。如在语言文字改革方面，国家公布的四批简化字、推广普通话、汉字规范化和拼音方案，以及少数民族语言文字调查，都是文字语言学家参与和努力的结果。党和国家领导人十分重视我国浩如烟海的文化古籍整理，组织专家、学者对"二十四史"和《资治通鉴》等重要古籍进行标点和校勘。在社会科学一些基础学科研究方面，也取得了可喜的进展，出版了一批重要研究成果。如，范文澜的《中国通史简编》，郭沫若的《中国史稿》和侯外庐的《中国思想通史》等。考古学上有一大批遗址发现并进行研究。在民族学方面，曾组织上千人参加的少数民族社会历史调查，在此基础上编写了《中国少数民族简史丛书》《中国少数民族简志丛书》和《中国少数民族自治地方概况丛书》三套大型丛书。以上这些论著，不仅具有很大的学术价值，而且具有重大的现实意义。

党的十一届三中全会以后，我国社会科学有了更好的研究条件和环境。这时，社会科学各个领域，无论在学科建设方面，还是在基础理论研究方面，都取得了一大批令人瞩目的丰硕成果。据不完全统计，在30年间，中国社会科学院学者共完成学术著作8700余部、论文10万余篇、研究报告17000余份，以及大量的学术资料汇编、学术工具书、译文译著、古籍整理、理论文章等。其中，获得院优秀科研成果奖励的就有570余项。高校社会科学研究也是成果累累。据统计，到2007年，高校哲学社会科学工作者发表学术论文近30万篇，出版著作25256部，提交研究咨询报告17912件。30年来，哲学社会科学研究成果，不仅数量巨大，而且质量也在不断提高，其中有一批精品之作和传世之作。如考古和古文字方面完成的《甲骨文全集》，是目前已发现的我国最古老的文字甲骨文的集大成；《殷周金文集成》，相当齐全地收录现存的金文资料1.2万件，为考古学、古文学和古代史研究提供了条件。《中国历史地图集》《中华大藏经》以及《全元文》《全宋文》《全宋诗》等一大批古籍的整理出版，对弘扬民族文化具有重要意义。历史学方面，郭沫若、范文澜的《中国史稿》《中国通史》得以在新时期续写完成。白寿彝主编的《中国通史》，1400多万字，是组织全国历史学家十余年完成的迄今规模最大的中国通史著作。胡绳的《从鸦片战争到五四运动》，发行量达300多万册，产生了巨大的社会影响。此外，还有由全国大批主要学者参与编写的《中国大百科全书》，《当代中国》丛书150卷，有全国3000多名社会科学工作者参加、历时11年编撰出版的《中国国情丛书——百县市经济社会调查》105卷，对了解和研究我国国情具有重要意义。在艺术学方面，从1983年以来开展的全国《文艺集成志书》普查、搜集、整理和编撰出版工作，有5万多名艺术科研人员参加，至今已出版了200余卷，全部出齐为310卷、4.5亿字。这是一项带有抢救性的中华民族文化的浩大工程，被誉为"中国文化建设的万里长城"。另外，还有《中国近代通史》10卷本，《世界历史》9卷本，《马克思主义哲学史》8卷本，《马克思主义文学理论丛书》，《西方哲学史》8卷本，《西方著名哲学家评传》10卷本，《宗教学通论》和《中国人权百科全书》，等等。这些精品力作，不胜枚举，共同体现了六十年来中华文明和新中国思想文化发展的成果和水平。

第五，建立了一套完善的培养社会科学研究人才的制度和机制。除了在高等院校哲学社会科学各院系培养人才外，还恢复了招收研究生和学位制度。自从1981年实施《中华人民共和国学位条例》以来，到现在为止，我国社会科学已有哲学、经济学、法学、教育学、文学、历史学和管理学7个门类；21个一级学科，124个二级学科；一级博士点349个，二级博士点563个，此外还有数目更大的硕士学科点。博士后流动站制度建立以来，在为我国高校和科研单位培养人才也发挥了很大作用，到目前为止，社会科学文、史、哲、经、法、教育和管理学等门类共有537个博士后流动站。特别是中央在实施马克思主义理论研究和建设工程中，明确提出造就人才的"三个一批"规划，即造就一批用马克思主义武装起来的、学贯中西、具有广泛影响的思想家、理论家；造就一批理论功底扎实、勇于开拓创新的学科带头人；造就一批年富力强、政治和业务素质良好、锐意进取的青年理论骨干。这项计划的落实，必将会更大地推动哲学社会科学人才的培养和队伍的壮大，使我国社会科学教研的质量更加提高。

我国哲学社会科学研究已改变过去的封闭研究状态，积极进行对外学术交流。一方面是大量派出留学生和访问学者去国外留学、进修和参加各种学术会议，进行专题调研；另一方面是大量接待外国学者来华讲学、访问和举办各类国际学术会议。通过对外学术交流，开阔了我国学者的视野，进一步提高了研究水平和质量，同时也培养了人才，有力地推动了中国哲学社会科学走向世界。

以上仅概略地论述了哲学社会科学所取得的主要成绩，为繁荣我国学术理论和为我国社会主义现代化建设所作的贡献。但已经可以看出这些成绩是卓著的，意义是深远的，同时，也反映了我国广大哲学社会科学工作者潜心研究、淡泊名利、甘于坐冷板凳的高尚的精神境界和严谨、求实的治学态度。随着时代的变化和我国社会实践的发展，一定还会有更多、更新、更高质量的研究成果问世。

主要经验和值得认真总结的问题

　　六十年来，中国社会科学同我们共和国一样，走过了一段坎坷不平的道路。在这个过程中，我们积累了许多经验，但也有不少失误的教训，有些教训还是极为深刻的。这些经验与教训往往是相互交织在一起的，做得对的地方，有时也会带有片面性，甚至包含某些错误的成分。真理越出一步也会变成谬误。新中国的社会科学属于社会主义意识形态的重要领域，作为一项开创性的事业，总的来说尚在探索之中，不仅在我国，就是在苏联时期，也没有总结出一套成功的经验，至于探索社会主义社会科学发展规律，仍是一个不断实践、不断认识的深化过程。所以，正确总结过去走过的道路，从理论上加以反思，就显得十分必要和重要了。对于我国社会科学发展中的经验教训的总结，必须从当时的历史环境和社会实践出发加以考察，并用马克思主义立场、观点、方法进行分析，才能做出正确的恰如其分的结论。简单地肯定或简单地否定都不是科学的态度。六十年来，新中国社会科学的经验与教训是很多的，不可能一一加以论述。这里，我们认为有几个主要问题，需要认真加以研究和总结。

　　第一，社会科学研究必须坚持马克思主义指导，这种指导应该是科学的、辩证的，而不能是教条的、贴标签式的。六十年来，中国社会科学取得的最大成绩和最主要经验，就是我们始终强调科学世界观和方法论对哲学社会科学研究的重要性，鼓励社会科学工作者努力以马克思主义为指导去研究解决实际提出的理论问题和本学科中的问题。马克思主义历史唯物主义的产生，使人们对社会历史的认识才真正成为科学。人们借助于这一伟大的认识工具，透过复杂纷纭的社会现象认识到其深层的本质和运动规律。所以，我们党一贯主张，在社会科学研究中要坚持马克思主义的指导。早在民主革命时期，毛泽东就倡导要把马克思主义同中国具体实际相结合，他强调，我们要培养这样的理论家，"他们能够依据马克思列宁主义立场、观点和方法，正确地解决历史中和革命中所发生的实际问题，能够在中国的经济、政治、军事、文化种种问题上给予科学的解释，给予理论的说明。"①邓小平也明确地指出，"属于文化领域的东西，一定要用马克思主义对它们的思想内容和表现方法进行分析、鉴别和批判。"②这些论断都强调了马克思主义世界观和方法论，对于社会科学研究的重大意义。事实表明，由于广大社会科学研究工作者逐渐地接受了马克思主义的指导，并把它运用于社会科学的各学科的研究中去，从而使中国社会科学面貌一新，使社会科学的研究发生了质的飞跃。在马克思主义指导下，我国的社会科学研究、特别是文史哲经等主要领域，出版了一批高质量的研究成果，其中也不乏传世之作。同时，也涌现出一批像郭沫若、范文澜、艾思奇、胡绳等饮誉海内外的马克思主义学术大家。现在，就连有些西方学者也认识到，马克思主义方法可以更好地认识当代资本主义的问题。在2008年那场世界性的金融危机中，马克思的《资本论》再次成为热销书就是有力的证明。社会主义学术、理论的繁荣和发展，

---

① 《毛泽东选集》第三卷，人民出版社1991年版，第814页。
② 《邓小平文选》第三卷，人民出版社1993年版，第44页。

离不开马克思主义的指导，这是我们从长期科研实践中总结出的一条基本经验。

还必须看到，在以马克思主义指导研究社会科学的过程中，也出现了这样那样的偏向，而这些问题和偏向在不同时期有着不同的表现特点。总的来说，在五六十年代强调坚持马克思主义的同时，确实存在公式化、简单化的毛病，有时不是用马克思主义观点和方法指导我们的研究工作，而是照搬马克思主义的个别结论去代替我们的实际研究，甚至把马克思主义的某些论断作为套语、标签去乱套、乱贴。毛泽东曾尖锐地批评过这种教条主义方法，他说，"直到现在，还有不少的人，把马克思列宁主义书本上的某些字句看作现成的灵丹圣药，似乎只要得了它，就可以不费气力地包医百病。"[1]这种学风，不仅损害了社会科学研究，而且也损害了马克思主义。这种现象的出现，一是由于没有真正地把握马克思主义的精神实质；二是不善于运用马克思主义观点和方法去进行实际的和理论的研究，从中作出合乎规律的创造性的结论。如何把马克思主义同社会科学的研究实际有机地结合起来，更有效地开展研究工作和理论创造，仍是一个需要继续探索和解决的问题。

党的十一届三中全会后，中国社会科学迎来了百花盛开的春天。经过真理标准的讨论，在"解放思想，实事求是"思想路线的指引下，清理了"左"倾思想的错误，冲破了教条主义的禁锢，出现空前未有的思想活跃的局面，社会科学各个方面都获得

---

[1] 《毛泽东选集》第三卷，人民出版社1991年版，第820页。

了大面积丰收，这从上面所列举的成绩就可以看出来。但不可否认的是，在这个时期，我国思想界确实存在淡化马克思主义和否定马克思主义指导的错误倾向。如有的人提出"疏离"马克思主义，"消解正统意识形态"，把马克思主义说成是已经"过时"的学说，企图用其他理论取而代之。在这种"淡化"思潮的影响下，马克思主义基本原理和基本著作的研究受到很大冲击，就连科学社会主义原著和原理的学习、研究都受到很大的削弱，这与我国作为社会主义国家的地位是极不相称的。有的人认为坚持马克思主义为指导，会阻碍社会科学的研究，不利于"百家争鸣"。还有人以"真理多元"为依据，认为马克思主义是诸多学派中的"一个学派"，各学派之间是"平权"的，因而没有谁指导谁的问题。以上看法，可能是个别人的见解，但它反映出当前思想界存在的一种淡化和否定马克思主义指导作用的错误倾向。对于这种倾向，有不少学者也作过批驳，然而，作为一种社会思潮它依然在发生着影响。在总结过去在马克思主义指导问题上的偏向时，决不能走向取消马克思主义指导的另一极端；在看到社会科学取得巨大成绩的时候，也不能忽视学术理论界存在的这种淡化和贬损马克思主义的错误倾向。

另外，在坚持马克思主义指导上，不仅要反对简单化和公式化，也要防止形而上学的绝对化。社会科学在总体上属于意识形态很强的领域，但有的学科同意识形态的联系并不直接，有的学科则与意识形态没有什么联系，因此，坚持马克思主义指导的情况也是不一样的。同时还必须看到，一些西方社会学的方法也包含有某些合理的因素，在对社会问题的研究上也可以获得某些真理性认识。比如马克思主义产生以前的英国古典经济学家和法国复辟时代的历史学家等，在各自领域都很有建树，都作出过很大贡献，从而成为马克思主义的重要思想来源，在今天社会科学研究中仍然是如此。非马克思主义学者，在社会科学研究中、特别是在意识形态不强的领域的研究中，也能取得好的科研成果，也能为我国社会科学作出贡献，对此应该予以尊重，并将其作为整个社会科学研究的一个方面。所以，在坚持马克思主义指导问题上，必须处理好马克思主义与非马克思主义的关系，决不能简单地把非马克思主义说成是反马克思主义。学术问题应该按照"双百"方针的精神，去研究和探讨。

第二，政治与学术的关系，一直是困扰我国社会科学发展的重要问题，应当辩证地处理两者的关系。长期以来，我们总是摇摆于两者之间，而不是将政治与学术有机地统一起来，在科研实践中处理好它们的关系。政治与学术既有联系，又有区别。在阶级存在的条件下，完全与政治无关的纯学术是不存在的。哲学社会科学总括着各种意识形式，与自然科学不同，社会科学研究的对象是人们的社会关系、经济关系、政治、法律形式，以及道德、宗教、艺术等思想观念现象。既然它是一定的社会经济、政治的反映，那么，在有阶级的情况下，它必然直接或间接地涉及某个阶级或集团的利益。因此，社会科学就其总体和本质而言，它不能不是一定阶级的意识形态。比如，当今世界还存在着资本主义经济、政治制度与社会主义经济、政治制度的对立，自然也就存在着资本主义与社会主义两种对立的思想体系。现实存在的利益的矛盾，必然会产生思想的、政治的分野。这是客观的存在。所以，不能把社会科学的学术理论问题完全同政治割裂开来，但也不能将两者完全混同起来。政治与学术关系是十分复杂的，因为社会科学有不同的层次性，有的同政治的联系比较直接，有的则比较间接，有的学科，如语言学、逻辑学和考古学等，其内容并不具有阶级性，与政治没有什么直接联系。更为重要的是，社会科学作为一种思想文化现象，它一经产生便获得自己的相对独立性，使疏离其由以产生的经济、政治关系而具有自己的表现形式和特殊活动规律。它的存在和发展受着经济和政治的影响与制约，但决不能将它们之间的关系简单化，更不能用一种去代替另一种。我国思想界五六十年代的主要偏差，是混淆了政治与学术的关系。在当时"左"的错误思想和阶级斗争扩大化的影响下，夸大政治而贬低学术，用政治冲击学术，模糊政治与学术的界限，有时把一些学术思想问题当作政治问题来处理，甚至把学术是非当作了敌我问题，用政治大批判代替了学术批评。思想界存在的这种"左"的思潮，影响了当时社会科学的健康发展。党的十一届三中全会后，扭转了这种局面，总结了过去的教训，迎来了社会科学的大发展。我们应该珍惜这种变化。但是，也要防止出现忽视政治、使学术研究完全脱离政治的倾向。决不能从一个极端走向另一个极端。当前对我国影响最大的几种社会思潮，如民主社会主义、新自由主义、历史虚无主义和"普世价值"论，哪一种不带有明确的政治诉求呢？如果任其泛滥，不仅会危害我国的社会科学，而且会影响建设有中国特色社会主义的事业。

　　第三，"百花齐放、百家争鸣"是繁荣我国科学文化的正确方针。这一方针的提出，是我们党在领导科学文化事业上的一大创造。为什么提出"双百"方针？一是总结了苏联科学文化发展的教训。在苏联学术批评中，存在着严重的粗暴作风，教条主义、宗派主义和形式主义的问题，而这些问题也影响到我国思想界，出现了乱贴政治标签，推崇一派、压制一派的现象。二是尊重学术、艺术自身发展的规律。学术问题只有通过自由讨论，通过坚持真理，修正错误得以解决，过多的行政干预是无济于事的。三是根据我国的具体情况和发展科学文化的现实需要而提出的。毛泽东指出，"双百"方针，"是在承认社会主义社会仍然存在着各种矛盾的基础上提出来的，是在国家需要迅速发展经济和文化的迫切要求上提出来的。百花齐放、百家争鸣的方针，是促进艺术发展和科学进步的方针，是促进我国的社会主义文化繁荣的方针。"[1]艺术上不同的形式和风格可以自由发展，科学上不同的学派可以自由讨论。艺术和科学上的是非问题，要通过自由讨论去解决，通过实践去解决，而不应用简单的方法去解决。实行"双百"方针还基于这样的一种认识，即相信真理会越辩越明，相信马克思主义能够在斗争中发展起来。正如毛泽东指出的，"正确的东西总是在同错误的东西作斗争的过程中发展起来的。真的、善的、美的东西总是在同假的、恶的、丑的东西相比较而存在，相斗争而发展的。"[2]所以，我们实行"双百"方针，倡导不同学术观点的自由讨论，并不是不要学术批评和争论，并

---

① 《毛泽东著作选读》下册，人民出版社1986年版，第783页。
② 《毛泽东著作选读》下册，人民出版社1986年版，第787页。

不是让错误思想到处泛滥，任凭它们去占领市场，而是要通过同错误思想辩论，进行适当批评，使真的、善的、美的东西发展起来。为了正确地开展自由讨论，毛泽东还提出了判断是非的六条政治标准，并指出，"这六条标准中，最重要的是社会主义道路和党的领导两条，"①这实际就是邓小平后来所概括的坚持四项基本原则。只有这样，通过实行"双百"方针，才能逐步繁荣我国的科学和文化，才能逐步扩大社会主义思想阵地。

"双百"方针的提出，有极为重大的意义，表明我们找到了一条繁荣和发展社会主义科学文化的正确道路。这一方针的贯彻执行，调动了广大知识分子研究问题的积极性，打破了思想文化界多年沉闷的空气，推动了探索新风的形成。但是，"双百"方针的正确实行也不是一件容易的事情。由于缺乏经验，由于政治等因素的影响，在"双百"方针实行过程中，也出现这样那样的问题，主要存在两个方面的问题：一是政治与学术的界限，以及学术是非的分辨问题，有时不能正确地把握它们之间的关系，特别是往往随着政治形势的变化而发生左右摇摆的现象，二是关于学术批评，可以说长期以来没有正确地开展起来。在前30年曾经开展过学术批评，但有时出现简单粗暴现象，特别是在"左"的错误影响下，学术批评变成了政治批判，实际上否定了正常的学术批评。十一届三中全会后，各种学术讨论十分活跃，思想交锋也时有所见，但不能不承认正常的学术批评不是多了，而是少了。有的人把必要的学术批评说成是"打棍子"，把开展学术批

---

① 《毛泽东著作选读》下册，人民出版社1986年版，第789页。

评同"双百"方针对立起来。针对这种错误倾向，邓小平指出，"批评不多，却常被称为'围攻'，被说成是'打棍子'"。他说，"有些人把'双百'方针理解为鸣放绝对自由，甚至只让错误的东西放，不让马克思主义争。这还叫什么百家争鸣？这就把'双百'方针这个无产阶级的马克思主义的方针，歪曲为资产阶级的自由主义的方针了。"①邓小平在20世纪80年代多次批评过这种现象。可见，正确地实行"双百"方针，仍是一个十分艰巨的过程。

第四，在对待我国传统文化和吸取国外社会科学优秀成果方面，积累了不少经验，但也有值得总结的问题。我国的思想文化，是社会主义性质的思想文化。这种思想文化不是凭空产生的，而是基于我国社会主义政治和经济、在批判地继承我国古代优秀文化和借鉴国外思想文化的积极成果的基础上建立起来的。在对待我国传统文化和外来文化方面，长期以来我们形成了一整套行之有效的原则和方法。这些原则和方法，毛泽东早在《新民主主义论》中就作过精辟地阐发，概括起来有以下主要之点：一是一定的文化是一定社会的政治和经济的反映，并反作用于一定社会的政治和经济，所以，对思想文化现象不能孤立地进行研究，而要同一定社会的政治和经济联系起来考察，离开它由以产生的政治和经济，思想文化现象就会变成无源之水，无本之木。这种一定社会的政治和经济，也决定着对古代传统文化和外来文化吸收、改造的方向。二是，要用唯物辩证的观点对待我国古代文化和外来文化。我国灿烂的古代文化和国外先进思想成果，为

① 《邓小平文选》第三卷，人民出版社1993年版，第47页。

我国社会主义思想文化的形成提供了极其丰富、极为宝贵的思想材料。舍其便不可能形成我国社会主义的新文化。在这里，关键的问题是要有科学的态度。正如毛泽东所指出的，对待古代文化既不能割断历史，也不能颂古非今；对待外来文化既不能盲目排斥，也不能"全盘西化"。虚无主义和复古主义，简单否弃和无批判地兼收并蓄，都是反科学的。三是，正确的方法是批判地继承的方法。不论是对待我国古代文化还是对待外来文化，都要剔除其糟粕，吸收其精华。批判和继承是辩证统一关系，批判是为了更好地继承，而继承是批判的目的。批判地继承也是"扬弃"，即保留好的东西，否弃不好的东西，它反对"无批判地兼收并蓄"。建国五十年来，我国社会科学领域，将这些原则和方法创造性地运用于科学研究的实践之中，在批判地继承的同时，又强调发展、创新。所以，在我国社会科学界，不仅产生了一批有价值的科研成果，而且开拓了新的研究领域。在对待古代文化和外来文化方面取得经验的同时，也出现过这样那样的问题。比如，有时忽视我国优秀传统文化，出现拒斥外来文化的现象，对我国传统文化采取一种虚无主义和非历史主义的态度，对外来思想文化采取一种不加分析地简单否定的态度。这些倾向的滋长，必然会影响我国社会主义思想文化的建设，影响我国社会科学的繁荣和发展，影响我国社会主义主流意识形态建设。

回顾六十年来中国社会科学发展的道路，展望未来面临的艰巨而光荣的使命，深感中国社会科学工作者任重而道远！铁肩担正义，挥笔著文章。